재난시대의 윤리와 신학

재난시대의 윤리와 신학

2025년 9월 15일 처음 펴냄

지은이	조용훈
펴낸이	김영호
펴낸곳	도서출판 동연
등 록	제1-1383호(1992년 6월 12일)
주 소	서울시 마포구 월드컵로 163-3
전화/팩스	02-335-2630 / 02-335-2640
이메일	yh4321@gmail.com
인스타그램	instagram.com/dongyeon_press

Copyright ⓒ 조용훈, 2025

이 책은 저작권법에 따라 보호받는 저작물이므로, 무단 전재와 복제를 금합니다.
잘못된 책은 바꾸어 드립니다. 책값은 뒤표지에 있습니다.

ISBN 978-89-6447-488-4 93230

재난시대의
윤리와
신학

조용훈 지음

동연

머리말

　금세기 들어 더 자주 듣는 말들 가운데 '위험과 재난'이 있다. 둘 다 인명과 재산에 커다란 피해를 주고, 당사자들에게 고통과 트라우마를 남긴다는 점에서 혼용되어 사용되기도 한다. 굳이 둘 사이를 구분하자면, 위험이 아직 발생하지 않았으나 어느 때든지 발생할 수 있는 재난을 가리킨다면, 재난은 실제로 발생해서 엄청난 피해와 고통을 주는 재앙 상황이나 사건을 가리킨다. 이처럼 서로 밀접하게 관련된 용어라서 이 책에서는 굳이 둘을 엄격하게 구분하지 않고 사용한다. 다만 '위험'은 1990년대 후반에 사회학계에서 논의된 '위험사회론'(울리히 벡 등)과 연관되어 있다. 그리고 '재난'은 최근 들어 부쩍 자주 듣는 기후 재앙, 원자력발전소 사고 같은 기술 재난 그리고 세계 경제 위기, 핵전쟁 그리고 코로나19 글로벌 감염병 같은 글로벌 재난과 연관되어 있다.

　과거에도 이런 위험과 재난이 있었지만, 산업혁명 이후 우리 시대의 위험과 재난은 다음 몇 가지 점에서 차이를 보인다.

　첫째, 재난이 일상적인 일이 되어가고 있다는 점이다. 재난이 더 이상 어쩌다 우연히 발생하는 사고나 사건이 아니다. 위험사회 이론가들이 주장하듯이, 현대 사회에서 재난은 산업문명과 근대화가 성공한 결과다. 최첨단 과학기술이 발전하고, 사회의 복잡성이 증가하면서 필연적으로 생길 수밖에 없는 결과물이다. 재난은 자연스럽고 정상적인 일로서 언제 어디서 발생해도 크게 이상해 보이지 않는다.

둘째, 재난이 글로벌화되었다는 점이다. 세계가 시공간적으로 압축된 하나의 마을(지구촌)로 변한 지구화 시대에 세계 어느 모퉁이에서 일어난 재난은 아주 짧은 시간 안에 전 세계에 영향을 미친다. 2008년 전 세계 경제를 충격에 빠뜨린 금융 위기는 바로 전 해에 미국에서 발생한 한 서브프라임 모기지 대부업체의 파산에서부터 시작되었다. 수천만 명의 목숨을 앗아가고 전 세계 경제를 후퇴시킨 코로나19 글로벌 감염병은 2019년 12월 중국 우한에서 발병한 후 불과 몇 달 사이에 전 세계로 확산되었다.

셋째, 재난의 형태가 천재지변이든 기술 재난이든 아니면 사회 경제와 연관되든 발생 원인과 진행 그리고 결과 차원에서 볼 때, 인간적 요소, 곧 인간의 도덕적 실패와 밀접하게 연관되어 있다. 말하자면 현대 사회에서 더 이상 순수하게 자연 재난, 기술 재난 그리고 사회 재난이라고 볼 재난이란 존재하지 않는다. 거의 대부분의 재난은 자연과 인간 그리고 사회의 경계선상에서 발생하며, 그로 말미암은 피해의 정도도 사회적 조건들과 밀접하게 연관되어 있다. 그런 이유에서 모든 재난은 기술 공학이나 사회과학의 관점을 넘어서 윤리학의 관점에서 논의되어야 한다.

마지막으로, 재난은 인간과 자연 세계에 고통을 준다는 점에서 신학의 주제이기도 하다. 세계의 모든 종교는 인간의 고통 문제 때문에 생겨났다고 해도 그리 잘못된 표현은 아닐 것이다. 종교들이 약속하는 구원이란 재난이 없는 안전하고 풍요롭고 평화로운 세계에 대한 꿈이다. 구약성서에서도 기아와 전쟁과 역병은 대표적인 재난으로 신학적 악으로 해석되었다. 예수의 구원 사역은 질병으로부터의 치유와 정치 경제적 억압으로부터의 해방 그리고 하나님이 통치하는 풍요롭고 평화로운 새로운 세계의 비전을 실현하는 과정이었다.

이 책은 지난 십여 년 간 저자가 독자들과 함께 겪었던 충격적인 사건 세 가지, 즉 세월호 참사(2014), 인공지능 바둑 알파고(2016) 그리고 코로나19 글로벌 감염병(2020)이 직접적 배경이 되었다. 연속적으로 발생한 이 세 가지 사건은 우리 사회에 엄청난 충격을 주었다. 이 세상 어디에도 위험과 재난으로부터 안전한 공간이 없다는 사실을 깨닫게 되었다. 인공지능의 급속한 발전은 개인들의 일자리를 파괴하고 인류의 미래까지 위협할 것으로 우려된다. 러시아의 우크라이나 침공(2022)을 비롯하여 크고 작은 테러의 발발은 핵전쟁의 공포가 언제든지 현실이 될 수 있음을 예감케 한다. 시장을 통한 세계 평화라는 지구화 경제의 꿈이 허망하게 무너지면서 세계는 각자도생을 추구하던 지구화 이전 세계로 뒤돌아가고 있다. 매해 기후 역사의 기록들을 갈아치우는 '세기적' 가뭄과 폭염, 폭우 그리고 폭설이라는 지구적 기후 재앙은 이제 뉴노멀이 되었다. 미래학자들이 경고하는 지구 대멸종이 결코 근거 없는 협박이 아닐 수 있다는 두려움을 감출 수가 없다.

물론 새로 시작된 4차 산업혁명이 두려움과 공포심으로 가득한 디스토피아 세계만 그려주는 것은 아니다. 인공지능을 필두로 한 4차 산업혁명 기술들은 인류가 오랫동안 꿈꾸었던 굶주림 없는 세계와 영생불사의 삶 그리고 전쟁과 역병이 없는 평화롭고 풍요로운 유토피아 세계를 약속하기도 한다. 자율주행 자동차나 챗GPT만 보더라도 4차 산업사회가 얼마나 편리한 사회인지 기대 가득하다. 그러고 보니 우리 시대는 미래에 대한 공포와 환호가 교차하는 혼란한 시대이다. 인간 해방에 대한 기대와 인간 멸절이라는 두려움이 공존하면서 분별력이 더 요청되는 시대다. 왜냐하면 역사 속에는 종말적 분위기를 틈타 '공포 마케팅'을 통해 득을 보려는 정치인과 과학 기술자와 종교인이 항상 등장했기 때문이다.

　이 혼란스럽고 불안한 종말적 분위기에서 기독교 사회윤리의 역할과 과제를 탐색하는 데 목적을 둔 이 책은 다음 몇 가지 전제를 가지고 출발한다.

　첫째, 위험과 재난이 일상화되고 심각해지면서 세계의 종말적 위기감도 커지고 있다는 점이다. 물론 미래 비관론자들이 예언하는 역사의 종말이나 세상의 종말이 실제로 올 것인가와 상관없이 우리 각자에게는 죽음이라는 실존적 종말이 존재한다. 둘째, 종말적 위험과 재난은 순수 자연과학이나 공학 그리고 사회과학의 이슈이지만 윤리와 신학의 이슈이기도 하다. 기독교윤리의 과제는 위험과 재난에 대한 정확한 현실 인식과 해결책을 마련하기 위해 사회과학과의 대화를 필요로 한다. 나아가 재난 없는 안전하고 풍요롭고 평화로운 새로운 세계를 위한 신학적 통찰과 윤리적 상상력을 필요로 한다. 마지막으로, 성서를 통해 듣게 되는 위험과 재난의 종말 메시지는 한편에선 파국적 심판이고, 다른 한편에선 회복과 새로운 시작을 알려준다. 종말 메시지는 절망과 희망이라는 모순과 역설로 표현되었다.

　이 모순 가득한 종말 메시지의 특성 때문에 종말을 선포한 예언자들과 예수는 고난의 운명을 피할 수 없었다. 예언자들과 예수처럼 종말을 선포하고, 종말론적 삶을 살아야 할 한국교회의 피할 수 없는 길이기도 하다. 세상 사람들이 안전하고 풍요롭다고 생각할 때 심판과 회개를 선포하고, 절망하고 낙담할 때 회복과 희망을 선포하는 예언자들과 예수의 행태는 너무 기이하고 엉뚱해서 비웃음과 조롱의 대상이 되었다. 한 예로서 예언자 예레미야는 평화롭고 풍요로운 시대에 바벨론의 포로가 될 것을 경고하기 위해 줄과 멍에로 자기 목을 맸고, 실제로 유대 지도자들과 백성들이 바벨론의 포로로 끌려갔을 때에도 고향 아나돗의 밭을 새로 구입하기도 했다.

재난시대를 살아갈 한국교회는 우리에게 닥친 위험과 재난의 '표징'(Sign)들 속에서 종말을 읽어낼 수 있어야 한다. 예언자들과 예수가 했던 것처럼 현실 세계에 대한 심판과 동시에 생활방식의 갱신을 요구하는 종말 메시지를 선포해야 한다. 4차 산업혁명 혁신기술을 통해 금방이라도 이 땅에 재난의 위협에서 완전히 벗어난 유토피아를 건설할 수 있다고 믿는 낙관주의자에게는 심판과 회개의 메시지를 선포해야 한다. 한편 위험과 재난으로 무고하게 희생당한 사람들에게는 위로와 희망의 구원 메시지를 선포해야 한다. 예언자들과 예수처럼 하나님의 심판과 구원의 메시지를 입으로 선포할 뿐만 아니라 삶으로 보여주어야 한다. 도래하는 하나님 나라의 전위대로 부름 받은 교회는 초기 예루살렘교회처럼 하나님의 통치를 미리 맛보고, 하나님이 다스리시는 새로운 세계에 대한 윤리적 상상력을 종말적 분위기 속에 살아가는 이 세상에 제공할 수 있어야 한다.

본래 이 책은 지난 수년간 기독교사회윤리의 관점에서 위험과 재난의 한국 사회 현실을 '4차 산업혁명 사회', '위험사회' 그리고 '글로벌 재난사회'라는 제목으로 수행했던 연구들을 재구성하고, 내용의 중복을 피하기 위해 수정한 결과물이다. 여기에다 재난시대를 위한 기독교사회윤리의 방법론에 대하여 저자가 새로 작성한 연구도 추가했다. 위험과 재난 그리고 4차 산업혁명이라는 세 가지 주제는 각각

독립적인 주제이지만 사회과학적 관점에서 보면, 그 원인과 현상 그리고 결과 차원에서 상호 밀접하게 연결되어 있다. 그리고 신학적 관점에서 보면, 각각의 주제는 기독교 신학의 대전제인 종말론과 밀접하게 관련되어 있다. 윤리학의 관점에서 보면, 위험과 재난의 종말론적 현실에 맞서 교회는 고통에 대해 신학적으로 해명하고, 고통을 유발하는 사회구조적인 악과 싸워야 할 도덕적 책임도 공통적으로 가지고 있다. 나아가 위험과 재난이 없는 보다 더 안전하고 풍요로운 하나된 세계라는 인류의 오래된 꿈과 비전을 되살릴 책임도 있다. 저자가 전공하는 기독교사회윤리의 과제는 이 과업의 수행에 필요한 사회과학적 전문 지식과 신학적 통찰력을 매개함으로써 그리스도인과 교회에 윤리적 상상력을 제공해 주는 데 있다.

이 같은 목적에 이르기 위해 기존의 연구 내용들을 저자의 연구방법론에 따라 다음과 같이 재구성했다.

1부는 4차 산업혁명 사회, 위험사회 그리고 글로벌 재난사회의 현실을 파악하기 위해 사회과학적 관점에서 분석하고 비판하는 내용이다. 2부는 위험과 재난에 대한 기독교윤리학적 토론과 논의의 과정으로 왜 재난이 윤리적인 이슈인지 밝히고, 무엇이 윤리학적 쟁점이며 과제인지를 논의한다. 3부는 도덕 주체인 그리스도인 개인과 집단적 도덕 행위자로서 교회 공동체의 신학적이고 목회적인 실천 과제를 다룬다. 기독교윤리는 종말론을 포함해서 고통과 트라우마의 치유에 관한 다양한 신학과 목회 이론을 수용한다는 점에서 이론 신학으로 분류되지만, 보다 안전하고 풍요롭고 평화로운 새로운 세계의 구상과 실천이라는 점에서 실천신학으로 분류할 수도 있다.

마지막으로 맺음말은 좀 길게 서술되었지만 사회윤리 방법론에 대한 저자의 생각을 정리했다. 저자는 위험과 재난을 주제로 쓴 이 책에서 기독교사회윤리학의 방법론적 차별성을 '희망과 책임의 매개'에서 찾으려 했다. 희망은 기독교 신학의 대전제로서 도덕 행위자에게 동기를 부여하고 동력을 제공한다. 그러나 희망이 위험과 재난이라는 사회문제를 해결하는 데 요청되는 구체적인 전략과 정책이나 프로그램을 제공하는 것은 아니다. 그것은 그 분야의 전문적 식견과 정보 그리고 자료를 가지고 있는 사회과학자나 공학 기술자의 윤리적 책임과 연관되어 있다. 따라서 기독교사회윤리는 신학에 기초하되 경험 사회과학과 대화하며 형성될 수밖에 없다.

지난 30년 가까이 한남대학교 기독교학과에서 함께 가르치고, 연구하고, 교목실에서 대학 선교를 위해 사역했던 선후배 교수님들께 감사를 드리고 싶다. 돌아가신 김은용 교수님을 비롯하여, 황청일, 이문균, 김광률, 이달, 천사무엘 교수님과 반신환, 정덕희, 권혁일 교수님과의 우정을 추억할 때마다 행복해진다. 여러 교수님 덕분에 캠퍼스에 오는 것이 늘 기대되고 즐거웠다.

신학 저서의 출판 환경이 대단히 어려울 때 흔쾌히 이 책의 출간을 허락해 주시고, 내용과 편집 방향에 관하여 좋은 제안을 주신 도서출판 동연의 김영호 대표님께 진심으로 감사드린다. 저자는 이 책을 포함하여 세 번째 책을 동연에서 출판하게 되는 것이니 남들보다 혜택을 더 본 셈이다. 저자에게만 아니라 다른 많은 신학자에게도 출판의 기회를 주어 신학 발전에 공헌하신 참 고마우신 분이다. 무엇보다 역대급 폭염이 계속된 8월 내내 이 책의 편집을 위해 땀 흘리며 꼼꼼하게 글을 검토해 주시고 편집해 주신 박현주 편집부장님과 편집부에도 감사를 드린다.

　마지막으로 인생과 신앙의 여정을 함께하는 아내 서현실에게도 마음 깊이에서 고마움을 전한다. 아내의 유쾌함은 삶의 활력이 되었고, 진지함은 나를 되돌아보는 계기가 되었다. 그 덕에 큰 실수 없이 교수직과 목사직을 수행할 수 있었다.

2025년 8월

조용훈

차 례

머리말 / 5

1부 ｜ 현시대를 읽는 세 개의 키워드

1장_ 4차 산업혁명   17
2장_ 위험사회   35
3장_ 글로벌 재난   54

2부 ｜ 재난사회의 윤리적 쟁점과 논의

1장_ 4차 산업혁명과 기술윤리   67
2장_ 위험사회의 직업(인)윤리   95
3장_ 글로벌 재난시대를 위한 지구윤리   114

3부 ｜ 재난시대에 신학과 목회의 과제

1장_ 산업문명과 기술에 대한 신학적 무관심과 무지   139
2장_ '인간의 형상'으로서 인공지능(AI)과 '하나님의 형상'으로서 인간   161
3장_ 고통의 신학과 돌봄 및 치유 목회   182
4장_ 샬롬, 오래된 미래의 꿈과 비전   210

맺음말: 희망과 책임의 매개로서 기독교사회윤리   241

글의 출처   267

1부

현시대를 읽는
세 개의 키워드

1장
4차 산업혁명

1. 들어가는 말

과거 세 차례 산업혁명은 인류의 문화와 역사를 '혁명적'으로 바꾸었다. 종교적인 면에서 볼 때, 새롭게 등장한 노동 계층과 도시민들이 종교로부터 멀어지면서 세속화, 곧 탈종교화(탈교회화)가 빠른 속도로 진행되었다. 특별히 2016년 세계경제포럼에서 처음 언급된 4차 산업혁명에 대한 논의는 이전과는 비교할 수 없는 복잡한 질문들을 교회에 던지고 있다. 새로운 산업혁명의 규모와 속도, 범위 그리고 파급력이 과거 인류가 경험한 세 차례 산업혁명 때와는 비교할 수 없을 정도로 클 것으로 예상되기 때문이다. 이 개념을 처음 사용한 클라우스 슈밥(K. Schwab)은 4차 산업혁명이 산업과 경제 영역은 물론 사회시스템이나 소통방식 그리고 주변 세계를 경험하는 방식까지 근본적으로 바꾸고, 심지어 인간 정체성과 사회의 중요 가치들까지 새롭게 정의하도록 만들 것이라고 전망했다.[1] 그런 배경에서 4차 산업혁명 기술이야말로 '파괴적'이라고 표현했다.[2]

하지만 아직도 우리 사회에서는 4차 산업혁명이 '실체인지 아니면 유령인지' 불분명한 가운데 정치인들이 이 개념을 선동적으로 사용하고, 언론까지 선정적으로 보도하면서 일반 시민들의 혼란과 불안만 커지고 있다.3 4차 산업혁명에 대한 대응을 모색하는 기독교계의 지적 분위기도 유사해 보인다. "4차 산업혁명과 ○○○"이라는 주제를 내건 여러 기독교 학회나 세미나의 내용은 대동소이했고, 전문 신학자들의 연구 논문들은 양적으로나 질적으로 불충분했다.

이런 비판적 자기반성으로부터 출발해서 이 글은 이미 진행되고 있는 4차 산업혁명에 한국교회가 어떻게 대응해야 할지 모색하는 데 목적을 둔다. 그러려면 먼저, 과거 세 차례 산업혁명이 어떻게 진행되었으며, 어떤 사회 정치적 변화를 가져왔는지 뒤돌아볼 필요가 있다. 사실 인류 역사에는 산업혁명이 발발하기 전에도 이미 농업혁명이 있었고, 특히 르네상스 시대는 '기술의 시대'라고 불릴 정도로 많은 신기술(예를 들면 나침반, 망원경, 현미경, 온도계 등)이 등장했다.4 그러나 우리가 '산업혁명'이라고 부르는 시기 동안에 이뤄진 기술혁신은 이전과는 전혀 달랐고, 그 영향도 충격적이었다.

산업혁명이란 단어는 경제사학자 아놀드 토인비(A. Toynbee)의 유고집 『18세기 영국 산업혁명 강의』(1884)에 처음 등장했고, 이후 사학

---

1 클라우스 슈밥/송경진 역, 『클라우스 슈밥의 제4차 산업혁명』(서울: 새로운 현재, 2016), 12-13.
2 클라우스 슈밥/김민주·이엽 역, 『클라우스 슈밥의 제4차 산업혁명. 더 넥스트』(서울: 새로운 현재, 2018), 13.
3 손화철 외, 『4차 산업혁명이라는 거짓말』(서울: 북바이북, 2017).
4 칼 B. 프레이/조미현 역, 『테크놀로지의 덫』(서울: 에코리브르, 2019), 88-89.

자 폴 망뚜(P. Mantoux)가 『18세기의 산업혁명』(1906)에서 학술적 용어로 정리했다고 알려져 있다.[5] 일반적으로 산업혁명이란 개별적인 기술혁신이 다른 분야의 기술혁신과 연관되어 강화되고, 기술혁신이 산업 분야를 넘어서 사회조직, 경제 시스템, 정치체제 그리고 문화까지 총체적으로 변화시키는 현상을 가리킨다. 산업혁명이 일련의 과정 속에 진행된 것이었기 때문에 엄격하게 시대를 구분하기란 불가능한 일이다. 그리고 국가마다 산업화 정도가 달라서 4차 산업혁명 시기를 논의하는 이즈음에도 여전히 2차 산업혁명기나 심지어 1차 산업혁명기에 머물러 있는 국가들도 있다. 하지만 우리는 산업혁명을 세 단계로 구분하는 일반적인 이해에 기초하여 논의를 진행하겠다.

2. 과거 세 차례 산업혁명 기술과 사회 변화

1) 1차 산업혁명 기술의 특성과 사회 변화

1차 산업혁명은 18세기 중엽부터 19세기 초엽에 이르는 기간 동안 영국에서 일어난 기술혁신과 급격한 사회 변화의 과정을 가리킨다. '기계혁명'으로도 불리는 1차 산업혁명을 가능하게 만든 에너지원은 석탄과 증기였다. 이전까지 인류의 에너지는 인간의 육체적 힘과 가축의 힘 그리고 풍차나 수차와 같은 자연의 힘이었다. 그러다가

---

[5] 송성수, "산업혁명의 역사적 전개와 4차 산업혁명론의 위상," 『과학기술학연구』 17/2 (2017); 김명자, 『산업혁명으로 세계사를 읽다』 (서울: 까치, 2019), 18-19.

제임스 와트(J. Watt)가 1769년에 특허를 낸 증기기관에 힘입어 가내 수공업 형태의 모직 산업이 공장 형태의 직물 산업으로 바뀌고, 연이어 석탄 공업과 철 공업 분야에서 기술혁신이 일어났다. 증기선과 기차와 같은 운송수단이 새롭게 발전하면서 산업 생산이 비약적으로 늘고, 무역도 증가했다.

기술혁신 덕분에 산업 생산력이 증가하게 되면서 농경사회는 산업사회로 탈바꿈했고, 산업도시들이 생겨났으며, 왕족과 귀족이 통치하는 지배체제도 뿌리째 흔들렸다. 하지만 기술혁신에 기반한 생산력 증가의 열매는 아직 노동 계층에까지 흘러 들어가지는 않았다. 1780~1830년 사이 노동자 1인당 생산량은 46% 증가한 반면에 실질 주간 임금은 겨우 12% 인상에 불과했다.[6] 결과적으로 생산수단을 소유한 자본 계층과 노동력만 소유한 노동 계층 사이의 소득격차가 급격하게 커졌고, 빈곤 문제는 더 심각해졌다. 한 자료를 보면, 영국에서 산업혁명기를 거친 1850년대 사람들의 키가 산업혁명이 시작되기 전인 1760년대 사람들의 키보다 더 작았다고 한다.[7]

산업혁명 초기만 해도 공장의 노동환경과 근로조건은 상상할 수 없을 정도로 열악했다. 노동자들의 하루 평균 노동시간이 12~16시간에 이르렀음에도 불구하고, 평균임금은 기아임금 수준에 머물렀다.[8] 대부분의 공장노동자는 '사회의 찌꺼기'로 불리던 이들, 곧 가난한 소농민, 해고된 군인들 그리고 보육원 출신이었는데, 이들은 출근하는

---

6 칼 B. 프레이, 『테크놀로지의 덫』, 159.
7 위의 책, 160.
8 귄터 브라켈만/백용기 역, 『사회운동과 기독교: 19세기 유럽 사회운동과 기독교 사회운동』(서울: 다산글방, 2001), 34-38.

것을 감옥이나 군대에 가는 것만큼이나 고통스러워했다고 한다.9 더 심각한 사회문제는 어린이 노동자와 여성 노동자의 노동 착취였다. 자본가들은 어린이 노동자를 단순노동에 적합하고, 다루기도 쉽고, 임금도 낮다는 이유에서 더 선호했다. 1830년대 어린이들이 제공한 노동력은 직물공업의 약 절반, 탄광업의 약 3분의 1이나 되었다고 한다. 이들의 노동시간이 18시간이나 되었음에도 불구하고, 임금은 성인 노동자의 3분의 1에서 6분의 1 정도에 불과했다.10 산업도시에서 필요한 노동력의 부족 문제는 비단 어린이와 여성 노동자에 그치지 않고, 멀리 아프리카와 카리브해를 연결하는 흑인들의 노예무역 항로를 만들어 내기도 했다.

기계화로 인해 단순노동자의 일자리가 위협받게 되자 1779년부터 기계파괴운동(러다이트)이 시작되었고, 이에 맞서 영국 정부는 기계파괴자들을 사형에 처할 수 있는 법안을 통과시켰다. 노동자들의 기계파괴운동은 1812~1813년 사이 최고조에 이르렀다. 잘 알려진 러다이트(Nedd Ludd)와 그의 동료들은 수천 대의 방직기계를 파괴했고, 그 가운데 30여 명이 교수형에 처해졌다.11

물론 혁신기술에 맞선 노동자의 저항운동은 영국의 러다이트운동 이전에도 세계 여러 곳에서 목격되었다. 유럽에서는 길드의 저항이 산발적으로 발생했으며, 중국에서는 공예품 생산자의 길드라 할 수 있는 궁쒀(公所)의 반발이 있었고, 그 규모는 유럽보다 더 컸다고 한

---

9 백용기, "초기 산업혁명의 유럽(영국)과 기독교," 「한국기독교신학논총」 16/1(1999), 188.
10 칼 B. 프레이, 『테크놀로지의 덫』, 170-171.
11 위의 책, 179.

다.12 비록 기계 파괴 운동가들이 애초에 의도했던 목적을 실현하지는 못했지만, 노동-기술-자본 사이의 관계 설정에 대한 새로운 사회적 고민거리를 던졌다는 점은 큰 소득이었다. 그리고 이러한 저항운동은 노동자의 계급의식을 발전시키고 정치발전을 가져오는 계기를 만들었다. 1830~1840년대에 일어난 인민헌장운동(차티스트운동)은 노동계급이 자본주의에 대해 벌인 최초의 조직적 대중운동으로서 국가로 하여금 노동자를 보호하는 정책을 마련하도록 만들었다.13

한편 1차 산업혁명은 자본주의와 공산주의라는 새로운 이데올로기를 낳았다. 자본주의는 영국 도덕철학자 아담 스미스(A. Smith)의 『국부론』(1776)에서 체계화되었고, 공산주의는 칼 마르크스(K. Marx)의 『자본론』(1867)에서 체계화되었다. 스미스는 '보이지 않는 손'이라 불리는 시장 제도를 통해서 개인들의 이익이 사회 전체의 이익으로 바뀐다고 보았다. 반면에 마르크스는 자본주의가 체제 안에 내재한 모순에 의해서 저절로 붕괴되고, 공산주의 사회를 거쳐 마침내 사회주의 사회로 발전하리라고 예견했다.

2) 2차 산업혁명 기술과 사회 변화

독일과 미국을 중심으로 진행된 2차 산업혁명은 19세기 중반에서 20세기 초반에 원유와 전기 에너지에 기초해서 이룩한 대량생산체계와 대량소비사회로의 변화를 말한다. 독일에서는 내연기관의 발명과

---

12 위의 책, 123-124.
13 귄터 브라켈만, 『사회운동과 기독교』, 39.

인공염료 및 유기합성의 화학 산업을 주축으로 산업혁명이 진행되었다. 미국에서는 전기에너지에 기반해서 철강산업(철교와 마천루), 철도산업, 전기산업, 통신 산업 그리고 자동차 산업을 주축으로 산업혁명이 진행되었다.

이 시기에 발생한 기술혁신은 테일러주의라는 경영혁신을 불러왔다. 프레드릭 테일러(F. Taylor)는 노동자들의 작업과 생산과정을 과학적으로 분석하고 관리하면서 노동 효율을 최대화하려는 목적으로 이른바 '사회적 엔지니어링'을 추구했다. 테일러주의를 자동차공장에 적용한 헨리 포드(H. Ford)는 컨베이어 벨트 시스템(Fordism)이라는 자동화 공정과 분업을 통해서 산업의 표준화와 대량생산체제를 가능하게 만들었다.

대량생산체제 덕분에 산업과 기업의 생산성이 획기적으로 증가하면서 대량소비사회가 열렸다. 다리미(1893), 진공청소기(1907), 세탁기(1907), 토스터기(1909), 냉장고(1916), 식기세척기(1929) 같은 가전제품이 대량생산되면서 이제 노동자는 생산자이면서 동시에 소비자의 지위도 얻게 되었다.14 농촌사회에서도 트랙터를 비롯한 농기계를 도입하고, 비료나 제초제 같은 화학제품을 사용한 덕에 농축산업 분야의 생산성도 획기적으로 증가했다. 농업 분야의 기계화 덕에 약 2%의 농업인구가 미국인 전체를 먹여 살리고도 남을 식량을 생산할 수 있게 되면서 전 세계에 수출할 정도가 되었다.15

도시에서 일자리가 폭발적으로 늘어나자, 농민들은 농촌을 떠나

---

14 칼 B. 프레이, 『테크놀로지의 덫』, 209.
15 유발 하라리/조현욱 역, 『사피엔스』 (파주: 김영사, 2015), 490.

도시에서 노동자와 사무직원으로 바뀌었다. 1870년 당시 미국에서 농부 및 농장 노무자의 비중이 45.9%였지만, 1940년에는 17.3%, 2015년에는 1.0%로 빠르게 줄어들었다.[16] 하지만 하위계층의 소득 증가도 빨라서 1900~1970년 사이에 미국은 역사상 '최대의 평준화시대'를 누렸다.[17] 이렇게 해서 등장한 중산층은 사회 안정과 민주주의를 발전시키는 중심 세력이 되었다.

하지만 자동화와 분업에 기초한 대량생산체제의 등장은 단순노동자를 기계처럼 부품화한다는 인간소외의 문제를 불러일으켰다. 당시에 인기를 끌었던 찰리 채플린(C. Chaplin)의 무성영화 <모던 타임스>(1936)는 당시 자동화된 공장에서 일하는 노동자의 비인간적 현실을 익살스럽지만 매우 현실감 있게 보여주었다. 다행스럽게도 미국에서는 1차 산업혁명 때 일어난 영국의 러다이트운동과 같은 기계 파괴 활동은 거의 나타나지 않았다. 그 이유는 노동계급 자체가 신기술의 도입 덕에 임금인상, 노동시간 단축 그리고 작업환경의 개선과 같은 혜택을 누릴 수 있었기 때문이다. 그리고 2차 산업혁명 기술의 특성이 노동을 대체하는 기술이라기보다는 노동을 활성화하는 기술, 즉 노동자들에게 새로운 고용기회를 제공하거나 새로운 직종으로 이직시키는 기술이었기 때문이다.[18] 그 외에도 노조 활동이 활발해지면서 정치적으로 노동자의 불만을 어느 정도 해소한 덕분이었다. 임금인상 외에도 의료서비스의 개선이나 연금계획과 같은 노동자를 위한 복지

---

16 칼 B. 프레이, 『테크놀로지의 덫』, 260 표1 참고.
17 위의 책, 272.
18 위의 책, 195, 253.

프로그램도 속속 등장했다. 그럼에도 불구하고 남녀 간 임금 격차는 여전했고, 농촌지역 여성들 대부분은 농장과 가정에서 이중적인 육체노동의 고통을 피할 수 없었다.

한편 록펠러, 카네기, 모건, 밴더빌트와 같이 잘 알려진 자본가들이 등장하면서 대기업에 의한 독점체제가 사회 정치문제로 부각되었다. 예를 들면 1918년 미국의 31만 8천여 개의 기업 가운데 규모가 제일 큰 5%의 대기업이 전체 순소득의 79.6% 차지할 정도였다.[19] 이 같은 독점자본에 의한 부의 편중과 경제 시스템의 왜곡을 막기 위해 미국 정부는 반독점법(1890)을 제정했지만, 독점의 폐해들은 쉽게 사라지지 않았다.

그 외에도 2차 산업의 특징인 굴뚝산업이 발전하면서 환경문제가 새로운 사회 이슈로 부각되기 시작했다. 산업 생산의 확대는 광물·동물·식물 자원의 남용과 화석연료의 고갈이라는 문제 외에도 환경파괴를 유발했다. 당시 악명이 높았던 대기오염 사건인 런던 스모그(1880), 미국 로스엔젤레스 스모그(1944)와 도노라 계곡 대기오염(1948) 같은 환경 사건들이 연이어 발생했다. 해양생물학자 레이첼 칼슨(R. Carson)의 『침묵의 봄』(1962)은 살충제와 제초제를 통해 농업 생산성을 높였던 DDT의 위해성을 폭로함으로써 사회적 충격을 불러일으켰다. 그리고 공장제 생산방식이 축산업에도 적용되면서 동물농장 혹은 동물공장 문제도 등장했다. 이제 동물도 일반 공산품처럼 공장의 조립 라인에서 사육되고 도축되면서 동물의 기계화 및 산업화의 시대가 열렸다.

---

19 위의 책, 276.

3) 3차 산업혁명 기술과 사회 변화

3차 산업혁명은 1970년대의 개인 PC의 등장, 1980년대의 컴퓨터 하드웨어와 주변기기의 대량생산 그리고 1990년대의 인터넷과 광케이블의 개발 덕에 생긴 정보혁명과 정보사회의 등장을 가리킨다. 사회학자 다니엘 벨(D. Bell)은 『후기산업사회의 도래』(1973)라는 책에서 전통적 굴뚝산업 대신에 정보산업과 서비스산업이 주도하는 새로운 형태의 산업혁명이 도래했다고 선언했다. 미래학자 앨빈 토플러(A. Toffler)의 『제3의 물결』(1980) 역시 인류가 수렵채집사회로부터 정착농업사회로 바뀌는 제1물결(농업혁명)에 이어 농경사회로부터 산업사회로 바뀌는 제2물결(산업혁명)을 거쳐 마침내 제3물결(정보혁명)의 시대에 들어섰다고 분석했다.[20]

경제학자 제레미 리프킨(J. Rifkin)은 3차 산업혁명 기술의 특징으로 정보통신기술, 지속 가능한 재생에너지(탄소 후 시대), 공유경제 그리고 중앙-변방의 수직적 구조를 대체하는 분산 자본주의를 열거했다.[21] 이 기간 동안 정보기술, 통신 기술 그리고 자동화 기술이 서로 융합되면서 일어난 디지털혁명은 공장과 사무실은 물론 가정까지 포함한 광범위한 영역에서 디지털 자동화를 실현해 가고 있다.

1980년대 후반에 들어서면서 세계 경제는 다국적기업과 국제금융자본이 주축이 되어 신자유주의 경제 이념을 전 세계에 확산시키는

---

20 앨빈 토플러/김진욱 역, 『제3의 물결』(서울: 범우사, 2015).
21 제레미 리프킨/안진환 역, 『3차 산업혁명: 수평적 권력은 에너지 경제 그리고 세계를 어떻게 바꾸는가』(서울: 민음사, 2012).

지구화 경제(세계화 경제)로 발전했다. 지구화 경제는 자본, 노동, 생산, 경영, 시장, 자원 그리고 기술을 국경을 넘어서 하나의 시장으로 통합하려는 노력이었다. 그런데 지구화 경제의 발전 과정에서 다양한 사회문제들이 등장했다. 노동자 없는 공장이 늘면서 '고용 없는 성장'이 가능해졌고, 만성 실업으로 국가마다 절대빈곤이 심화되고, 국가 간 그리고 계층 간 경제적 불평등(20:80의 사회)이 확대되고, 신자유주의 이념에 따라 복지사회 이념이 후퇴하고, 중산층이 붕괴되면서 민주주의가 흔들리고(극우파나 포퓰리즘의 등장), 저개발국의 외채 부담은 커지고, 환경파괴는 지구적 차원으로 확장되었다.[22]

정보사회에서 생겨나는 프라이버시의 침해나 감시와 통제 같은 인권 문제는 일찍이 18세기 공리주의자 제레미 벤담(J. Bentham)이 제안했던 원형감옥 파놉티콘을 떠올리게 만들었다. 철학자 미셸 푸코(M. Faucott)는 『감시와 처벌』(1970)에서 권력에 의한 개인에 대한 감시와 통제가 정보사회에서 가능해 진 것을 우려했다.[23] 정보사회에서 발견되는 또 다른 심각한 윤리 문제는 정보 격차(디지털 격차)에 따르는 계층 간 및 국가 간 경제적 불평등의 심화다.

한편 1953년 분자생물학자 제임스 왓슨(J. Watson)과 프랜시스 크릭(F. Crick)에 의해서 '20세기 과학의 가장 위대한 업적'으로 불리는 DNA 이중나선 구조의 발견으로부터 촉발된 생명공학(유전공학)의 비약적 발전은 그동안 신비로만 알려진 생명 현상마저 공학적으로 다룰 수 있는 길을 열었다. 분자생물학의 발전을 통해서 유전자의 편집, 재

---

22 조용훈, 『지구화시대의 기독교』 (서울: 대한기독교서회, 1999), 31-46.
23 홍성욱, 『파놉티콘-정보사회 정보감옥』 (서울: 책세상, 2002).

조합 그리고 복제가 기술적으로 가능해지면서 생명 현상과 인간 존엄성에 관한 신학적, 윤리적 논쟁들이 이어지고 있다.

그리고 특정 지역이나 특정 국가를 넘어 확산되는 지구적 생태 위기는 국가 간, 세대 간 그리고 종(種) 간의 정의 문제로 부각되었다.[24] 2019년 9월 유엔 기후행동정상회의에서 당시 16세의 스웨덴 환경 활동가인 그레타 툰베리(G. Thunberg)의 연설은 기후 위기의 심각성과 더불어 환경정의를 둘러싼 세대 간 갈등을 극명하게 보여주었다. 툰베리는 이 연설에서 기성세대가 무분별하게 에너지를 사용함으로써 기후 위기의 책임이 있는데도 불구하고 기후 재앙 위험의 50%를 젊은 세대가 감수해야 하는 일은 공평하지 못하다고 문제를 제기했다. 그리고 수천억 톤의 이산화탄소를 제거할 임무를 젊은 세대에게 떠넘김으로써 젊은 세대의 미래의 꿈을 빼앗았다고 기성세대를 향해 비난을 퍼부었다. 물론 화석연료보다 환경적으로 더 깨끗하고, 경제적으로도 더 효율적인 에너지라고 내세우는 원자력에너지가 있지만, 원자력에너지는 핵무기의 공포만 아니라 방사능 폐기 물질의 처리 그리고 발전소 사고와 같은 대재앙의 위험을 아직 해소하지 못하고 있다. 그래서 울리히 벡(U. Beck)을 비롯한 위험사회론자들은 과학기술의 고도화와 사회의 복잡성이 증가된 현대 사회를 가리켜 재난의 위험이 일상화되고 구조화되었다는 의미에서 '위험사회'(Risiko Gesellschaft)라고 정의했다.

---

24 조용훈, "환경정의에 대한 기독교윤리적 이해," 「장신논단」 40 (2011), 317-325.

3. 4차 산업혁명 기술과 사회 변화

1) 4차 산업혁명 기술의 특성

4차 산업혁명이란 개념을 처음 사용한 경제학자 클라우스 슈밥(K. Schüab)은 최근에 발전하고 있는 혁신기술이 사회 각 영역에 불러올 변화의 속도와 범위, 깊이 그리고 시스템 전체에 미치는 충격의 크기가 과거 세 차례 산업혁명 기술들과는 비교할 수 없을 정도로 크다고 분석했다.[25]

첫째, 4차 산업혁명 기술의 발전 속도는 과거의 기술들의 발전 속도와 달리 선형적이 아니라 기하급수적으로 빨라서 개인과 사회가 적응하고 대비하기가 쉽지 않다. 4차 산업혁명의 토대 기술이라 할 수 있는 컴퓨터의 계산능력은 2년 만에 배가되는 '무어의 법칙', 네트워크로 연결된 컴퓨터 숫자의 2승으로 가치가 증가하는 '메트칼프의 법칙' 그리고 지수함수처럼 특정 모델로는 계산하거나 예측할 수 없게 되는 '수확가속의 법칙'(레이 커즈와일)이 적용된다.[26]

둘째, 4차 산업혁명 기술은 그동안 나뉘고 분리되어 있던 영역들을 허물어 융합하고 초 연결시킨다. 물리학, 디지털 그리고 생물학처럼 서로 다르게 보이던 영역들까지 다차원적으로 결합하고 융합한다. 이런 이유에서 과거 세 차례 산업혁명을 순서대로 기계혁명, 전자혁명 그리고 정보혁명(디지털혁명)으로 표현할 수 있다면, 4차 산업혁명

---

[25] 클라우스 슈밥, 『더 넥스트: 클라우스 슈밥의 제4차 산업혁명』, 12-13.
[26] 고다마 아키히코/박재현 역, 『인공지능, 아직 쓰지 않은 이야기』(서울: 샘터, 2017), 268.

은 '하이브리드 혁명'이라 부를 수 있다. 이런 사회에서는 기술과 기술 사이만 아니라 사람과 기술, 기술과 사물 그리고 사물과 사물 사이가 연결되고 융합하면서 사회 전체가 초연결사회로 변한다. 이런 변화된 사회는 개방과 공유, 협력의 태도 및 융복합 지능을 지닌 융합적 인간(homo convergence)을 요청한다.

셋째, 4차 산업혁명 기술의 핵심인 인공지능(AI)은 인간의 지적 능력을 뛰어넘는 초지능성을 추구한다. 인간의 개입과 통제 아래에 있던 수동적인 과거의 기술들과 달리 인공지능은 스스로 학습하여 자신의 능력을 발전시키는 자율적 특성을 지닌 기술이다. 컴퓨터과학자 레이 커즈와일(R. Kurzweil)의 예측에 따르면, 2045년경이 되면 인류는 인공지능의 미래를 더 이상 예측하기 어렵게 되는 특이점(singularity)에 도달할 것이다.[27] 공학자 제임스 배럿(J. Barret)은 2045년경 등장하게 될 초인공지능(ASI)은 인간이 자신의 필요에 따라 만들어 낸 마지막 발명품이 될 것이고, 그 이후의 모든 발명품은 결국 기계의 몫으로 돌아갈 것이라고 예견한다. 그는 인공지능을 알파고와 같이 특정 목적에 최적화된 협의의 인공지능(ANI), 인간의 지능을 능가하는 일반적 인공지능(AGI) 그리고 지능 폭발이 일어나는 초인공지능(ASI)으로 구분한다.[28]

---

[27] 레이 커즈와일, 김명남·장시형 역, 『특이점이 온다』 (서울: 김영사, 2007), 23.
[28] 제임스 배럿, 정지훈 역, 『파이널 인벤션: 인공지능, 인류 최후의 발명』 (서울: 동아시아, 2016), 168-169.

2) 4차 산업혁명 기술과 사회적 영향

4차 산업혁명을 대표하는 혁신기술들의 종류가 여럿이지만, 그 가운데서 인공지능, 빅데이터, 생명공학 그리고 뇌신경과학을 중심으로 간략히 정리하겠다.

첫째, 인공지능은 1차 산업혁명의 증기기관, 2차 산업혁명의 내연기관 그리고 3차 산업혁명의 컴퓨터에 해당하는 4차 산업혁명의 핵심기술이다. 최근 인공지능은 인간의 인지 과정인 뇌 신경망 구조를 모방한 딥러닝을 통해서 자율적으로 학습하여 판단하고, 추론하고, 문제를 해결하면서 빠르게 업그레이드되고 있다. 2016년에 등장한 인공지능 '알파고'와 뒤이어 등장한 '알파고 제로'는 인공지능이 얼마나 빠르게 발전하는지 잘 보여주었다. 인공지능은 로봇기술, 생명공학기술 그리고 나노기술과 결합하면서 발전 속도를 배가시키고 있다. 로봇공학자 한스 모라벡(H. Moravec)은 초인공지능 로봇의 등장이 인류를 생물학적 진화 단계를 넘어서 로보 사피엔스 같은 새로운 종으로 진화시키는 '후기생물사회'를 열 것으로 본다. 그는 로봇기술의 발전을 4세대로 구분하면서 도마뱀 수준의 지능을 지닌 1세대 로봇(2010년), 생쥐 수준의 지능을 지닌 2세대 로봇(2020년), 원숭이 정도의 지능을 지닌 3세대 로봇(2030년) 그리고 원숭이의 30배 정도의 지능을 지닌 4세대로 발전해 갈 것을 예견하면서(2040년), 그 후에는 인간의 지식과 문화 그리고 가치관까지 전달할 수 있는 로봇, 곧 '마음의 아이'가 탄생하고, 그 로봇이 마침내 지구의 주인이 될 것이라고 전망했다.[29]

둘째, 빅데이터는 인터넷 검색을 포함하여 페이스북, 블로그, 인스타그램 등 다양한 소셜 미디어(SNS)를 통해 사용자의 행태에 대한 정보를 수집하고 분석하는 기술로서 수집한 정보를 활용하여 사회 현실을 파악할 뿐만 아니라 미래까지 예측할 수 있도록 돕는 기술이다. 이 기술을 통해 기업은 소비자의 행동 특징이나 마음의 상태까지 분석하여 고객별 맞춤 서비스를 제공한다. 데이터 정보를 상품 및 서비스의 개발이나 광고에 활용할 수 있게 되면서 물류를 최적화함으로써 경제적 효율성도 높인다. 정치적으로는 유권자의 인종, 나이, 종교, 소비수준 등에 따라 맞춤형 선거 전략을 개발할 수 있다. 코로나19 글로벌 감염병 상황에서 보았듯이, 정부는 시민들의 이동이나 활동에 관한 데이터를 행정에 활용할 수 있게 되었다. 요약하면, 빅데이터는 우리 사회를 '데이터 기반 사회'로 변화시켜 가고 있다.

셋째, 생명공학은 생명 현상을 '정보를 전달하는 물리적 존재'로 해석한 물리학자 어윈 슈뢰딩거(E. Schroedinger)와 유전자란 '이중나선 형태로 된 물리화학적 존재'라는(J. Wattson and F. Crick) 발견에 기초하여 급속히 발전할 수 있었다. 특히 분자생물학이 유기체를 정보의 알고리즘으로 해석함으로써 유기물과 무기물 사이의 경계도 허물어졌다. 최근 크리스퍼 유전자 가위 기술은 유전자의 치환과 변형까지 가능하게 만들었다. 그리고 세포 말단인 텔로미어 연구는 생명공학을 영생 기술로 만들고 있다. 한편 합성생물학은 생명체를 유전자 차원에서 모방, 재조합, 재설계 그리고 합성하면서 자연 상태에는 존재하지 않는 인공적 생명체를 재창조하는 연구를 진행하고 있다. 이 분야의 대표적 연구자 가운데 하나인 존 벤터(J. C. Venter)는 생명이란

---

29 한스 모라벡/박우석 역, 『마음의 아이들: 로봇과 인공지능의 미래』(서울: 김영사, 2011).

DNA에 의해 구동되는 '생물학적 기계 현상'이라고 해석하면서 디지털 암호를 활용하여 새로운 생명 형태를 설계하고, 화학적으로 조합하거나 합성하여 새로운 생물을 만들어 낼 수 있는 '생물학의 디지털 시대'를 예고했다.[30]

마지막으로 뇌신경 과학기술은 약 1천억 개의 뉴런과 그것들 사이의 이동통로이면서 전기 활동을 하는 100조 개 이상의 시냅스로 구성된 인간의 뇌를 공학적으로 다루는 기술이다. 뇌 과학자의 관점에서 보면, 감각이나 정신 활동, 심지어 감정조차도 뉴런에서 분비되는 신경전달물질이 시냅스로 연결되면서 나타나는 물리화학적 현상일 뿐이다. 그런 이유에서 인지신경과학에서는 뇌를 '생물학적 소재로 만들어진 컴퓨터' 같은 것으로 해석한다.[31] 인지과학이 인간의 마음을 컴퓨터 소프트웨어처럼 뇌에서 일어나는 정보처리 과정에 초점을 둔다면, 신경과학은 컴퓨터의 하드웨어처럼 뇌의 구조와 전기화학적 특성에 초점을 두고 연구한다. 이미 뇌신경과학은 정신적 이상 행동들을 마음이나 정신의 문제가 아닌 뇌의 문제로 진단하여 약물치료를 시행하고 있다. 뇌가 화학신호를 사용하기 때문에 같은 분자구조로 된 약물을 사용하면 정신까지도 얼마든지 변화시킬 수 있다고 가정하기 때문이다.[32]

최근 뇌신경과학자들은 정신과 영혼을 잇는 뇌-컴퓨터 인터페이스로 연구 범위를 확대하고 있다. 뇌 신경망을 도식화한 '커넥톰 지도'

---

30 크레이그 벤터/김명주 역, 『인공생명의 탄생』 (서울: 바다출판사, 2018), 11, 18.
31 허균, "뇌과학과 기독교신앙," 한국교회탐구센터, 『뇌과학과 기독교신앙』 (서울: IVP, 2016), 77.
32 승현준, 『커넥톰, 뇌의 지도』 (서울: 김영사, 2014). 93, 344-365.

가 완성된다면 인간의 행동을 변화시키는 새로운 자기 계발법이 생기고, 심지어 도덕성의 향상조차 약물로 가능해질 것이라 기대한다. 뇌-컴퓨터 인터페이스를 통해 뇌의 업로딩이 가능해진다면, 비록 신체가 사멸하더라도 기억력을 지닌 인간 뇌는 컴퓨터에 저장된 정보의 형태로 영원히 존속할 수 있게 될 것이다. 2013년 미국은 뇌의 신경세포 연결망과 기능을 이해하는 프로젝트 '브레인'(BRAIN)을 시작했고, 테슬라의 최고경영자 일론 머스크(E. Musk)는 2017년에 뇌·컴퓨터 인터페이스를 연구하는 뉴럴링크라는 회사를 설립하여 운영하고 있다.

2장
위험사회

1. 들어가는 말

우리 사회에 각종 안전사고와 재난이 증가하면서 안전에 대한 관심과 논의가 부쩍 늘었다. '안전한 대한민국'이라는 슬로건을 내건 박근혜 정부가 출범한 지 얼마 되지 않아 발생한 '세월호 참사'(2014)와 이듬해 발생한 '중동호흡기증후군(메르스) 사태' 그리고 2016년에서야 비로소 사회적 관심사로 다시 떠올랐던 '가습기살균제 옥시 사태'는 우리 사회가 안전에 얼마나 취약한지 일깨웠다.

과학기술이 고도화하고, 사회시스템이 복잡해지면서 미래에는 지금보다 훨씬 더 끔찍하고 충격적인 안전사고와 대형 재난이 발생할 가능성이 예고되고 있다. 그럼에도 불구하고 우리나라 정부는 국민의 생명과 안전을 지키려는 책임 의식과 역량을 충분히 갖추지 못한 것으로 보인다. 점점 사회적 영향력이 커지는 기업은 여전히 생명보다 이윤추구에 더 큰 가치를 두고 있다. 위험이 일상화되고 구조화된 사회에서 시민의 안전의식이나 공동체 의식마저도 충분하게 성숙해 있지 않다. 현실이 이렇다 보니 국민은 언제 어디서 발생할지 모를 재난과 사고에 대한 공포심과 두려움 가운데 살아가고 있다. 바야흐로 '성장'과 '풍요' 대신에 '생존'과 '안전'이 우리 사회의 주요 관심사가 되어가고 있다.

위험사회의 구조적 특징과 대책을 연구하는 위험사회론에 대한 학술적 연구는 일찍이 1980년대부터 시작되었다. 미국 스리마일 섬 핵발전소 방사능 유출 사고(1979년), 인도 보팔시의 유니온 카바이드사 사고(1984년) 그리고 우크라이나 체르노빌 핵발전소 원자로 폭발 사고(1986년) 같은 대형 재난 사고가 직접적 계기가 되었다. 우리나라에서도 각종 대형 사고와 재난이 연이어 발생하면서 울리히 벡(U. Beck)이나 찰스 페로(C. Perrow), 앤서니 기든스(A. Giddens) 같은 위험사회론에 관심하는 사회학자들에 대한 관심이 높아졌고, 이들의 주요 저서들이 번역되면서 위험사회에 대한 연구 분위기가 확산되었다.[1]

그럼에도 불구하고 우리 사회에서는 여전히 위험에 대한 국민의 인식 수준과 문제의식이 낮은 편이다. 한 예로 삼풍백화점 붕괴 사고(1995년, 502명 사망)에 대한 체계적 연구보고서가 2006년에야 비로소 출판되었다.[2] 게다가 위험사회에 대한 학술적 논의들도 주로 기술 공학적 관점이거나[3] 혹은 개별국가의 사회시스템과 사회조직 및 행정

---

[1] 울리히 벡/홍성태 역, 『위험사회: 새로운 근대성을 향하여』(서울: 새물결,1997);「계간 사상」38(1998) '특집: 한국은 위험사회인가?;「문화과학」35(2003) '특집: 위험사회'; 임현진 외, 『한국사회의 위험과 안전』(서울: 서울대출판부, 2003); 홍성태, 『대한민국 위험사회』(서울: 당대, 2007) 등
[2] 홍성태 외, 『삼풍사고 10년 교훈과 과제』(서울: 보문당, 2006).
[3] 아산사회복지재단, 『위험·재난사회 어떻게 대응할 것인가』(서울: 아산사회복지재단, 2004).

관점이거나[4] 혹은 사회적 의식과 태도 및 위험소통의 관점에만 집중되어 있다.[5]

위험사회라는 연구 주제가 지닌 시의성과 중요성에 비추어 볼 때, 기독교의 학문적 관심은 대단히 적은 편이다. 비록 세월호 참사를 계기로 기독교계에서도 위험사회에 대한 학문적 관심이 생겨났지만, 아쉽게도 사회윤리적 분석과 대안 논의보다는 신학적이고 목회적인 논의에 치우쳤다.[6] 여러 신학자들이 교회의 공적 책임을 강조했지만, 왜 우리 사회에 대형 안전사고와 재난이 반복적으로 발생할 수밖에 없는가 하는 사회과학적인 분석과 사회윤리학적 논의에 대한 연구는 적었다. 이런 문제 인식에서 출발하여 이 글은 전형적인 위험사회라고 규정할 수 있는 한국 사회의 안전 문제를 위험 사회론자들의 이론에 의지해서 논의하면서 기독교윤리의 과제를 탐색한다.

---

4 이재열, "안전관리의 사회조직론: 재해발생의 원인과 처방에 관한 조직사회학적 검토," 임현진 외, 『한국사회의 위험과 안전』, 47-66 등.

5 송해룡, 『위험 사회와 위험 인식: 위험 커뮤니케이션의 갈등 구조』(서울: 성균관대출판부, 2014) 등.

6 김진호 외, 『사회적 영성: 세월호 이후에도 '삶'은 가능한가』(서울: 현암사, 2014); 조석민 외, 『세월호와 역사의 고통에 신학이 답하다』(대전: 대장간, 2014); 세월호의 아픔을 함께하는 이 땅의 신학자들, 『남겨진 자들의 신학: 세월호의 기억과 분노 그리고 그 이후』(서울: 동연, 2015); 이은선·이정배, 『묻는다, 이것이 공동체인가』(서울: 동연, 2015) 등.

2. 위험사회론과 한국 사회

1) '사고공화국' 한국 사회

첨단 과학기술과 복잡한 사회시스템 그리고 거대도시를 특징으로 하는 현대 사회는 위험이 일상화되고 구조화된 사회라는 점에서 위험사회라 불린다. 위험사회에서 인간은 기상재해나 지진과 화산 같은 '자연적 위험' 외에도 빈곤, 실업, 산업재해, 테러나 전쟁 같은 '사회, 정치, 경제적 위험' 그리고 원자력발전소, 생명공학, 화학 산업 같은 '기술적 위험'과 같은 다양한 형태의 위험에 노출된다.

첫째, 자연적 위험이란 각종 자연재해(기후변화, 태풍, 가뭄, 지진, 대형 산불 등)로 생기는 재난을 가리킨다. 기술 발전과 더불어 자연적 위험에 대한 통제력이 커지고 있긴 하지만 여전히 기후변화에 따른 예상치 못했던 재난들이 새로운 위험 요소가 되고 있다. 2016년 경주와 이듬해 포항에서 발생한 지진은 우리나라가 결코 지진 안전지대가 아님을 재확인시켜 주었다. 자연적 위험은 그 자체만으로도 위협적이지만 '4대강사업'과 같이 인간에 의해 저질러지는 잘못된 개발 행위로 말미암아 더 위협적으로 바뀌기도 한다.

둘째, 경제의 지구화가 급속도로 진행되면서 사회경제적 위험도 증가하고 있다. 지구화 사회 속에서 한 나라나 한 지역의 정치적 불안이나 경제적 위기는 급속도로 다른 나라의 정치 경제에 부정적인 영향을 미친다. 1997년에 아시아를 강타한 금융 위기의 결과로 우리나라에서도 수많은 실업자가 생기고, 가정이 해체되고, 자살자가 급증했다. 그리고 토목공학, 건축공학, 도시공학 분야의 기술혁신에 기초한 거대도시는 과도한 인구 밀집 상황에서 무계획적인 대형 구조물과 복잡한 생활 기반 시설(도시가스관, 수도관, 전신 전산망 등) 그리고 도로교통 시설이 밀집함으로써 자연스럽게 각종 재난과 위험에 취약해진다. 한편 교통수단이 발전하고 이동성이 증가하면서 코로나19 바이러스와 같은 새로운 글로벌 전염병의 확산 위험도 커지고 있다. 14세기에 유럽 인구의 3분의 1가량인 7천5백만 명이 사망한 흑사병, 1918~1919년에 2천만 명에서 5천만 명의 죽음을 몰고 왔던 스페인 독감, 1816~1817년에 인도와 중국에서 1천5백만 명이 사망자를 낸 아시아 콜레라 그리고 1957~1958년 사이에 2백만 명이 사망한 아시아 독감 등이 대표적인 예이다.

셋째, 모든 과학기술은 기술적으로 완벽할 수 없기 때문에 항시 위험을 내재하고 있다. 기술적 무지나 결함, 애초의 설계조건과 다른 상황의 전개 그리고 복잡성이 증가하면서 위험도 증가하기 마련이다. 화학 산업 기술의 경우에는 부작용이 오랜 시간이 지난 후에나 비로소 등장한다는 점에서 위험성이 훨씬 크다. 부작용으로 인해 발생한 환자에 대한 보고가 2011년부터 있었지만 수년 후에야 사회적 이슈로 부각된 '가습기살균제 옥시 사태'에서 보았듯이, 화학물질의 안전성에 대한 공포(케미컬포비아)가 커지고 있다.

그동안 발생한 대형 안전사고만 보더라도 알 수 있듯이, 우리나라는 '사고공화국'이라 불릴 만큼 각종 사고가 많은 안전 후진국이다. 서해페리호 침몰 사고(1993년, 사망 292명), 성수대교 붕괴 사고(1994년, 사망 32명), 삼풍백화점 붕괴 사고(1995년, 사망 502명), 대구 지하철 화재 사고(2003년, 사망 192명), 세월호 사고(2014년, 304명 사망), 판교 환풍구 추락 참사(2014년, 사망 16명), 제천 스포츠센터 화재 참사(2017년, 29명 사망), 밀양 세종요양병원 화재 참사(2018년, 50명 사망), 이태원 참사(2022년, 159명 사망) 등이 연이어 발생하고 있다. 특히 산업재해 사고 사망률은 OECD 국가 중 상위권이어서 '산재공화국'으로 불리기도 한다.7

우리나라가 사고공화국 혹은 안전 후진국이 된 가장 큰 이유는 개발 독재 기간 동안 이루어진 '돌진적 근대화'나 '파행적 근대화' 때문이다.8 효율성과 속도를 강조하는 정부가 나서서 대기업과 금융기관을 동원하고, 노동과 언론을 통제하고, 각종 인허가권을 독점하며, 공적 자원을 일방적으로 배분하는 관 주도의 근대화를 진행했다. 정부가 제시한 목표 달성을 위해서라면 필요한 절차와 과정조차 무시하고 효율성만을 강조하다 보니 안전 규정을 무시하기 일쑤였다. 기업은 안전을 줄여도 될 비용으로만 생각했고, 공기 단축이나 납기 단축과 같은 위험을 감수하는 전략을 선택했고, 행정관료는 이러한 기업의 법규 위반을 뇌물수수의 기회로 악용하기도 했다. 관료와 기업가의 결탁이 만들어 낸 '관피아'에 의한 각종 적폐가 쌓이면서 위험과 재난은 우리의 사회시스템 안에 고스란히 축적되었다. 그래서 학자들은 한국 사회의 위험의 특징을 선진국 형태의 위험과는 다른 '후진국형 위험사회'9 혹은 '이중적 복합 위험사회'10 그리고 '악성 위험사회'로11 표현하기도 한다.

---

7 "'산재공화국' 오명 어쩌나," 「아시아경제」 (2014. 10. 24.)
8 한상진, "왜 위험사회인가?," 「계간 사상」 38 (1998), 3-17; 김대환, "돌진적 성장이 낳은 이중 위험사회," 」계간 사상」 38 (1998), 26-45.
9 이동훈, 『위기관리의 사회』 (서울: 집문당, 1999).
10 임현진, "한국의 사회발전과 삶의 안전," 임현진 외, 『한국사회의 위험과 안전』 (서울: 서울대출판부, 2003), 232.
11 홍성태, 『위험사회를 진단한다』 (서울: 아로파, 2014).

2) 위험사회 이론가

현대 사회를 위험사회로 규정하고, 원인을 분석하고 해결책을 추구하는 사회학자들 가운데 대표적인 사람이 울리히 벡(U. Beck)이다. 우리는 그의 주장을 다음과 같이 간략하게 요약할 수 있다.[12] 첫째, 현대 사회에서 위험은 과학기술과 산업화에 힘입은 성공적 근대성의 결과로서 근대성의 이면이라는 의미에서 '내재적 위험'이다. 근대국가는 과학기술을 통해서 자연재해의 위험 요소를 통제할 수 있게 되었지만, 고도의 산업사회, 곧 '2차근대' 시기를 맞아서는 새로운 위험(원자력발전, 신종전염병, 기후변화 등)에 맞닥뜨리게 되었다. 둘째, '2차근대'에 등장한 새로운 형태의 위험들은 그 영향이 지구적이라는 특징을 보인다. 셋째, 과학기술이 고도화하고 사회의 복잡성도 증가하면서 위험을 통제하기가 점점 더 어렵게 된다. 왜냐하면 과거에 없었던 새로운 위험들은 확률적으로 예측하는 것 자체가 어렵고, 너무 빈번하게 발생하기 때문이다. 마지막으로, 위험사회의 해결책은 성찰적 혹은 재귀적(reflexive)인 태도를 요청한다. 여기서 '성찰성'이란 근대성의 발전의 토대가 되었던 지식이나 과학적 합리성(제1근대성)에 대한 비판 능력, 곧 사회적 합리성을 가리킨다. "사회적 합리성 없는 과학적 합리성은 공허하며, 과학적 합리성 없는 사회적 합리성은 맹목적이다."[13] 또 다른 해결책으로 '세계 시민주의 윤리'를 통해서 산업국과 저개발국 사이에 나타나는 위험의 양극화와 불평등 문제의 해소를 제

---

12 울리히 벡/홍성태 역, 『위험사회: 새로운 근대성을 향하여』 (서울: 새물결, 1997).
13 위의 책. 69.

시한다.[14]

또 다른 위험사회 이론가인 찰스 페로(C. Perrow)의 주장은 '정상사고론'(normal accident)으로 요약할 수 있다. 그는 현대 사회가 고도의 위험 기술사회인데도 불구하고 현재의 기술과 과학 수준으로는 미래에 생길 수도 있는 위험을 예방할 어떠한 방지책도 사전에 완벽하게 설계해서 시스템 안에 내장할 수 없다는 근본적 한계에 주목한다. 원자력발전소나 우주선 발사 시스템 같은 최첨단 과학기술에서 보듯이, 아주 작고 사소한 기계적 결함만으로도 엄청난 재난을 불러오지만, 어떤 과학 기술자도 현재의 기술 수준에서 위험을 완벽하게 예측하고 대비할 수 없기 때문에 모든 사고는 '정상적이며 필연적'이라고 한다.[15] 위험사회에서의 불안은 지금 내리는 최선의 결정이 장기적으로 어떤 결과를 가져올지 누구도 알 수 없다는 구조적 특징을 지닌다. 결정하는 것과 결정을 미루는 것 사이에 어느 것이 더 나은 결과를 가져올지도 알 수 없다. 그래서 위험은 일상이 되고, 사고는 정상이 된다.

3) 위험사회론의 한국 사회 적용 문제

위험사회론이 사고공화국으로 불리는 한국 사회에 끼친 영향은 적지 않다. 울리히 벡이 2008년 한국을 방문했을 때, 우리 사회를 가리켜 '아주 특별하게 위험한 사회'로 표현하기도 했다. 하지만 과학기

---

14 울리히 벡/박미애·이진우역, 『글로벌 위험사회』(서울: 길, 2010).
15 이찬수, "자연의 타자화, 인간의 사물화 그리고 세월호," 김성철 편, 『재난과 평화』(파주: 아카넷, 2015), 40.

술이 고도로 발전한 서구 산업사회의 경험에서 생겨난 위험사회론을 우리 사회에 적용하려고 할 때 간과해서는 안 될 차이점들이 있음을 가볍게 여겨선 안 된다.

첫째, 위험사회론이 일찍부터 산업화를 이룬 선진국을 배경으로 생겨났고, 문명사적 보편성을 지니는 것처럼 보이긴 하지만 한 국가의 산업화 정도나 과학기술 수준 그리고 사회 정치적 조건에 따라 피해 정도가 차이 난다. 말하자면 위험과 재난을 피할 수 없는 현실이지만 그것이 치명적인 재앙이 되느냐 아니냐는 각 나라의 대처 능력이나 대응 태도에 따라 얼마든지 달라진다. 예를 들면 우리나라에서 인명피해 130명, 재산 피해 6조 원을 불러온 태풍 '매미'(2003년)가 하루 전 일본 오키나와를 강타했을 때에는 태풍의 크기가 두 배나 컸음에도 불구하고 피해 사망자는 단 한 명에 그쳤다. 한 국가의 재난 대비 능력과 안전 문화 의식 수준이 나라마다 피해의 차이를 불러온다.

둘째, 산업 국가들에서 위험은 근대화와 산업화 과정에서 자연스럽게 발생하는 정상적인 결과이지만 우리나라에서는 압축된 근대화와 산업화로 인한 비정상적 결과라는 점에서 차이 난다. 선진국에서의 위험은 현재 수준에서 완벽하게 검증되지 않은 기술의 속성과 복잡한 사회구조로 인해 내재된 위험이다. 반면에 우리 사회에서 위험은 비교적 원인이 명확하고, 기술 면에서도 덜 복잡하지만 그에 대비하기 위해 만들어진 사회조직 간 조정이나 커뮤니케이션의 실패가 영향을 미친다.[16]

---

16 이재열, "세월호 참사, 시스템 이론으로 본 원인과 대책," 이재열 외, 『세월호가 묻고 사회과학이 답하다』(서울: 오름, 2017), 22-30.

셋째, 선진국에서는 투명하고 민주적인 사회시스템을 통해 위험을 통제하고 피해를 줄일 수 있었지만 우리 사회에서는 비리와 부패가 위험을 조장하고 증폭시켰다. 우리나라에서의 위험은 사람으로서 어쩔 수 없는 '천재'(天災)라기보다는 '인재'(人災)요, '사고'가 아니라 '사건'으로 다루어야 할 위험이 많다. 사고가 뜻밖에 일어난 불행한 일을 의미한다면, 사건은 개인적 불운으로 넘길 수 없는 일로서 누군가 책임져야 할 희생이라고 볼 수 있다. '민주사회를 위한 변호사 모임'은 세월호 사고가 참사(사건)로 비화된 원인으로 열 가지를 지적했는데 모두 윤리적 책임으로 보아야 할 사항들이다. 무분별한 규제 완화로 사라진 안전장치, 신자유주의 경제 원리인 민영화의 위험, 정부의 재난 대응 역량 부족, 원칙 없는 정부 조직 개편, 무능한 안전관리 감독 기관, 컨트롤 타워 역할을 하지 못한 청와대와 대통령, 손 놓은 주무 부서 해경의 초동대응, 해경의 외부 지원 거부 및 배제 의혹, 돈벌이를 위한 해운사의 위험한 선박 운항, 교육 및 안전 훈련 부재와 선원들의 무책임 등이다.[17]

마지막으로, 현대 사회에서 위험이 불특정 다수에게 똑같이 영향을 준다는 점에서 그 피해가 민주적이고 평등하다는 위험사회론자들의 주장과 달리 우리 사회에서 위험의 피해는 주로 저소득 취약계층에 집중된다는 점에서 차이가 있다. 안전은 모든 사람의 권리일 뿐만 아니라 누구나 평등하게 보장받아야 할 공적 가치요 인간의 기본권에 속한다. 그럼에도 불구하고 위험은 대부분 사회적 약자들에게 더 많이 노출되고 불공평하게 배분된다. 울리히 벡도 불평등한 사회에서

---

17 민주사회를 위한 변호사 모임, 『416 세월호 민변의 기록』(서울: 생각의 길, 2014), 제3장.

위험이 계급사회를 더 강화하는 쪽으로 발전하게 될 가능성이 있다고 예측했다. 어느 사회든지 부유층은 공적 가치인 안전까지도 돈과 권력으로 살 수 있기 때문이다.[18]

우리나라 고용노동부가 발표한 "중대재해 발생 현황" 자료를 보게 되면, 산업재해로 죽거나 중상을 당하는 전체 숫자 가운데 하청 업체의 비정규직 노동자가 차지하는 비율이 지속적으로 증가하고 있음을 알 수 있다. 하청의 입찰방식이 최저가이다 보니 저가 입찰로 공사를 따낸 원청업체들이 비용을 줄이기 위해 핵심 업무인 설계와 시공, 관리만 맡고, 하청 업체는 또 다른 하청 업체를 통해 공기를 단축하고 인력을 줄이면서 자연스레 산업재해의 가능성이 커진다. 기업들이 비용 절감을 위해서 산업현장의 위험을 불법적인 다단계 하청구조를 통해서 비정규직 노동자에게 떠넘기는 '위험의 외주화' 현상은 산업계에 만연해 있다.

4) 위험사회의 정치 경제

(1) 감시 국가의 등장

위험사회에서는 위험을 객관적으로 평가하고 관리하고 예방하기 위한 국가의 위험관리 시스템이 필요해지면서 시민에 대한 국가의 개입과 통제가 당연시된다. '안전'이라는 가치가 강조될수록 국가의 통치행위가 정당화되고, 시민사회에 대한 국가의 감시와 통제마저 쉽게

---

18 울리히 벡, 『위험사회: 새로운 근대성을 향하여』, 75-77.

수용된다. 실례로 테러가 빈발하면서 공공안전과 국가안보를 명분으로 전 세계적으로 시민의 자유와 인권 그리고 사생활이 심각할 정도로 위협받고 있다. 테러에 대한 전쟁을 명분으로 불법적인 도청과 고문은 물론 인종차별과 종교 차별이 당연시되기도 한다. 이렇게 위험사회와 더불어 등장한 감시 국가나 통제 국가에서는 법적 규범 대신에 예외가 자리 잡고(W. Bejamin), 계엄령 같은 예외 상태가 정부의 지배적 패러다임으로 바뀌기도 한다(G. Agamben).[19]

이런 배경에서 사회학자 지그문트 바우만(Z. Bauman)은 위험 및 재난사회에서는 안전을 빌미로 감시 국가나 통제 국가가 언제든지 등장할 수 있음을 우려한다.

안전하지 않은 사회에서는 안전이 게임의 명칭이다. 안전은 게임의 주된 목적이며 최고의 판돈이다. 안전은 이론상으로는 아니지만 사실상으로는 여타의 모든 가치를 왜소하게 만들고, 주목과 관심의 대상으로부터 배제한다. 지금처럼 불안한 세상에서 개인적인 말과 행동의 자유, 사생활의 권리, 진실에 대한 접근권은 삭감되거나 유예될 필요가 있다.[20]

말하자면 위험사회에서 국가는 국민의 안전 취약성과 불확실성에 대한 보호를 약속하면서 국민에게 복종을 강요한다. 사람들은 위험사회의 불안과 공포로부터 해방되고 싶어서 자유의 제한을 당연한 것으

---

19 지그문트 바우만/정일준 역, 『부수적 피해: 지구화 시대의 사회 불평등』(서울: 민음사, 2013), 192-195.
20 위의 책, 35.

로 받아들인다. 심지어 자유를 포기하려는 유혹에 쉽게 빠지는 인간 심리를 악용하여, 통치자들은 의도적으로 불안과 공포를 조장하기도 한다.[21] 그런 배경에서 바우만은 안전 공포심을 가리켜 하나의 정치 상품, 곧 '권력게임을 수행하는 데 사용되는 통화'가 되었다고 말한다.[22]

그런데 아이러니컬하게도 국가가 안전을 이유로 보안 조치의 강화를 위한 제도나 정책을 수행하고 각종 안전장치들을 마련할수록 국민은 더 불안감을 느끼게 된다. 사회학자 볼프강 조프스키(W. Sofsky)의 안전 국가에 대한 전망은 매우 비관적이다.

> 자유의 축소에 비해 위험도 줄어든다면 균형을 갖춘 정치라 할 수 있다. 그렇지만 온갖 조처에도 불구하고 안전은 확보되지 않고 자유만 파괴된다면, 그 대차대조표는 적자다. 이것이 바로 최후의 재앙 시나리오다. 그리고 그런 일은 오늘날 현대인이 믿고 싶어 하는 것보다 훨씬 일어날 가능성이 높다.[23]

박민규는 세월호 참사를 두고서 선박이 침몰한 '사고'이자 국가가 국민을 구조하지 않은 '사건'이라고 규정하면서 "이것이 국가인가?" 물었다.[24] 국가는 국민 앞에서 마치 전능한 존재인 것처럼 큰소리를

---

[21] 지그문트 바우만·레오니다스 돈스키스/최호영 역, 『도덕적 불감증』(서울: 책읽는 수요일, 2015), 180.
[22] 위의 책. 183.
[23] 볼프강 조프스키/이한우 역, 『안전의 원칙: 위험사회, 자유냐 안전이냐』 (파주: 푸른숲, 2007), 243.
[24] 박민규, "눈먼 자들의 국가," 박민규 외, 『눈먼 자들의 국가』 (파주: 문학동네, 2014), 56.

치고 권력을 행사하지만, 막상 위험이나 재난이 닥치면 국민의 안전을 지키는 일에는 매우 무기력하고 무책임하다. 기껏해야 공권력을 동원해 질서를 유지하며, 경제 침체라는 자본의 논리를 앞세워 국민의 관심을 바꾸려 할 뿐이다. 이런 현상을 두고 철학자 에티엔 발리바르(E. Balibar)는 '전능자의 무기력 증후군'이라고 표현했다.[25] 외관상으로는 전능하다고 보이는 국가가 실제로는 너무나 무기력하다는 진실을 깨닫는 데서 생기는 불안감이야말로 위험사회에서 사람들이 정말로 두려워하는 공포의 본질이다.

(2) 재난자본주의의 등장

위험사회에서 안전 이슈가 정치권력의 통치와 억압을 정당화하는 수단으로 악용될 수 있다면, 경제적인 관점에서 볼 때 안전 이슈는 자본의 새로운 먹거리로 악용될 수 있다. 말하자면 권력과 자본 둘 다 위험사회의 공포와 불안을 먹고 산다는 점에서 공통점을 지닌다고 볼 수 있다. 경제학자 나오미 클라인(N. Klein)이 예리하게 지적했듯이, 자본주의는 국가적 재난이나 위기 상황조차 이윤추구의 수단으로 삼는다.[26] 실제로 아시아의 금융 위기(1997), 허리케인 카트리나(2005) 그리고 전 세계 금융 위기(2008) 재난이 불러온 충격과 공포가 전 세계적으로 가난한 계층에게는 절망을 가져왔지만, 자본가들에게는 자본

---

25 진태원, "세월호라는 이름이 뜻하는 것," 노명우 외, 『팽목항에서 불어오는 바람』 (서울: 현실문화연구, 2015), 148 재인용.
26 나오미 클라인/김소희 역, 『쇼크 독트린』 (파주: 살림출판사, 2008).

을 확대 재생산할 수 있는 좋은 기회를 제공했다. 예를 들자면 허리케인 카트리나가 뉴올리언스를 초토화했을 때 재개발의 기회를 노리고 있었던 부동산 업자들은 좋은 기회가 왔다고 쾌재를 불렀다. 왜냐하면 대홍수가 그 지역을 깨끗이 철거해 주어서 그들은 큰 저항 없이 재개발 사업을 시행할 수 있었기 때문이다.

클라인은 이처럼 위험과 재난이라는 충격과 공포까지 자본축적을 위한 효과적 수단으로 악용하는 새로운 형태의 자본주의를 가리켜 '재난자본주의'(disaster capitalism)라고 불렀다. 그는 재난자본주의가 이용하는 전략을 '쇼크 독트린' 혹은 '충격요법'이라 표현했고, 그것을 추진하는 세력을 자본가와 권력 엘리트의 결탁으로 이루어진 '재난 자본주의 복합체'라고 이름 붙였다. 재난 자본주의 복합체의 속내는 카트리나 당시 뉴올리언스의 개발업자들이 했다는 말 속에도 잘 드러난다. "우리는 마침내 뉴올리언스의 공공구역을 깨끗이 정화했습니다." "우리는 백지상태에서 새로 출발하게 되었습니다. 그 때문에 큰 기회를 잡았고요."[27]

우리는 1997년 아시아의 경제위기 속에서 알짜 기업이나 건물 및 토지를 외국 기업이나 부동산업자들에게 헐값으로 매각할 수밖에 없었다. 당시「뉴욕타임스」는 이를 두고 '세계에서 가장 큰 파산 세일'이라고 표현했다.[28] 세월호 참사에서도 재난자본주의가 어떻게 작동하는지 볼 수 있었다. 재난에 책임을 져야 할 당사자인 기업가와 자본은 오히려 재난을 또 다른 돈벌이 수단으로 악용하려 했다. 세월호 구조

---

27 위의 책, 12 재인용.
28 위의 책, 20 재인용.

작업 현장에서 해양경찰청과 유착관계에 있는 민간 회사에 구조 작업을 독점적으로 맡긴 후 다른 민간단체의 구조 활동을 막은 것은 하나의 사례에 불과했다.

(3) 보험사회와 '안전'의 상품화

위험을 예측하고 대비하려는 인간의 사회적 노력으로부터 보험제도가 생겨났고, 정치적 노력으로부터 복지국가가 탄생했다. 중세까지만 해도 안전은 인간의 능력을 벗어난 신의 영역이었으며, 재난과 위험은 신학적인 '악'으로 규정되었다. 하지만 과학기술의 발전과 더불어 위험을 과학적으로 계산할 수 있게 되면서 위험은 어느 정도 예측 가능한 대상이 되었다. 더 나아가 사고를 위험의 확률로 계산해 낼 수 있게 됨으로써 보험사업도 생겨나게 되었다. 각종 산업재해, 교통사고, 화재, 실업과 같은 각종 위험에 대한 보험제도는 근대 산업사회에서 생겨난 위험들로부터 사람들을 심리적으로 보호할 뿐만 아니라 심지어 모험을 감행할 수 있도록 도와주었다. 볼프강 조프스키의 표현대로, 인간은 보험증서를 갖게 되면 사고와 불안에서 해방된다. 보험이 뒤에서 든든하게 받쳐준다고 믿는 사람들은 온갖 불행에 맞서 모험을 감행할 수 있게 된다.[29]

하지만 보험제도는 여러 가지 한계를 지닌다. 위험에 대한 완전한 예견이 어렵고, 발생한 손해가 무엇이며, 그 영향이 어디까지 미칠지 예측하기가 힘들기 때문이다. 사회학자 니클라스 루만(N. Luhmann)의

---

29 볼프강 조프스키, 『안전의 원칙: 위험사회, 자유냐 안전이냐』, 75.

지적처럼, 위험사회에서는 시간과 상관없이 일관되게 적용할 수 있는 표준화된 보험제도가 사실상 불가능하다. 왜냐하면 보험과 관련된 모든 결정은 사고가 생긴 후에나 산정할 수 있지만, 최근 발생하는 사고들은 참고할 만한 과거의 통계 자료가 존재하지 않기 때문이다. 말하자면 '가설적 위험'에 기초한 보험이란 근본적으로 불가능하다.[30]

게다가 재난으로 인한 손해는 물질적인 것에 머물지 않고 정신적인 고통과 사회적 손실까지 광범위하기 때문에 손실의 정도를 정량화하는 것도 어렵다. 보험제도로는 신체적 손상과 심리적 트라우마, 죽음이나 공동체의 해체로 말미암는 고통까지 다 보상할 수 없다. 그리고 보험제도는 보험금을 지불할 수 있는 경제적 능력이 있는 사람에게만 도움이 될 뿐 그렇지 못한 경제적 빈곤계층—실은 그들이야말로 보험이 필요한 사람들인데—에게는 아무런 도움을 주지 못한다.

한편 보험의 종류와 상품이 점점 늘어난다는 사실에서 우리는 국가가 불안한 시장경제에서 유발되는 위험과 불확실성으로부터 국민을 보호할 의무에서 손을 떼고 있음을 간과해서는 안 된다. 국가는 온갖 위험들을 사적인 문제요, 개인이 소유한 자원을 통해 스스로 처리하고 헤쳐 나가야 할 문제로 규정하면서 안전에 대한 책임을 개인에게 떠넘기려 한다. 이러한 태도는 "사회에 의한 구원은 더 이상 없다"(피터 드러커)라거나 "사회는 없다. 개인과 가족만이 있을 뿐이다"(마거릿 대처)는 말들 속에 잘 드러나 있다.[31]

한편 인류는 산업사회의 모순과 부작용을 해결하기 위해 복지국

---

30 노진철, 『불확실성 시대의 위험사회학』 (서울: 한울, 2009), 36-37.
31 지그문트 바우만, 『부수적 피해』, 189 재인용.

가 이념을 발전시켰다. 복지국가란 개인의 노력만으로 해결할 수 없는 사회, 경제적 위험에 대비하려는 국가 정책으로 볼 수 있다. 복지국가는 사회보험, 즉 실업보험, 의료보험, 산재보험 같은 사회적 안전망을 통해서 예측 가능한 수준의 위험을 감소시키는데 상당한 정도로 기여하고 있다. 하지만 복지 선진 국가들에서조차 여전히 테러 위험이나 생태학적 위험 그리고 실업과 같은 사회적 위험이 사라지지 않고 있다.

물론 우리나라처럼 복지수준이 상대적으로 낮은 국가의 경우에는 복지국가를 발전시키는 일이 여전히 중요한 과제로 남아있다. 국민총생산(GDP) 대비 복지 예산 비율을 선진국 수준으로 높이려는 노력이 필요하다. 하지만 유감스럽게도 신자유주의 경제체제가 등장하면서 복지국가 이념의 쇠퇴가 전 세계적 현실이 되었다. 미국은 말할 것도 없고 복지국가의 대명사로 알려진 서유럽 국가들에서조차 사회복지 예산은 급격히 줄어들고 있다. 그 결과 보험료를 지급할 경제적 능력이 없는 빈곤계층은 위험에 고스란히 노출되고 재난의 희생자로 전락할 우려도 커지고 있다.

(4) '안전' 신화의 허구성

과거 우리 사회에서 '성장'과 '물질적 풍요'가 최고의 가치였다면, 위험이 일상화된 현재는 '생명'과 '안전'이 최고의 가치로 부각되고 있다. 정부는 위험을 예측하여 각종 안전대책을 마련하고, 기업은 각종 보험제도를 통해 위험을 보상하는 상품을 개발하고, 공학 기술자들은 오류를 감소시키는 기술개발에 노력하며, 사회는 안전 문화를 강조한다. 하지만 후기 산업사회인 현대 사회가 각종 위험과 재난으로부터 벗어난 안전 사회가 될 수 있을지는 매우 불확실하다. 이미 위에서 위험사회론 학자들의 분석에서 보았듯이, 위험은 최첨단 과학기술과 복잡한 사회시스템을 특징으로 하는 현대 사회 안에 이미 내재되어 있는 필연적인 현상이기 때문이다. 현대 사회에서 위험은 근대성의 실패 때문이 아니라 근대성의 성공이 불러온 자연스러운 귀결이다.

그럼에도 불구하고 기술 공학자들이나 전문 관료들은 과학기술의 발전을 통해 위험을 완벽하게 예방하고 효율적으로 관리할 수 있다고 확신한다. 예를 들면 원자력 관계자들은 이중삼중의 안전장치를 통해서 어떤 위험도 충분히 예방하고 통제할 수 있기 때문에 발전소의 사고가 비행기 사고보다 확률적으로 훨씬 적다고 말한다. 하지만 일본 후쿠시마 원자력발전소 폭발 사고(2011)에서 보았듯이, 사고란 우리가 전혀 예상하거나 상상하지도 못했던 요인들로 인해 발생한다. 때로 그것이 자연재해일 수 있고, 아주 작고 사소한 부품의 설계나 제작 과정의 기술적 실수나 시공과 조작 과정에서의 부주의와 같은 인간의 잘못(human error)일 수도 있으며 그리고 관련된 조직 간의 의사소통 문제가 원인이 될 수도 있다.

3장
글로벌 재난사회

1. 들어가는 말

지금 우리는 위험과 재난이 특정 지역이나 국가가 아니라 지구 행성 전체를 위협하는 글로벌 재난시대 속에 살아가고 있다. 인류의 역사 속에서 재난이 없었던 시대가 존재하지 않았다지만 과거의 재난이 주로 지진이나 화산 폭발 같은 자연 환경적 요인에 의해 발생했다면, 최근의 재난은 인간적 요인과 복잡해진 사회구조 때문에 생겨난다. 그리고 재난의 파급력도 지구적이라는 점에서 차이가 있다. 이 글에서 다루는 세계 경제 위기, 테러와 전쟁, 기후 재앙 그리고 글로벌 감염병은 우리 시대의 대표적인 글로벌 재난들이다.

1980년대 들어 빠르게 진행된 경제의 지구화 과정은 한편으로 자유무역 확대와 글로벌 공급망 그리고 노동과 시장의 통합을 통해서 세계 경제의 효율성과 생산성을 획기적으로 높였지만, 다른 한편으로 재난의 위험성을 글로벌 차원으로 확장시켰다. 전 세계 국가들 사이의 상호 의존성이 커짐으로써 한 국가의 경제위기나 전쟁, 환경파괴나 감염병은 급속히 글로벌 재난 형태로 바뀌고 있다.

예를 들자면 미국에서 발생한 9.11 테러(2001)와 그에 맞선 보복 전쟁 그리고 서브프라임 모기지 사태로 발생한 금융위기(2008)는 급속하게 전 세계 경제에 악영향을 끼쳤다. 한편 2020년 중국에서 발발한 코로나19 바이러스는 수개월이 채 못 되어 전 세계인을 감염시켰고, 수십 년 간 진행된 글로벌 공급망을 순식간에 무너뜨렸다. 그리고 2022년 러시아의 우크라이나 침공으로 시작된 전쟁은 두 나라의 경제와 평화만 아니라 전 세계 경제와 평화 그리고 식량과 에너지 이슈에 악영향을 미치고 있다. 게다가 기후 재앙은 지역이나 국가의 경계가 없는 글로벌 재난으로 바뀌어 가고 있다.

그런데 글로벌 재난은 그 원인을 밝히고, 책임을 묻고, 대응책을 마련하기가 쉽지 않다. 코로나19 글로벌 감염병에서 보았듯이, 재난의 원인을 둘러싼 음모론이 밝혀지지 않고, 국제적인 협력과 대응책을 마련하는 일도 어려웠다. 글로벌 재난을 예방하거나 극복하려면 지역이나 국가의 경계를 넘어 글로벌 차원에서 협력하고 연대할 수 있는 거버넌스와 함께 전 세계인이 공동운명체라는 지구 시민의식을 필요로 한다. 전자가 글로벌 재난을 극복하는 데 필요한 하드웨어라면, 후자는 그 시스템을 작동시키는 소프트웨어라 하겠다. 위르겐 몰트만(J. Moltmann)이 지적했듯이, 글로벌 시대는 "인류의 연합만이 인류의 생존을 보장하며, 모든 개개인의 생존은 인류의 연합을 전제한다."[1] 2022년 7월 안토니우 구테흐스 유엔사무총장도 글로벌 재난시대에는 인류의 선택이 '공동 대응 아니면 집단자살 가운데 하나'일 뿐

---

[1] 위르겐 몰트만/곽혜원 역, 『희망의 윤리』(서울: 대한기독교서회, 2012), 131.

이라고 말하며 전 세계인의 연대와 협력을 간절히 호소했다.

하지만 현실은 우리의 기대와는 반대 방향으로 움직이고 있다. 코로나19 글로벌 감염병이 확산하는 동안 각 국가는 연대와 협력 대신에 오히려 봉쇄와 각자도생의 전략을 선택했다. 글로벌 감염병을 대응하기 위해 만들어진 세계보건기구(WHO)조차 제 역할과 책임을 다하지 못했다. 또 다른 글로벌 재난인 기후 위기 이슈는 국가 간 경제적 이해관계가 더 첨예한 사안이어서 국제적 합의와 협력을 이끌어 내기가 훨씬 더 어렵다. 세계 최대의 온실가스 배출국인 미국은 말할 것도 없고, 우리나라 역시 경제 대국이니 선진국이니 자랑하면서도 기후 위기 해결에 요청되는 책임 의식은 매우 빈약한 '기후 불량국'이다.

이 같은 문제 인식에 기초한 이 글은 재난 없는 안전하고 풍요로운 세계를 건설하는 첫 단계로 현재의 재난이 과거의 재난들과 어떻게 다르며, 그 원인이 무엇인지 사회과학적 관점에서 분석한다.

2. 글로벌 재난의 유형과 특징 그리고 원인

1) 글로벌 재난의 유형

오늘날 우리가 경험하는 글로벌 재난은 경제위기와 기아, 테러와 전쟁, 기후 재앙 그리고 글로벌 감염병의 형태로 나타나고 있다.

첫째, 세계 경제가 하나의 시장으로 통합된 지구화 경제는 세계를 시공간적으로 압축하면서 사회적 재난 위험성도 글로벌 차원으로 확장시켰다. 한 예로 2008년 미국서 발생한 리먼브라더스의 파산은 순식간에 미국을 넘어 전 세계 금융시장을 붕괴시켰다. 지구화 경제에 비판적인 학자들은 경제의 지구화가 중국을 제외한 빈곤 국가들의 상황을 더 악화시켰다고 주장하면서 그 근거를 다음과 같이 제시한다.[2] 세계 인구 중 약 40%가 여전히 빈곤 상태에 있으며, 그 가운데 6분의 1인 8억 7천만 명이 극빈 상태에 있다. 특히 아프리카의 경우에는 극빈 상태에 있는 인구 숫자가 1981년에 1억 6천만 명에서 2001년에는 3억 1천만 명으로 거의 두 배 가까이 증가했다. 유엔 세계식량계획(WFP)이 WHO와 공동으로 펴낸 「2021 세계 식량안보와 영양 실태 보고서」는 2020년 기준으로 전 세계적으로 식량부족에 시달리는 인구는 7억 2천만 명에서 8억 1천100만 명이나 되는 것으로 추산했다. 최근의 코로나19 글로벌 감염병은 경제적으로 취약한 국가들과 빈곤계층의 상황을 더 악화시키고 있다. 글로벌 감염병에 대처하기 위해 천문학적 재정 투입이 가능했던 선진국과 달리 만성적 재정 부족에 시달리던 저개발국에서 빈곤층의 생존 위협이 더 커졌다.

둘째, 테러리즘과 전쟁 그리고 핵무기의 확산은 세계 평화와 안전을 심각할 정도로 위협한다. 지구화 경제는 이데올로기 갈등을 종식시키기는 데 어느 정도 기여했지만, 새로운 형태의 갈등과 분쟁의 원인도 제공했다. 글로벌 거버넌스 전공자인 메리 캘도어(M. Kaldor)가 지적했듯이, 냉전 이후의 전쟁은 민족, 종교 그리고 경제적 이해관계에 따라 전쟁의 원인이나 형태가 과거의 전쟁과는 완전히 다른 '새로운 전쟁'으로 변해가고 있다.[3] 새로운 전쟁에서는 합법적인 정부에 의

---

[2] 조지프 스티글리츠/홍민경 역, 『인간의 얼굴을 한 세계화』(파주: 21세기북스, 2008), 73.
[3] 메리 캘도어/유강은 역, 『새로운 전쟁과 낡은 전쟁, 세계화 시대의 조직화된 폭력』(서울:

한 선전포고나 민간인의 보호 의무 같은 전통적인 전쟁 윤리나 국제 규범이 더 이상 통용되지 못한다. 심지어 대테러 전쟁을 수행한다고 정당성을 주장하는 국가까지도 테러국과 비슷하게 부당한 폭력을 공공연히 휘두르기도 한다.

러시아의 우크라이나 침공(2022)을 계기로 세계는 다시 군비경쟁의 시대로 복귀하고 있으며, 그간 금기 사항으로 여겼던 핵무기 사용이 현실화할 수도 있다는 공포심을 불러일으켰다. 스톡홀름국제평화연구소(SIPRI)의 '세계 군사비 현황' 자료에 따르면, 전 세계의 군사비 지출은 2000년을 기점으로 지속적으로 증가하다가 2024년에는 약 3천7백조 원에 이르렀다. 미국과 중국 사이의 패권 갈등이 심화되면서 군비경쟁은 더 가속화할 것이고, 핵무기를 소유하려는 국가들의 숫자가 늘면서 우발적이든 의도적이든 핵무기 사용의 가능성도 그만큼 더 커질 것이다. 상황이 이런데도 핵확산금지조약(NPT)이나 포괄적 핵실험금지조약(CTBT)과 같은 국제기구의 구속력까지 약해지고 있다. 어떤 이유에서든지 핵전쟁이 발발한다면 인류만 아니라 지구 행성도 종말을 맞게 될 가능성이 크다. 천체물리학자 칼 세이건(C. Sagan)에 따르면, 2차 세계대전 당시 사용된 폭탄의 양은 TNT 200만 톤이었고, 히로시마에 투하된 핵폭탄은 겨우 13킬로톤이었다. 그런데 지금은 수 시간 내에 100억 톤의 폭탄을 사용할 수 있고, 전면적인 핵전쟁이 시작되면 전 세계 모든 도시에 히로시마에 투하된 핵폭탄 약 100만 개 분량을 떨어뜨릴 수 있을 정도가 되었다.[4]

그린비, 2010), 34.
4 칼 세이건/홍승수 역, 『코스모스』 특별판 (서울: 사이언스북스, 2020), 635-637.

셋째, 산업혁명 이후 가속화되는 환경오염과 생물종 파괴 및 소멸 그리고 최근 지구온난화로 인해 발생하는 기록적인 폭염과 폭우, 가뭄과 대형 산불은 지구 역사에서 여섯 번째의 대멸종의 시작일 수 있다는 공포심을 낳고 있다. 기후 재앙은 다른 어떤 재난과는 비교가 안 될 엄청난 인명과 재산 피해를 낳으리라고 예측된다. 기후 위기는 전 세계적인 수자원 부족이나 식량 위기를 불러오고, 수많은 섬나라와 연안의 대도시들을 침수시키고, 대규모 환경난민을 발생시키면서 세계평화까지 위협하는 복잡한 이슈로 부각되고 있다.

인류는 당면한 기후 재앙 문제를 해결하기 위해 유엔 차원에서 '파리 기후변화협약'(2015)을 체결했고, 뒤이어 기후변화에 관한 정부 간 협의체(IPCC, 2018)를 통해서 '지구온난화 1.5℃ 특별보고서'를 채택하면서 전 세계가 금세기 말까지 지구 온도의 상승을 산업화 이전 대비 1.5℃ 이하로 제한할 것을 다짐했다. 하지만 특별보고서가 제시한 2020~2052년보다 10여 년이 앞당겨진 2014~2040 사이에 이미 지구 온도가 1.5℃ 상승하리라는 예상이 설득력을 얻고 있다. 그럼에도 불구하고 세계는 성장 중심의 경제체제를 포기할 생각이 없어 보인다. 심지어 온실가스 배출에 책임이 큰 미국의 대기업들이나 학자들 가운데에는 기후 위기를 과학적 근거가 결여된 허위 사실이거나 음모론이라고 보면서 환경론자들을 공격하기까지 한다.

마지막으로, 학자들은 환경파괴와 기후 위기 시대에 글로벌 감염병 재난은 더 자주 발생할 것이라고 우려하고 있다. 우리가 경험한 코로나19 글로벌 감염병은 전 세계적으로 1,500만 명 이상의 목숨을 빼앗았고, 글로벌 공급망을 파괴시킴으로써 세계 경제를 크게 후퇴시켰다. 학자들은 최근의 코로나19 글로벌 감염병만 아니라 그 전신인 사스를 비롯해 신종 감염병의 약 75%가 야생동물이나 가축에게서 전파된 인수공통감염병이라는 특성에 근거해서 '에코데믹'(ecodemic), 곧 생태병 혹은 환경 전염병이라고 규정하기도 한다.5 철학자 슬라보예 지젝(S. Zizek)은 코로나19 글로벌 감염병을 가리켜, 자연이 바이러스를 통해서 인간에게 복수하고 있다고 표현하면서, 글로벌 감염병을 극복하려면 지금처럼 국가 간에 벽을 쌓고, 격리와 고립을 강화하는 정책을 버리고 지구적인 연대를 시급하게 모색해야 한다고 호소했다.6 그러나 세계는 그간 추구했던 국제적 협력과 연대의 문화로부터 급격히 자국 우선주의 정치와 문화로 후퇴하고 있다.

2) 글로벌 재난의 특징

글로벌 시대에 재난은 공간적으로는 지구적이며, 시간적으로는 동시적이다. 그리고 재난의 원인과 결과 차원에서 구조적으로 상호 얽혀있다는 특징을 보인다. 예를 들자면, 코로나19 글로벌 감염병의 직접적 원인은 박쥐나 천산갑 같은 야생동물 바이러스가 인간에게로 전이된 결과다. 그런데 이런 전이는 산림 벌채나 댐 건설, 도로 개통 등으로 야생동물의 서식처가 파괴된 환경 관련 재난이다. 그 외에 공장식 축산 시스템이나 생물다양성의 파괴 그리고 지구온난화도 영향을 미쳤다. 말하자면 글로벌 감염병과 기후 재앙은 구조적으로 상호 얽혀있다. 이것은 지난 반세기 동안 신종 감염병의 폭증과 기후 위기

---

5 제롬 월터스/이한음 역, 『에코데믹, 끝나지 않는 전염병』(서울: 책세상, 2020), 9.
6 슬라보예 지젝/강우성 역, 『팬데믹 패닉』(서울: 북하우스 2020), 76, 104, 111.

의 악화가 시기적으로 겹치는 데서도 확인되는 사실이다.7

글로벌 시대에 환경파괴는 환경문제로 그치지 않고 세계평화에도 직간접적인 영향을 미친다. 한 예로 총길이가 4천 킬로미터가 넘는 메콩강이 지나는 중국, 미얀마, 라오스, 태국, 캄보디아, 베트남 등 6개 국가 사이에 수자원 갈등이 점점 첨예해지면서 역내 국가들 사이의 평화를 위협하고 있다. 기후 위기 때문에 발생하는 환경난민의 문제도 세계평화를 위협하는 중요한 요소로 부각되고 있다. 이런 배경에서 독일의 환경장관을 역임했던 클라우스 퇴퍼(K. Toeffer)는 "환경정책은 곧 평화정책이다"고 표현하기까지 했다.8

최근의 코로나19 글로벌 감염병에서 보듯이, 바이러스는 한 국가 안에서 저소득층, 장애인 및 노약자, 요양원 수용자, 독거노인, 돌봄 어린이, 노숙자, 자영업자, 이주노동자 등에게 더 치명적인 악영향을 끼친다. 국제적 차원에서도 재난의 불평등 현상이 목격되었는데, 저개발국에서 더 많은 희생자를 낳았고, 저개발국의 경제와 사회를 더 치명적으로 파괴했다. 기후 위기 문제도 마찬가지여서 온실가스 배출량의 80%는 G20에 속하는 부자 국가들에 책임이 있지만, 그로 인한 피해는 고스란히 파키스탄이나 방글라데시 같은 저개발국이나 투발루 같은 작은 섬나라에 집중적으로 나타나고 있다.

---

7 조효제, 『탄소 사회의 종말』 (파주: 21세기북스, 2020), 10-11.
8 프란츠 알트/손성현 역, 『생태주의자 예수』 (서울: 나무심는사람, 2003), 57.

3. 글로벌 재난의 원인

글로벌 재난의 발생 원인으로 크게 세 가지, 곧 후기 산업사회 문명의 내재적 문제와 경제 지구화의 실패 그리고 글로벌 거버넌스의 약화를 들 수 있다.

첫째, 글로벌 재난은 과학기술의 고도화와 사회의 복잡성 증가를 특징으로 하는 후기 산업문명에 내재해 있는 위험사회론자들의 주장대로, 금세기의 재난과 위험은 근대성의 성공에서 생겨난 필연적 결과다. 산업문명은 인류를 풍요와 편의의 세계로 인도했지만 그 대가로 환경파괴와 기후 위기 같은 문제들을 함께 가져다주었다.

둘째, 1980년대 들어 진행된 경제 지구화의 실패다. 경제 지구화는 냉전체제를 이끌었던 이데올로기를 무너뜨리면서 평화롭고 풍요로운 세계를 실현할 수 있으리라는 희망을 주었다. 경제 지구화 덕분에 인도나 중국 같은 나라는 1950~1960년대의 미국의 황금기보다 더 높은 경제성장을 달성하고, 그 결과 많은 사람들의 삶이 과거보다 풍요롭게 되었다는 사실을 부정할 수 없다.[9] 하지만 경제 지구화는 환경파괴나 분배 불평등 문제 같은 새로운 문제들을 만들어 냈다.

경제 지구화의 실패는 이미 예고된 것이었다. 애초 이 프로젝트는 경제적 이윤을 극대화하기 위한 전략으로서 자본과 원자재 그리고 노동력과 상품의 자유로운 이동을 위해 국경을 없애려는 다국적기업과 거대 금융자본의 기획이었다. 그들이 추구했던 가치는 시장의 가치였을 뿐 도덕적이거나 종교적인 가치들과는 아무 상관이 없었다. 게다

---

9 조지프 스티글리츠, 『인간의 얼굴을 한 세계화』, 447 각주 4 참조.

가 지구화 경제의 이론적 토대인 신자유주의 시장경제 시스템은 이윤 추구에만 관심할 뿐 기후 위기나 글로벌 감염병 혹은 전쟁 같은 글로벌 재난을 해결할 의지나 능력을 갖고 있지 않다. 그래서 나오미 클라인(N. Klein)은 기후 위기 문제를 '자본주의 대 지구 사이의 전쟁'이라고 규정하면서, 기후 위기가 인류를 멸망시키기 전에 세계가 먼저 인류가 탈규제와 무한 팽창을 추구하는 자본주의 경제 시스템을 변화시켜야 한다고 주장했다.[10]

셋째, 지구화 과정의 결과 상호 의존성이 커진 세계에서 인류 공동의 생존 문제가 된 글로벌 재난 문제를 해결하려면 인류의 공통된 행동 외에는 다른 대안이 없어 보인다. 하지만 코로나19 글로벌 감염병 대처 과정에서 보았듯이, 세계는 자국 우선주의, 각자도생의 길을 추구하고 있다. 최근 전 세계적으로 등장한 극우 포퓰리스트 정치인들은 노골적으로 자국 우선의 국가주의를 외치고 있다. 이런 위기 상황의 전개야말로 안전하고 풍요로운 새로운 세상의 비전에 대한 갈망과 필요성을 절실하게 만들고 있다.

---

[10] 나오미 클라인/이순희 역, 『이것이 모든 것을 바꾼다: 자본주의 대 기후』(파주: 열린책들, 2016), 45.

2부

재난사회의
윤리적 쟁점과 논의

1장
4차 산업혁명과 기술윤리

1. 들어가는 말

2016년에 인공지능 '알파고'가 우리 사회에 등장했을 때만 해도 4차 산업혁명이 '유령'일 수 있다는 의구심이 있었지만, 지금은 그 같은 의심이 사라졌다. 특히 코로나19 글로벌 팬데믹 동안 사회 각 분야에서 비대면과 재택근무가 확산되고, 인공지능에 기반한 연관 산업의 급속한 발전을 보면서 4차 산업혁명이 명확한 '실체'로 확인되었다.

기술 진보를 믿는 과학기술자나 산업 생산성과 경제적 이윤을 중시하는 자본가 그리고 국가경쟁력을 중시하는 권력 엘리트들은 4차 산업혁명의 미래를 낙관한다. 반면에 일자리와 소득에 관심하는 일반 시민들은 급변하는 노동과 직업 시장에 대해 불안과 공포를 느낀다. 미래에 대한 희망과 두려움이 교차하면서 혼란스러운 현실에서 우리가 4차 산업혁명과 혁신기술을 윤리학적 관점에서 다루려는 데는 다음과 같은 이유가 있다.

첫째, 어떤 기술이든 그 기술을 "누가, 무엇을 위해 그리고 어떤 방식으로 사용할 것인가"는 결국 인간의 가치판단에 좌우되기 때문이다. 예를 들자면 인공지능 알고리즘은 설계과정에서부터 운영 과정에 이르기까지 수많은 가정과 연속적인 선택으로 이루어지며, 그때마다 연구자와 기술자 그리고 그가 속한 집단의 가치관이 영향을 미친다. 알고리즘의 설계와 운영에 자본가의 상업적 이익이나 정치인의 정치적 목적이 개입할 경우에 기술은 더 이상 기술 자체로 머물지 않는다. 데이터의 수집가나 해석자의 편견이나 선입견도 피할 수 없다. 실례로 2016년 마이크로소프트사가 개발한 챗봇 '테이'는 나치를 옹호하고 유대인을 혐오하는 성향을 보였다. 우리나라에서도 인공지능 챗봇 '이루다'가 동성애자와 장애인 그리고 흑인을 차별하고 혐오하는 표현들 때문에 서비스를 중단하기도 했다. 그 외에도 상당수의 인공지능 데이터들이 흑인과 여성 그리고 사회적 약자 계층에 대한 편견을 지니고 있음이 확인되고 있다.[1] 기술사학자 멜빈 크랜즈버그(M. Kranzberg)가 주장한 대로, 기술 자체는 좋은 것도 나쁜 것도 아니나 그렇다고 중립적이지도 않다. 왜냐하면 기술이란 지극히 '인간적인 활동'이기 때문이다.[2]

둘째, 모든 기술은 사회적이고 정치적이기 때문이다. 어떤 기술이든 기술자의 호기심만 아니라 사회적 필요를 반영한 것이며, 발명된 기술이 사회적으로 수용될지 아니면 폐기될지도 기업이나 정부 혹은

---

[1] 하대청, "미래는 정말로 인간을 필요로 하지 않을까," 구본권 외, 『4차 산업혁명시대 인문학에 길을 묻다』(서울: 이화여자대학교 이화인문과학원, 2018), 63; 스콧 하틀리/이지연 역, 『인문학 이펙트』(서울: 마퍼블릭, 2017), 69, 82.

[2] 구본권, "인공지능 시대가 가져올 변화와 과제," 한국포스트휴먼연구소 편, 『포스트휴먼 시대의 휴먼』(파주: 아카넷, 2016), 251.

수많은 이해관계자에 의해서 결정된다.3 잘 알려진 대로 최초의 산업혁명이 다른 나라가 아닌 영국에서 성공할 수 있었던 이유는 혁신기술의 등장에 대한 사회적 저항이 없어서라기보다는 영국 정부가 국가경쟁력을 확보하기 위해 적극적으로 기술 혁신가의 편을 들어주었기 때문이다.4

셋째, 기술은 개인의 일자리만 아니라 기존의 사회체제와 권력구조까지 바꾸는 엄청난 힘을 지니기 때문이다. 과거 세 차례 산업혁명은 전통사회를 농경사회로부터 산업사회로, 정치체제를 왕정제로부터 공화제로 바꾸는 데 커다란 영향을 미쳤다. 그런데 4차 산업혁명 기술은 과거의 기술들과 다르게 영향력이 크고, 시공간적 제한이 없다 보니 통제하기도 훨씬 어렵다는 특징을 지닌다. 한 예로 디지털 기술은 시공간의 제한을 벗어나 있으며, 알고리즘의 구조나 작동 방식이 마치 블랙박스 속 기술같이 비밀스러워서 비전문가의 접근이나 통제가 불가능하다.5 일찍이 철학자 한스 요나스(H. Jonas)가 기술이 지닌 힘(권력)과 관련해 지적했듯이, 힘과 영향력이 큰 존재일수록 더 큰 도덕적 책임을 요청받는다.6

요약하면, 4차 산업혁명이 만들어 갈 사회가 유토피아가 될지 아니면 디스토피아가 될지는 기술 자체가 아니라 기술의 사용 목적, 발

---

3 조용훈, "기독교의 4차 산업혁명 대응을 위한 세 차례 산업혁명의 반성적 고찰," 「선교와 신학」 51(2010), 214-216.
4 칼 B. 프레이/이인철 역, 『테크놀로지의 덫: 자동화 시대의 자본, 노동, 권력』 (서울: 에코리브르, 2019), 40, 126.
5 구본권, "인공지능 시대가 가져올 변화와 과제," 249.
6 한스 요나스/이유택 역, 『기술 의학 윤리』 (서울: 솔, 2005), 41. 45.

전 방향 그리고 사용 방식을 정하는 인간의 윤리적 태도와 행동에 달렸다. 말하자면 인류의 미래는 혁신기술이 "누구를 위한 기술이며, 무엇을 위한 기술인지"를 끊임없이 묻는 인간 자신에게 달려 있다. 4차 산업혁명이란 개념을 처음으로 사용한 클라우스 슈밥(K. Schwab)은 '가치 중심적이고 인간 중심적인 기술', 곧 공공의 선과 인간의 존엄성 그리고 환경을 보호하는 기술일 때라야 비로소 유토피아적 미래를 만들 수 있다고 강조했다.7

산업사회에서 기술 이슈가 이렇게나 중요함에도 불구하고 한국교회와 신학은 기술 문제에 무관심했고, 기술에 대한 신학적 이해도 깊지 않은 편이었다. 다행스럽게도 최근에는 교계와 신학계에서 4차 산업혁명 기술에 대한 도덕적 논의가 양적으로나 질적으로 활발해지고 있다. 기술 신학과 윤리에 대한 이해에 기여하려는 목적을 지닌 이 글은 다음과 같은 순서로 진행된다. 먼저, 4차 산업혁명 기술을 둘러싼 윤리적 쟁점이 무엇인지 인간과 사회 그리고 자연과의 관계 속에서 정리하겠다. 그 후에 전통적 윤리 규범을 혁신기술에 적용하는 데 나타나는 한계들을 극복하는 데 필요한 새로운 윤리적 통찰이 무엇인지 모색하겠다.

---

7 클라우스 슈밥/김민주·이엽 역, 『더 넥스트: 클라우스 슈밥의 제4차산업혁명』(서울: 새로운 현재, 2018) 13, 54-75.

2. 4차 산업혁명 기술과 윤리적 쟁점들

1) 인간의 미래

4차 산업혁명 혁신기술이 과연 인간성을 보호하고, 인간의 가치와 존엄성을 증진시킬까, 아니면 그 반대일까? 인간의 도구에 머물렀던 기계가 신체와 지능 면에서 인간을 능가할 때 인간의 위상은 어떻게 변할까? 인간이 기술을 통해 자신의 신체와 감각 능력을 확장해 가면서 점차 기계처럼 변하고, 기계는 점점 인간을 닮아가면서 인간과 기계 둘 사이의 경계가 모호해질 때 인간을 기계로부터 구분하는 요소는 무엇일까? 사회학자 셰리 터클(S. Turkle)은 4차 산업혁명 시대에 제기되는 인간의 정체성에 관련하여 우리가 던져야 할 질문이 있다면 그것은 "기술이 미래에 어떤 모습일까에 관한 것이 아니라 오히려 우리가 어떤 모습일까, 우리와 기계의 관계가 점점 더 긴밀해질수록 우리가 어떤 모습이 돼갈까에 관한 것"이라고 예리하게 지적했다.[8]

전통적으로, 인간성 혹은 인격성이란 인간을 동물이나 기계로부터 구분하는 인간의 본질적 속성으로서 인간 존엄성의 토대로 간주되었다. 인간성에는 성찰 능력, 주체성, 자율성 그리고 도덕적 책임성과 같은 요소들이 포함된다. 그런데 지적인 면에서 인간을 능가하는 인공지능이 등장하고, 자동차 운전처럼 복잡한 행위까지 자율적으로 실행하는 자율주행 자동차가 등장하면서 인간성에 대한 새로운 이해가

---

8 웬델 월러치·콜린 알렌/노태복 역, 『왜 로봇의 도덕인가』 (서울: 매디치미디어, 2014), 70.

요청되고 있다. 미래학자 게르트 레온하르트(G. Leonhard)는 이에 대한 응답으로 인간성의 구성 요소를 '코어'(core)로 요약했다. 곧 창의성(creativity), 연민(compassion), 독창성(originality), 상호성(reciprocity), 책임성(responsibility) 그리고 공감(empathy)이다.9 그에게 인간이란 비록 기계에 비하면 서툴고, 느리고, 비효율적으로 보일 수 있지만, 수학적이거나 화학적이거나 생물학적으로만 이해하기 어려운 존재다. 말하자면 인간으로 존재한다는 것은 기계처럼 계산하고, 측정하고, 복제한다는 의미를 넘어서는 '그 무엇'이다.10

과거의 기술들이 인간의 통제 아래 있었다면, 4차 산업혁명 기술은 인간의 통제를 벗어날 뿐만 아니라 인간을 통제할 가능성까지 커지면서 인류의 미래에 대해 우려하는 목소리가 커가고 있다. 만약 인간보다 신체적으로 더 강력한 로봇이나, 지적으로 더 탁월한 인공지능이 등장하여 생산성이나 효율성의 관점에서 인간을 '불필요한 존재'라고 판단하거나, 생태학적으로 지구상에 존재해서는 안 될 '해로운 종'이라고 규정한다면 인간 종의 미래는 어떻게 될까? 철학자 닉 보스트롬(N. Bostrom)은 고릴라의 운명이 그들보다 더 뛰어난 종인 인간의 손아귀에 있듯이, 어쩌면 인류의 운명도 언젠가 등장할지 모를 초지능의 손에 놓이게 될지 모른다고 걱정했다.11 인공지능이 주인공이 된 SF 영화들이 그려주는 미래 세계는 그러한 우려가 얼마든지 현실이 될 수 있다고 경고한다.

---

9 게르트 레온하르트/전병근 역, 『신이 되려는 기술: 위기의 휴머니티』(서울: 틔움출판, 2018), 64.
10 위의 책, 62.
11 닉 보스트롬/조성진 역, 『슈퍼인텔리전스: 경로, 위험, 전략』(서울: 까치, 2017). 11.

특히 미래의 인공지능이 지닌 위험성을 경고하는 목소리dp 공감하는 사람들이 늘어나고 있다. 벌써 오래전에 이론물리학자 스티븐 호킹(S. Hawking)은 인공지능을 '인류 문명사의 최악의 사건'으로 보면서 인공지능 묵시록을 언급했고, 인공지능을 규제할 세계정부를 시급히 구성하자고 호소했다. 전 구글 최고경영자였던 에릭 슈미트(E. Schmidt) 역시 인공지능이 수많은 인간을 죽거나 다치게 하는 '실존적 위험'이 될 수 있다고 경고했다. 테슬라 최고경영자인 일론 머스크(E. Musk)도 인공지능이 인류 문명에 가장 큰 위협 요소 가운데 하나라고 경고했다. 챗GPT의 아버지로 불리는 오픈AI의 샘 올트먼(S. Altman)은 2030년경이 되면 인간은 '인공지능의 하수인'으로 전락할 수 있다고 우려했다. AI안전센터(CAIS)는 인공지능이 전염병이나 핵전쟁과 비슷한 정도의 위험성을 지니고 있기 때문에 위험을 예방하려면 전 세계 정치에서 다루어야 할 이슈 목록의 앞 순위에 올려야 한다고 호소했다.

하지만 이 같은 호소나 경고에 귀 기울일 나라나 기업은 없는 듯하다. 챗GPT 같은 인공지능에 대한 사람들의 신뢰도와 의존도는 커지는 반면에 오류 가능성에 대한 의심과 비판은 줄어들고 있다. 그리고 신자유주의 시장경제의 기술 전쟁 상황에서 기업과 국가마다 인공지능의 미래를 염려하면서도 '개발 먼저, 문제 해결은 나중에' 전략을 취하고 있기 때문이다. 어느 국가나 어느 기업도 기술 패권을 포기할 생각이 없다.

또 다른 혁신기술인 빅데이터 역시 언제든지 빅브라더가 될 위험성을 지닌다. 코로나19 글로벌 감염병 상황 속에서 확진자의 식별과 통제에 유용하게 활용되었던 안면인식과 시민의 동선 파악 기술은 사생활을 침해하고, 자유를 제한하는 권위주의 국가의 재등장을 불러올 가능성이 있다. 플랫폼 기업들이 빅데이터 기술을 통해서 소비자의 정보를 모으고, 행동을 관찰하거나 감시하고, 데이터를 팔아서 경제적 이윤이나 정치적 권력까지 창출하려고 한다면 '감시 자본주의'가 생겨날 수도 있다. 이에 관하여 저술가 쇼샤나 주보프(S. Zuboff)는 자연을 통제하는데 관심했던 산업 자본주의와 달리 감시 자본주의는 인간의 본성을 통제하고 착취하는 특성이 있다고 지적했다.12 과학소설가 필립 딕(Philip Dick)은 통치자들이 내 전화기를 통해 나를 감시하는 일이 더 이상 생기지 않는 때가 올 것인데, 그 이유가 "내 전화기가 나를 감시할 것이기 때문이라"고 예리하게 지적했다.13 이런 위험스러운 미래를 예견하면서, 레온하르트는 빅데이터 시대에 필요한 '디지털 윤리 선언문'의 마련과 거기에 들어갈 필수조항으로 다섯 가지를 제시했다. 곧 인간이 자연적인 생물 상태로 남아있을 권리, 비효율 상태로 남아있을 권리, 연결을 끊고 네트워크에서 사라질 권리, 익명으로 남아있을 권리 그리고 기계 대신에 사람을 채용할 수 있는 권리다.14

한편 유전자의 조작과 편집 기술은 긍정적인 면에서 질병의 치료와 수명연장 그리고 경제적 이득을 가져올 것이 틀림없다. 하지만 자본의 영향 아래 있는 생명공학 기술이 구매력이 높은 엘리트 유전자 계층과 가난한 유전자 계층으로 인류를 계급화하고, 그 차별을 미래

---

12 쇼샤나 주보프/김보영 역, 『감시 자본주의의 시대』 (파주: 문학사상: 2019), 632.
13 게르트 레온하르트, 『신이 되려는 기술』, 83 재인용.
14 위의 책, 256-259.

세대에까지 연장할 수 있다는 점에서 다른 어떤 기술보다 인간성에 위협적인 기술로 보인다.15 질병의 치료가 아니라 아예 유전자를 디자인하는 데 목적을 두는 공학적 노력은 인간의 현 존재를 '결핍된 존재'로 보면서 끊임없이 개조하고 싶은 우생학적 욕망의 표현이다. 인간 생명을 '신비나 선물'이 아니라 제조되는 '상품'처럼 생각하게 될 때 과연 인간의 존엄성은 어찌 될까? 위르겐 하버마스(J. Habermas)는 인간의 기본권인 자유를 옹호하면서 특별히 그 근거로 인간의 미래가 출생할 때부터 미리 결정되어 있지 않아야 한다는 우연성 이론을 내세운다.16

최근에 여러 국가에서 천문학적 예산을 투자하는 뇌과학 연구 역시 뇌와 관련된 각종 질병을 치료하는 데 도움을 주겠지만, 인간성 침해라는 우려가 제기된다. 왜냐하면 뇌 기능을 개선하고 향상시키는 데 사용될 각종 약물의 부작용과 위험성을 현 단계에서 완벽하게 예측하기 어렵고, 약물이나 처치를 통해서 인간을 조종하고 통제하려는 권력이나 자본의 유혹도 늘 존재하기 때문이다.

2) 사회의 미래

4차 산업혁명 혁신기술은 인간의 삶의 방식과 사회 문화에 어떤 영향을 미칠까? 세 차례 산업혁명 시대를 지나면서 형성된 노동에 기

---

15 프랜시스 후쿠야마/송정화 외 역, 『부자의 유전자 가난한 자의 유전자』(서울: 한국경제신문사, 2003), 135.
16 위르겐 하버마스/장은주 역, 『인간이라는 자연의 미래』(서울: 나남출판사 2003), 106.

반한 현실 사회구조 노동 중심의 인간 삶은 어찌 될 것인가? 산업혁명이 시작된 이래 줄곧 쟁점이 된 문제는 기술 변화에 따르는 일자리 문제였다. 그도 그럴 것이 산업사회란 곧 노동 사회이며, 노동 사회에서 인간이란 노동자로 정의되기 때문이다. 산업사회의 인간은 노동을 통해서 생계를 유지하며, 사회관계를 맺고, 자아를 실현해 간다. 그런데 4차 산업혁명 혁신기술은 노동의 형태나 종류만 아니라 아예 일자리 자체를 없애고, 노동 기반 사회를 근본에서부터 뒤흔든다. 바야흐로 '노동 없이 성장하는 경제' 그리고 '노동하지 않고도 살아가는 인간의 삶'이 가능해지고 있다.

일자리의 미래를 비관적으로 보는 사람들은 인공지능과 로봇 그리고 자동화 기술이 지금의 산업사회를 붕괴시킬 만큼 심각한 일자리의 파괴와 소멸을 불러오리라고 전망한다. 2013년 경제학자 칼 프레이(C. Frey)와 마이클 오스본(M. Osborne)은 미국에서 로봇과 인공지능 때문에 향후 10~20년 내에 조사 대상인 700여 개의 직업 중에서 약 절반 정도가 사라질 것이라고 예측했다. 이런 전망은 세계경제포럼(WEF), 세계은행(IBRD) 그리고 매킨지글로벌연구소(MGI) 보고서 등 국제적 공신력을 지닌 기관들의 보고서에도 비슷하게 나타났다.[17]

이와 반대의 입장에서 4차 산업혁명 시대에는 사라지는 일자리보다 새로 만들어질 일자리 숫자가 더 많을 것이라고 낙관하는 전망도 존재한다. 실제로 2016년에 약 510만 개의 일자리의 소멸을 예측했던 세계경제포럼조차 2년 후(2018)에 출판된 보고서에서는 비관적 전망

---

[17] 한상기, "인공지능과 일자리의 미래," 구본권 외, 『4차산업혁명시대, 인문학에 길을 묻다』, 80-81.

을 낙관적으로 수정했다. 2022년 기준으로 사라지는 일자리는 7,500만 개지만, 새로 생겨날 일자리는 그보다 더 많은 1억 3,300만 개가 될 것이라는 전망까지 등장했다.[18]

일자리의 미래에 대한 상반된 전망 사이에 어느 쪽이 맞는가를 알려면, 일자리와 관계된 다양한 요소들을 고려해야만 한다. 예를 들면 기계와 사람이 하는 작업의 특징 및 관계의 분석, 장기적 영향과 단기적 영향의 구분, 노동 대체 기술인지 아니면 노동 활성화 기술인지 검토 등이다.[19] 게다가 국가별 산업화 정도나 주력산업의 차이도 고려해야 할 요소다. 예를 들자면 우리나라 한국직업능력개발원의 보고서(2017년)를 보면, 전체 일자리의 52%가 로봇이나 인공지능에 의해 대체될 위험이 크다고 전망했는데, 이는 우리나라 산업현장의 로봇 밀도가 다른 나라들보다 훨씬 더 높은 편이기 때문이다.[20]

물론 낙관주의자들의 전망대로, 혁신기술이 새로운 일자리를 만들어 내리라는 사실은 틀림없다. 하지만 문제는 새로 생겨나는 일자리의 숫자가 제한되어 있고, 그 일자리조차도 대부분 소수의 높은 교육 수준과 전문가적 기술력을 갖춘 사람들의 몫이 되리라는 사실이다. 대다수를 차지하는 단순 노동자의 일자리는 물론 중간층 노동자나 일부 전문직의 일자리조차 인공지능이나 로봇에게 빼앗길 가능성이 크다. 과거 세 차례 산업혁명 과정에서는 사람들이 농업에서 제조업으로, 제조업에서 서비스업으로 어렵지 않게 직종을 전환할 수 있었으나 인공지능은 기술 수준이 높고 전문적이어서 산업 노동자들이

---

18 위의 글, 88.
19 칼 B. 프레이, 『테크놀로지의 덫』, 32-33, 250, 319.
20 한상기, "인공지능과 일자리의 미래," 86.

나 단순 노동자들은 기껏해야 인공지능의 보조역할에 머물 가능성이 크다.21

일자리 문제만큼이나 심각한 사회윤리 이슈는 경제적 불평등과 사회적 양극화 그리고 특정 계층의 소외와 배제의 문제다. 4차 산업혁명 사회의 불평등 분배는 과거 세 차례 산업혁명기보다 훨씬 더 심해질 것이며, 그에 따라 사회 정치적 갈등도 커질 것으로 전망된다. 경제학자 브랑코 밀라노비치(B. Milanovic)가 관찰한 대로, 1988~2008년 사이에 전 세계 차원에서 총소득이 증대하긴 했지만, 그 혜택은 고스란히 선진국의 최상위 계층에게 돌아갔다. 현재의 추세라면 2050년이 되면 혁신기술을 소유한 전 세계 상위 1%가 전 세계 부의 40%를 차지하는 반면에 하위 50%가 차지하는 비중은 전체 소득의 9%대에 머물 것이다.22

인공지능학자 제리 카플란(J. Kaplan)도 지적했듯이, 지금의 경제 불평등의 근본적인 원인은 혁신기술의 발전 속도가 너무 빠르고 전문적이어서 기술에 접근하고, 기술을 활용할 수 있는 노동자나 근로자의 숫자가 극히 제한적이기 때문이다.23 기술 격차, 곧 혁신기술에 접근하여 기술을 활용할 수 있는 기회의 차이는 개인 사이만 아니라 국가 사이에 그리고 중소기업과 대기업 사이에 존재하면서 경제적 불평등을 심화시키고 있다. 코로나19 글로벌 감염병 상황에서 경험했듯이, 비대면을 가능하게 하는 혁신기술이 광범위하게 활용되면서 전통

---

21 곽호철, "실낙원에서 복낙원으로: 인공지능과 노동 그리고 기본소득," 「신학사상」 181 (2018), 114-117.
22 클라우스 슈밥, 『더 넥스트』, 96; 곽호철, "실낙원에서 복낙원으로," 118.
23 제리 카플란/신봉숙 역, 『인간은 필요없다』 (서울: 한스미디어, 2016), 23.

산업 분야에 일하는 단순 노동자와 자영업자들은 큰 어려움에 빠졌지만, 혁신기술을 소유한 구글이나 아마존 같은 글로벌 플랫폼 기업들은 상상을 초월하는 이윤을 창출했다. 개인적으로 보더라도, 첨단 정보통신기기를 가지고 있으며, 재택근무가 가능한 직장인은 큰 어려움이 없었지만, 그렇지 못한 자영업자나 단순 노동자들은 파산 상태로 내몰렸다. 좀 극단적인 전망이긴 하지만 이런 상태가 지속된다면 지구화 경제 시대의 화두였던 '20:80 사회'를 넘어서 '1:99의 사회'나 '0.00001:99.99999의 사회'가 도래할 가능성도 있다.[24]

경제학자 가이 스탠딩(G. Standing)은 4차 산업혁명 사회에서 새롭게 구성될 계급사회를 엘리트 계급, 안정적 풀타임 고용직의 샐러리아트(salariat), 전문가(professional)와 기술인(technician)으로 구성된 프로피시언(profician) 그리고 프레카리아트(Precariat)로 나눈다. 프레카리아트란 '불안정하다'(Precario)는 뜻을 지닌 이탈리아어와 '프롤레타리아트'를 합성한 단어로 가장 취약한 계층을 표현하는 신조어다.[25] 실제로 코로나19 글로벌 감염병 상황 이후 급속히 늘고 있는 플랫폼 노동자들(배달라이더나 대리운전자 그리고 택배노동자 등) 대부분은 노동의 질이 나쁘고, 노동법의 보호막에서도 제외된다는 점에서 프레카리아트 계층으로 분류할 수 있을 것이다. 고용 없는 성장의 시대가 계속되면서 일자리를 찾지 못하는 사람들은 사회적으로도 불필요한 '잉여인간'처럼 대우받게 될 것이다.

---

24 김대식, 『인간 vs 기계: 인공지능이란 무엇인가』(서울: 동아시아, 2016), 294.
25 가이 스탠딩/김태호 역, 『프레카리아트: 새로운 위험한 계급』(고양: 박종철출판사 2014), 22-25.

기술혁신에 따른 사회변동이 심한 시기에는 으레 실업자가 등장하고, 사회 정치적 갈등이 생겨나고, 문제를 해결하려면 사회적 합의와 정치적 역량이 중요해진다. 국가의 우선적 과제는 실업자들에게 재교육이나 재취업의 기회를 제공하고, 재취업을 준비하는 기간 동안 적절한 사회안전망을 마련해 주는 데 있다. 최근 사회안전망의 수단으로 논의되고 있는 기본소득제는 수입의 여부나 취업의 상태와 무관하게 적법한 시민 모두에게 보편적으로 생활비를 지급하는 새로운 형태의 복지 정책이다. 여기에 필요한 재원으로 디지털세와 로봇세가 논의되고 있다. 디지털세란 데이터 자본주의가 발달하면서 생겨난 모순, 곧 자본이라 할 수 있는 데이터를 제공하는 주체는 일반대중과 소비자인데, 수익은 플랫폼 업자가 독차지하는 모순을 해결하기 위해서 플랫폼 기업에 부과하려는 세금이다. 그리고 로봇세란 산업현장에서 노동자를 로봇으로 대체할 때 생기는 사회적 공공비용을 기업들에 부담시키는 세금이다. 둘 다 혁신기술의 발전에 따른 새로운 제도들로서 그것을 정착시키기까지는 많은 토론과 합의가 필요해 보인다.

한편 사물인터넷(IoT) 혹은 만물인터넷(IoE) 기술은 사회를 초연결사회로 재편하면서 사회적 효율성과 함께 위험성도 증가시킨다. 초연결사회에서 가정은 스마트홈, 일터는 스마트팩토리 그리고 도시는 스마트시티로 변하면서 생활의 편의성과 경제적 효율성이 높아질 것으로 기대한다. 하지만 프라이버시의 침해나 해킹으로 인한 시스템의 오작동으로 말미암아 언제든지 사회시스템 전체가 혼란에 빠질 위험도 존재한다. 웨어러블(착용) 컴퓨터의 자기 추적 기술은 노동 현장에서 노동자의 감시와 통제에 악용될 수 있다. 실례로서 글로벌 유통기업 아마존의 한 관리자가 지적한 대로, 최적의 효율성만 추구하는 인공지능에 의해서 물류창고 노동자들이 로봇과 유사한 존재, 곧 '인간 자동화' 현상을 불러올 가능성도 있다.26

마지막으로, 4차 산업혁명 사회에서는 인간의 기술 의존도가 높아지면서 기술에 대한 인간의 통제가 불가능해진다. 그동안 기술은 실용적인 목적을 달성하기 위한 인간의 수단이나 도구로서 인간의 통제 영역에 속해 있었다. 그런데 '소유' 상태였던 기술이 이제는 일종의 '행위와 과정'이 되어가고 있다. 그리고 요나스(H. Jonas)의 관찰대로, 인간과 기술 사이에 존재하는 목적과 수단의 관계는 더 이상 일방적이거나 직선적이 아니라 변증법적이고 순환적으로 바뀌고 있다.27 바야흐로 기술이 수단을 넘어 개인의 일상 혹은 생활방식으로 발전해가면서 과거에는 상상하지도 못한 문제들도 생겨나고 있다. 한 예로 현대인은 스마트폰 없는 생활을 상상할 수 없는데, 심한 경우 불안감이나 공포심에 사로잡히는 '노모포비아'(No mobile phobia)라는 병리적 현상까지 나타난다. 그리고 기술이 사회 시스템화하면서 사회적 강제력을 지니게 된다. 예를 들면 인공지능이 발전하면서 인간에게 기계적 언어나 가치 그리고 기계적 소통방식에 맞추기를 요구하는 '인간의 기계화' 현상도 생겨나고 있다.28

일찍이 기술의 위험성을 신학적 관점에서 경고했던 자끄 엘륄(J. Ellul)은 기술이 발전해 가면서 사회가 기술을 규율하고 통제하는 것이 아니라 오히려 기술이 사회를 규율하는 규범적 원리가 되어가고

---

26 하대청, "웨어러블 자기추적 기술의 각본과 윤리: 초연결시대의 건강과 노동," 한국포스트휴먼연구소 편, 『제4차산업혁명과 새로운 사회윤리』(파주: 아카넷, 2017), 175-176.
27 한스 요나스, 『기술 의학 윤리』, 19, 21.
28 손화철, 『토플러 & 엘륄: 현대기술의 빛과 그림자』(서울: 김영사, 2006), 83-84.

있다는 의미에서 현대 사회를 가리켜 '기술사회'로 정의했다. 이 기술사회는 점차 하나의 조직화 된 전체, 곧 기술 체계(system)가 된다. 이제 어떤 기술도 독립된 형태로 존재하지 않고 다른 형태의 기술들이나 사회의 제반 조건들과 상호 밀접하게 연결되어 하나의 전체적 통일성을 지니게 된다.[29] 이런 기술사회에서는 하나의 기술을 채택하면 나머지 기술들의 방향이 자동적으로 결정되고, 한 가지 기술은 곧이어 다른 기술의 발전으로 자기 확장성을 지니며, 기술의 원리가 사회의 모든 분야로 확산되어 보편성을 지니게 된다. 마침내 기술이 인간의 통제력을 벗어나 자율적 존재가 되고, 기술의 진보와 인간의 진보가 동일시되면서, 기술은 하나의 종교처럼 신격화된다. 말하자면 기술의 발전 자체가 곧 궁극적 가치요 목적이 되는 사회로 바뀌고 만다.[30]

3) 자연의 미래

지구 행성 안의 생태계는 오랜 자연의 역사 속에서 균형과 안정 상태를 이루어 왔다. 하지만 18세기 산업혁명이 시작된 이래 인간의 경제활동이 폭발적으로 증가하고, 자연에 대한 개입과 조작이 조직적으로 진행되면서 지구생태계의 균형과 안정이 급격히 무너져가고 있다. 우주의 장구한 역사에서 보면, 인간 종은 가장 늦게 출현한 생명체인데다가, 세 차례 산업혁명 기간 역시 찰나라고 보아도 될 정도의 극히

---

29 자끄 엘륄/황종대 역, 『기술체계』(대전: 대장간, 2013), 73.
30 손화철, 『토플러 & 엘륄: 현대기술의 빛과 그림자』, 98.

짧은 기간이다. 그 찰나 같은 기간 동안 인간은 재생 불가능한 자원들을 급속히 고갈시켰고, 생물 종 다양성을 회복 불가능할 정도로 파괴했다. 산업혁명의 직접적 결과물로 보아야 할 기후변화는 재앙에 가까울 정도로 위협적이다. 슈밥(K. Schwab)은 인류가 현재 수준으로 이산화탄소를 계속해서 배출한다고 가정할 경우, 2100년이 되면 세계 평균기온이 섭씨 4-6도 상승할 것으로 예측한다.[31] 문제는 지난 500년간 섭씨 2도 이상의 급격한 온도상승이 지구에 나타나지 않았기 때문에 이러한 급작스러운 온도상승이 지구생태계에 어떤 파괴적 영향을 미칠지 누구도 정확하게 예측할 수 없다는 사실이다.

한편 생명공학기술은 생태계의 안정성과 생명의 안전성을 심각하게 위협한다. 과거의 기술들이 이미 존재하는 자연을 이용해서 생활의 편의나 경제적 이득을 얻으려는 자연을 응용하는 혁신기술이었다면, 이 기술은 아예 자연 자체를 변화시키고 재창조하려는 기술이다. 예로써 유전자조작 곡물들(GMO), 유전자의 복제와 조작, 서로 다른 종 사이의 키메라(이종간 장기이식 등)를 들 수 있다. 그리고 생명공학 실험실에서 인위적으로 만들어진 바이러스는 생물(학) 무기로 악용될 수 있고, 인공 유기체가 실험실 바깥 자연에 노출되면서 자연적 유전체 풀이 오염될 수도 있다. 서로 다른 종간의 융합을 통해서 만들어질 키메라의 안전성도 여전히 미확보 상태다. 생명체에 대한 이런 공학적 처치가 불러올 위험은 인간 생명만 아니라 자연 생명 그리고 현세대만 아니라 미래 세대에 이르기까지 오래도록 영향을 준다는 점에서 다른 어떤 기술보다 더 조심스럽게 다루어야 한다.

---

31 클라우스 슈밥, 『더 넥스트』, 92.

과연 4차 산업혁명 기술들이 과거 세 차례 산업혁명 기술들과 다르게 자연생태계를 돌보고 생명의 안전과 안정에 기여할 수 있을까? 그러려면 기술적 가능성만 추구하는 기술만능주의 태도를 버리고, 생명의 절대가치를 기준 삼아서 기술의 허용 가능성을 점검하는 생명중심주의 윤리가 요청된다. 인류가 발명하여 활용하는 어떤 기술이든 미처 예상하지 못한 부작용과 인간적 오류 가능성을 피할 수 없기 때문에 기술만능주의는 하나의 신화에 불과하다. 과학기술 사회에 필요한 새로운 윤리는 인간 기술의 한계를 인정하고, 인간의 존엄성과 사회공동체의 발전 그리고 자연보전이라는 윤리적 규범에 토대를 둔 책임윤리이다.

3. 책임적 기술윤리의 규범적 특징

1) 전통 규범의 적용 어려움

4차 산업혁명 혁신기술이 만들어 낼 미래가 유토피아일지 아니면 디스토피아일지 결정하는 것은 결국 인간 자신이다. 그런데 유감스럽게도 인간의 윤리 의식의 발전 속도는 혁신기술의 발전 속도에 한참 뒤처져 있다. 하라리(Y. Harari)는 인류의 혁신기술이 카누에서 갤리선 그리고 증기선을 거쳐 우주왕복선까지 급속하게 발전해 왔고, 과거 어느 때보다 더 강력한 힘을 떨치고 있지만, 정작 그 힘으로 무엇을 할지 모르고, 그에 대한 책임감도 없다는 점에서 마치 '사기극'과 같다고 비판했다.[32]

4차 산업혁명 시대의 기술혁신의 속도가 너무 빠르다 보니 전통적 윤리 규범이나 법률을 가지고서는 혁신기술의 발전에서 파생되는 각종 사회 윤리적 이슈들에 적용하기가 곤란해지고 있다. 예를 들자면 자율주행 자동차가 운전 중 교통사고를 일으켰을 때 누가, 어떤 방식으로 법적 책임을 져야 하는지 판단하기가 어렵다. 자율주행 자동차의 기계적 결함과 인간적 과실 사이에 책임의 귀속과 분배가 쉽지 않기 때문이다. 교통사고의 책임을 오토파일럿 프로그램에 물을지, 아니면 이것을 사용한 운전자나 제조한 회사에 물어야 할지도 불분명하다. 문제가 오토파일럿 프로그램 때문이라고 판명되었더라도 데이터의 수집자나 해석자 혹은 알고리즘의 설계자 사이에 누구에게 어느 만큼의 책임을 귀속시킬지도 모호하다. 그 외에도 프로그램의 판매사나 그런 불완전한 프로그램을 탑재한 자동차의 주행을 허락한 정부에게는 어느 정도의 책임을 물을지도 여전히 논쟁거리다.

아래에서 우리는 혁신기술과 관련된 책임적 기술윤리의 특징을 책임의 주체, 책임의 대상과 범위를 중심으로 탐색해 보겠다.

2) 도덕적 책임의 주체

전통 윤리는 인간만을 윤리의 주체로 인정한다. 그도 그럴 것이 인간은 다른 동물들과 달리 이성적으로 판단하고, 자율적으로 행동하며, 자기가 한 행동에 대한 도덕적이거나 법적인 책임을 질 수 있기 때

---

32 유발 하라리/조현욱·이태수 역, 『사피엔스: 유인원에서 사이보그까지』 (파주: 김영사, 2015), 588.

문이다. 하지만 인간을 닮고, 지적인 면에서는 오히려 인간보다 더 탁월하고, 자동차의 운전과 같은 복잡한 행동까지 자율적으로 할 수 있는 인공지능 로봇이 등장하면서 기계도 윤리의 주체로 인정해야 할지를 두고 논쟁 중이다.

현재의 기술적 단계에서 인공지능 로봇에게 인공적 도덕 행위자(AMA)의 지위를 인정할지는 회의적이다. 왜냐하면 어떤 존재를 도덕적 주체로 인정하려면 스스로 행동규범을 세우고, 자유의지로 선악을 분별하고, 자율적으로 행동하고, 행위의 결과에 대하여 책임질 능력이 확인되어야 하기 때문이다. 그런데 현재의 기술적 수준에서 볼 때, 인공지능은 비록 지적이고 신체적인 면에서는 인간보다 나을 수 있을지 몰라도, 스스로 기획하거나 선택하고 결정할 수 있는 자율성을 가지고 있다고 보기는 어렵다.[33]

예를 들자면 비록 자율주행 자동차가 운전을 하더라도 여전히 인간이 만든 프로그램에 의존하고 있다는 점에서 진정한 의미에서 자율적이지 않다. 만약 자율주행 자동차가 도덕적 주체로 인정받으려면 도덕적 딜레마 상황에서 최선을 선택하기 위해 인간이 입력해 넣은 프로그램과 무관하게 행동할 수 있어야 한다. 그리고 발생한 사고에 대해 도덕적 책임은 물론 법적 책임까지 질 수 있어야 한다. 그런데 기계인 자동차에 법적 책임을 묻고 처벌한다는 것은 무의미하다. 그러다 보니 어쩔 수 없이 자율주행 자동차 대신에 자동차를 운전한 운전자나 제작회사, 설계자 혹은 그밖에 관계자들에게 책임을 물을 수밖

---

33 백종현, "인공지능의 출현과 인간사회의 변동," 한국포스트휴먼연구소 편, 『인공지능과 새로운 규범』 (파주: 아카넷, 2018), 47.

에 없다. 그러고 보면 '자율주행 자동차'라는 말은 윤리학적으로 볼 때 오해를 불러일으킬 논쟁적인 용어임을 알 수 있다.

인공지능 로봇의 경우도 마찬가지여서 인공지능이 도덕적 주체로 인정받으려면 자신을 프로그램화 한 인간의 명령과 다르게 행동할 수 있어야 하지만, 누가 감히 그런 프로그램을 설계할까? 그러고 보면 '전자 인간'이라는 개념 역시 오해할 가능성을 지닌 개념임을 알게 된다. 현 단계에서 전자 인간에 대한 논의는 휴머노이드에 확장한 인간의 도덕적 의무와 권리에 대한 논의라고 봄이 타당하다. 말하자면 인공지능 로봇윤리란, 로봇이 독자적으로 윤리적 판단을 하는 도덕 주체로서 어떻게 행동해야 하느냐에 대한 논의라기보다는 차라리 로봇을 설계하고, 제조하고, 사용하는 인류가 어떤 윤리관을 지녀야 하는지 그리고 어떻게 로봇에게 그런 도덕성을 입력해야 할 것인지에 대한 논의로 봄이 옳다. 로봇윤리를 최초로 주창한 아이작 아시모프(I. Asimov)의 주장을 이런 관점에서 이해해야 한다.

"원칙 1. 로봇은 인간에게 해를 입히는 행동을 하거나 인간이 해를 입는 상황에서 아무런 행동도 하지 않아서는 안 된다. 원칙 2. 로봇은 인간이 내리는 명령에 복종해야 한다. 단 이런 명령이 '원칙1'에 위배될 때는 예외로 한다. 원칙 3. 로봇은 자신의 존재를 보호해야 한다. 단 자신을 보호하는 것이 '원칙 1'과 '원칙 2'에 위배될 때는 예외로 한다." 네 번째 원칙은 다른 원칙보다 우선한다는 의미에서 '원칙 0'이라고 불렀다. "원칙 0. 로봇은 인간성에 해를 입히는 행동을 하거나 인간성이 해를 입는 상황에서 아무런 행동도 하지 않아서는 안 된다."[34]

기술발전이 계속되어 언젠가 초인공지능(ASI)이 등장하고, "인간을 해쳐서는 안 된다"는 원칙에 대해서조차 의문을 제기하는 일이 생길 수 있다. 그런 상황에서 초인공지능에게 인간의 생존을 인정할 수밖에 없도록 설득하려면, 인간이 인공지능과는 근본적으로 차별화된 도덕적 존재임을 입증할 수 있어야 할 것이다.[35] 이를 위해 우리는 인공지능 로봇을 디자인하고 통제하는 사람이 누구이며, 그들이 어떤 가치관을 갖고, 어떤 목적으로 작업을 하는지 살펴야 한다. 그런데 기술적인 면에서 인공지능 로봇에게 도덕적 판단 기술과 행동의 결정 능력을 가르치는 것이 간단한 일이 아니기 때문에 윤리학자와 공학기술자와의 협업이 필수적이다.

성서에서 인간을 가리켜 하나님의 형상으로 창조되었다는 말뜻 가운데 하나는 인간의 도덕적 능력이다. 동물과 달리 인간은 본능이 아니라 이성과 양심을 따라 도덕적 선택을 하는 존재다. 인간은 하나님 앞에서 그의 동료 인간과 하나님의 또 다른 피조물인 자연 세계에 대해 책임적으로 응답(response)할 수 있는 존재다. 우리가 하나님께서 아담에게 "네가 어디 있느냐?"(창 3:9)나 동생을 죽인 가인에게 "네가 무엇을 행하였느냐?"(창 4:10) 그리고 "누가 강도 만난 자의 이웃이 되어주었느냐?"(눅 10:36)는 예수의 질문에 응답할 수 있을 때라야 비로소 인격적이고 신앙적인 존재라고 평가받을 수 있다. 이런 배경에서 4차 산업혁명 시대에 필요한 교회의 신앙교육 과제는 올바른 교리에 대한 교리교육만 아니라 혁신기술을 이해하고, 거기로부터 생겨나는

---

34 이상헌, 『융합시대의 기술윤리』 (서울: 생각의 나무, 2012), 217-220 재인용.
35 김대식, 『인간 vs 기계』, 344-350.

각종 사회윤리적 이슈들에 대하여 기독교 세계관에 기초하여 책임적으로 응답할 수 있는 윤리교육도 중요해질 것이다.

3) 도덕적 책임 대상

전통 윤리에서 도덕적 책임과 배려의 대상은 인간 종뿐이었다. 하지만 혁신기술의 부작용이 먼 훗날에나 나타나는 경우도 많아지면서 도덕적 책임의 대상을 미래 세대에게로 확장해야 할 당위성이 생겨났다. 그리고 동물도 인간처럼 고통을 느낀다는 과학적 사실이 알려지면서 인간의 도덕적 책임 범위가 동물까지 확장되고 있다. 일찍이 공리주의자 제레미 벤담(J. Bentham)은 동물과 관련된 윤리의 핵심적 질문을 "그들이 고통을 겪을 수 있는가?"로 보았다. 그의 영향을 받은 동물해방론자 피터 싱어(P. Singer)는 '이익평등 고려의 원칙'에 따라 지구상 모든 생명체의 이익을 동등하게 고려해야 한다고 강조했다. 이익평등의 고려 원칙에서 핵심 질문은 각각의 존재가 "어떤 본성이나 속성을 가지고 있느냐"가 아니라 "고통을 동일하게 느끼냐"이다. 만약 어떤 존재가 다른 존재와 동일하게 고통을 느낀다면, 마땅히 그 둘을 동등하게 대우해야 한다. 그는 하나의 지구라는 생명공동체 안에 살면서도 자신이 속한 종의 이익만 옹호하고, 다른 종의 이익을 배척하는 태도를 가리켜 '종차별주의'(speciesism)라고 비난했다.36

싱어보다 훨씬 앞서 모든 생명체에 대한 동등한 배려와 책임을 강조한 사상가는 19세기 알버트 슈바이처(A. Schweitzer)다. 그에게 '살

---

36 피터 싱어/김성한 역, 『동물해방』 (고양: 인간사랑, 1999), 41-43.

려는 의지'는 데카르트의 '생각하는 것'만큼이나 자명하다. 그에게 생명 의지는 사고 행위보다 더 근원적인 사실이다. 따라서 살려고 하는 의지를 지닌 한 식물이든 동물이든 상관없이 동일한 존엄성과 가치를 지닌다고 보았다. 슈바이처는 "나는 살려고 하는 의지를 가진 생명체 한가운데 살아가는, 살려고 하는 생명"이라는 명제로부터 출발하여, 생명의지를 지닌 생명체라면 차별 없이 외경심을 가지고 돌보고 배려할 대상이라고 가르쳤다. 그러면서 도덕적 선이란 일체 생명의 살려는 의지를 보전하고 촉진하는 일이며, 도덕적 악이란 생명의지를 파괴하고 방해하는 행위로 정의했다.[37] 요약하면, 그에게 윤리란 "살아있는 모든 존재에 대한 무제한으로 확장된 책임"을 의미한다.[38]

한편 감정을 지닌 휴머노이드가 등장하게 되면 기계를 대하는 인간의 태도가 바뀔 가능성도 있다. 장차 소셜 로봇이나 감정 로봇이 인간의 외모를 닮은 데서 나아가 인간과 정서적으로 교류하고 교감하는 일이 가능해진다면, 그에 따라 기계나 물건을 대하던 태도도 변할 것이 틀림없다. "당신이 그렇게 말하면 슬퍼요." 혹은 "아야, 아파요. 제발 때리지 마세요." 휴머노이드가 슬프다거나 아프다는 말을 할 때, 그것이 우리의 감정이나 감각과 동일한 것인지 아닌지와 상관없이 우리의 행동에 영향을 미칠 것이다. 싱어가 동물도 고통을 느낀다는 사실에 기초하여 동물에 대한 인간의 태도를 종차별주의라고 비판했듯이, 기계가 고통을 느끼고 표현할 수 있게 된다면, 기계에 대한 전통적

---

37 Albert Schweitzer, Kultur und Ethik, 2.Auf. hg. v. Grabs, R., Bd.II.(Berlin: Union Verlag, 1973), 377-378.
38 위의 책, 379.

태도를 두고 또 다른 형태의 종차별주의라고 비판할 수도 있다.

그간 인류가 도덕적 책임과 배려의 대상을 인간 종에게만 제한했던 이유는 피조물 가운데 오직 인간만이 영혼과 의식 그리고 감각을 함께 지닌다고 생각했기 때문이다. 이런 인간 중심적 태도는 피조물 사이에 식물-동물-인간 순으로 위계질서를 만들고, 동물 사이에도 고등동물과 하등동물을 구분하며, 하위 존재들에 대한 상위 존재들의 지배를 정당화하는 근거로 사용되었다. 심지어 동물에 대한 착취나 학대를 도덕적으로 비판할 때조차, 그런 태도가 동물 자체를 위해서라기보다는 다른 인간을 대하는 태도에 악영향을 미칠 것이라는 이유 때문이었다. 말하자면 동물을 잔인하게 대하는 사람은 인간에 대해서도 그럴 가능성이 크다고 생각해서 동물 학대를 금지했다는 것이다.[39] 물론 인간 중심적인 세계관이 지배적이었던 서구 기독교 안에도 중세의 성 프란시스처럼 동물을 인간 형제나 자매처럼 대하고, 근대의 퀘이커교도나 윌버포스같이 동물에 대한 인간의 잔인성을 비판한 기독교인들도 존재했다. 그럼에도 불구하고 그런 평등주의자들은 주류 기독교 안에서 소수자요 비주류로 머물렀다.

그런데 성서는 이런 인간중심주의 태도와 달리 동물도 하나님의 창조의 한 부분으로서 본유적 가치와 생명의 권리를 지니고, 인간과 마찬가지로 생육하고 번성할 고유한 권리를 지닌다고 말한다(창 6-9장). 현대과학은 유전자 차원에서 볼 때, 인간과 동물 사이에 그다지 큰 차이가 없다는 사실도 알려준다.[40] 게다가 최근 우리나라에서도 반려

---

39 조용훈, 『동서양의 자연관과 기독교 환경윤리』(서울: 대한기독교서회, 2002), 198.
40 장윤재, "무지개의 하나님, 푸줏간의 그리스도 그리고 동물신학의 탐구," 「신학사상」

동물을 기르는 문화가 확산하면서 동물 복지나 동물 권리에 대한 사회적 관심이 커가고 있다. 물론 우리가 동물의 권리를 말할 때 사용하는 '권리'라는 말뜻이 인간으로서의 권리, 곧 인권을 말할 때와 같은 의미라고 생각해선 안 된다. 인권은 도덕적 권리일 뿐만 아니라 법적 권리로서의 주체적 권리이지만, 동물의 권리는 동물의 생존권이나 동물에 대한 보호 의무와 같은 도덕적 권리에 가깝기 때문이다.[41]

4) 미래윤리로서 기술윤리

전통 윤리는 이미 일어난 일에 대해서만 도덕적 책임을 묻는 사후적 윤리다. 하지만 혁신기술의 부정적 영향력이 시간적으로 먼 미래까지 연장되는 4차 산업혁명 시대는 이미 벌어진 일만 아니라 앞으로 벌어질 일에 대해서도 도덕적 책임을 고려할 필요가 생겼다. 특히 기술의 부작용이나 악영향이 종종 너무 뒤늦게 발견되는 화학과 생명공학 그리고 원자력 같은 기술의 특성을 고려할 때 더욱 그러하다.

혁신기술이 불러올 이런 윤리 문제들을 간파한 한스 요나스(H. Jonas)는 기술사회에서 고려해야 할 도덕적 책임의 성격을 이미 벌어진 사태에 대한 '사후 보상에서 사전 예방으로' 바꾸어야 한다고 주장했다. 요나스는 전통 윤리가 지닌 한계로 책임의 범위가 직접적이고, 현재적이며, 동시대인에게 제한되었다는 점을 지적한다. 말하자면 인간의 행동이 미칠 문제를 예견하고, 목표를 설정하고, 계산할 수 있

---

171 (2015), 72-75.
41 김형민, "동물의 미래와 기독교 신앙," 「기독교사회윤리」 3 (2000), 158.

는 시간적 간격이 매우 짧았으며, 행동 결과가 불러올 장기적 영향은 우연이나 운명에 맡겨진 셈이다. 전통 윤리의 세계는 동시대인들로만 구성되어 있고, 세계의 지평은 예견 가능한 범위 내의 기간으로 제한되어 있었다.[42] 이런 문제 인식에서 출발한 그는 기술이 미래 세계에 미칠 잠재적 위험성을 예측하는 미래윤리가 필요하고, 그 방향은 미래에 대한 낙관적 기대나 희망 대신에 공포심이나 두려움에서 생기는 사전 예방적 윤리여야 한다고 주장한다. 그러면서 "미래는 완결되지 않는 우리 책임의 차원이라"고 힘주어 말했다.[43] 윤리의 구체적 과제로 혁신기술이 미래의 인간과 사회 그리고 자연 세계에 미칠 부정적 효과에 대한 충분한 윤리적 통찰력과 상상력을 길러주는 것이며, 미래 세대에 대한 두려움과 조심스러움(겸손) 그리고 힘을 절제할 줄 아는 겸손의 덕을 갖추도록 돕는 것으로 정리했다.[44]

요나스와 비슷하게 자끄 엘륄(J. Ellul)도 기술이 지닌 근본적인 불완전성을 비판하면서 해결책으로 적극적 사회행동, 곧 '능동적 비관주의'를 제시했다. 능동적 비관주의란 기술문명을 비판하되 현실사회로부터 퇴거하는 대신에 변혁을 위해 적극적으로 참여하는 태도다. 실제로 엘륄은 보르도대학에서 기술문명을 주제로 가르치고 글을 쓰면서 환경운동이나 청소년운동 같은 사회운동은 물론 보르도시의 행정에도 직접 참여하면서 기술사회 확장에 대해 비판적 의견을 개진했다.[45]

---

42 한스 요나스/이진우 역, 『책임의 원칙: 기술시대의 생태학적 윤리』(서울: 서광사, 1994), 29-30.
43 위의 책, 40-42, 65-67.
44 한스 요나스/이유택 역, 『기술 의학 윤리』(서울: 솔출판사, 2005), 63-68.
45 손화철, 『토플러 & 엘륄: 현대기술의 빛과 그림자』, 99-100.

기독교가 기술 만능주의자들의 입장대로 기술의 진보를 인간과 역사의 진보로 해석할 것인지 아니면 기술 비관주의자들처럼 인간과 역사의 후퇴로 해석할지는 어떤 세계관을 갖느냐에 따라 좌우된다. 종교개혁사상은 인간을 죄인이며 동시에 의인으로서 문명의 진보와 퇴보라는 두 가지 가능성을 동시에 가진 존재로 본다. 그런데 18세기 계몽주의 시대의 자유주의 신학은 인간 이성을 절대적으로 신뢰했고, 그 결과 미래에 대한 진보 낙관주의에 사로잡혔다. 20세기 이데올로기 시대에도 인류가 기술의 진보를 인간과 역사의 진보와 동일시했다는 점에서 자본주의와 공산주의 사이에는 아무런 차이가 없었다. 두 이데올로기 모두 인간이 이성적 활동을 통해서 과학기술만 아니라 인간의 도덕성과 종교심까지도 변화시킬 수 있다고 믿었다는 점에서 다르지 않다. 이 같은 진보 낙관주의는 두 차례 세계대전을 거치면서 도전을 받았고, 기독교 구원관의 세속화라는 신학적 비판을 피할 수 없었다. 4차 산업혁명 시대의 기독교가 이런 신학적 과오를 반복하지 않으려면, 기술 발전의 필요성을 인정하되 근거 없는 진보 낙관주의에 대해 비판적 태도를 견지해야 한다. 요약하면, 과학기술의 진보와 발전이 무엇을 위한 것이며, 누구를 위한 것인지에 대하여 신학적이고 윤리학적인 관점에서 끊임없이 질문하고 검증해야 한다.

2장
위험사회의 직업(인)윤리

1. 들어가는 말

　현대 사회는 위험과 재난이 일상화되고 구조화되었다는 의미에서 '위험사회'라 불린다. 울리히 벡(U. Beck) 같은 위험사회론자들은 위험사회의 등장을 근대 과학기술의 발전과 사회구조의 복잡화 과정에서 생겨나는 필연적인 결과로 본다. 특히 우리나라는 압축적 근대화로 말미암아 대형 안전사고와 재난이 자주 발생하는 나라다. 그런데 위험사회에서 발생하는 대형 안전사고나 재난은 대부분 피할 수 없는 운명이라기보다는 인간의 노력에 의해 얼마든지 줄이거나 피할 수 있다는 점에서 윤리적 이슈다. 한 예로 일본 후쿠시마 원자력발전소 사고(2011)에서 보았듯이, 비록 사고의 일차적 원인은 피할 수 없는 지진과 쓰나미에 있었지만 사후 처리과정에서 보여준 정부 및 도쿄전력회사의 인간적 오류(human errors)는 사고를 재앙 수준으로 악화시켰다.
　이처럼 위험과 재난사회에서 천재(天災)와 인재(人災)를 구분하는 것이 점차 어렵고 무의미해지고 있다는 점에서 우리는 위험과 재난을 윤리적 책임 문제로 다룰 필요가 있다. 우리가 위험사회에서 발생하는 각종 안전사고와 재난을 '사고'가 아니라 '사건'으로, 천재지변이 아니라 인간적 오류나 행정적 잘못으로 보아야 하는 이유는 그럴 때라야 비로소 재발 방지를 위한 효과적인 대책도 세울 수 있기 때문이다.

세월호 참사 속에서 수많은 사람들이 "이것도 국가인가"를 물은 이유도 참사를 어쩔 수 없는 사고가 아니라 국가의 무능과 무책임으로 말미암은 윤리 문제로 보았기 때문이다. 그런데 우리가 위험사회 이슈들을 윤리 문제로 보는 한 "이것도 국가인가"라고만 물을 것이 아니라 "이것도 인간인가"를 물어야 한다. 왜냐하면 정부나 기업만 아니라 사회 구성원 전체가 직간접적으로 참사에 어느 정도 연관되어 있기 때문이다. 사회학자 볼프강 조프스키(W. Sofsky)가 예리하게 지적했듯이, 재난이란 종종 사람을 더 영리하게 만들기는 하지만 도덕적으로 더 선하게 만들지는 못한다.[1] 따라서 위험사회를 극복하고 안전사회를 만들려면 국가의 제도 개혁은 물론 생명과 안전에 대한 사회 구성원 각자의 윤리적 책임 의식을 향상시키기 위해서도 힘써야 한다.

이 글에서 우리는 위험과 재난사회를 극복하는 데 필요한 윤리를 책임의 주체 가운데 하나인 직업인의 관점에서 살피려고 한다. 직업인을 중요한 도덕 행위의 주체로 보는 이유는 현대 사회에서 구성원들 대다수는 특정한 직업 활동을 하고, 그들의 직업 활동은 직간접적으로 위험과 재난에 연계되어 있기 때문이다. 직업인들이야말로 각종 위험 요소를 사전에 예방하고, 사후에 제대로 처리해야 할 행위 주체

---

1 볼프강 조프스키/이한우 역, 『안전의 원칙: 위험사회, 자유냐 안전이냐』 (파주: 푸른숲, 2007), 24.

들이기 때문이다. 직업인 가운데서도 특히 각 분야의 전문가, 공직자 그리고 기업(인)의 역할에 주목해야 한다. 왜냐하면 이들이야말로 각종 위험과 재난의 원인 제공자일 수 있으며 동시에 그것을 해결할 수 있는 중요한 위치에 있는 행위자들이기 때문이다. 그러고 보면, 한 사회의 직업인들의 책임 의식 수준이 곧 그 사회의 안전수준을 좌우한다고 해도 지나친 표현이 아닐 것이다. 그럼에도 불구하고 그간 한국 기독교의 윤리는 정치윤리나 사회윤리 같은 제도적 이슈들에 대해서는 많은 관심을 기울인 반면에 각 개인들이 행위 주체로 있는 직업윤리에 대해서는 그렇지 못했던 점을 반성하면서 논의를 시작하고자 한다.

2. 전문직, 공직자 그리고 기업(인)의 사회적 책임

1) 전문직 윤리와 책임

사회가 복잡해지고 기술이 고도화할수록 전문직의 종류가 많아지고, 사회적 중요성도 커진다. 전문직은 다른 직종과 달리 오랜 기간의 교육과 훈련을 거쳐 자격증을 획득하고, 사회의 공공이익을 위해 기여하리라고 기대한다는 이유에서 사회로부터 존경받고 자율성을 인정받는다. 전문가들이 가지고 있는 지식이나 기술은 위험과 재난을 예방하고 해결하는 데 크게 기여할 수 있다는 점에서 사회적 책임이 크다. 위험사회 이론가들은 위험사회의 극복에 있어서 다른 분야보다 과학기술 분야 전문가들의 성찰적 태도와 책임적 행동에 주목한다. 그럼에도 불구하고 각종 위험을 예견하고 예방해야 할 책무를 지닌 전문가들의 무책임과 부주의는 종종 위험과 재난 사태를 재앙 수준으로 악화시킨다.

위험과 재난사회에서 전문가의 역할은 위험과 재난의 '예방'만 아니라 위험의 '소통'이라는 면에서도 중요하다. 사고가 발생하면 흔히 정부는 책임을 면하는 데 급급하여 진실을 은폐하거나 축소하기 마련이며, 국민은 이런 정부를 점점 더 불신하게 된다. 잘못된 정보가 퍼지면서 불필요한 공포심이 생겨나고, 사회는 더 큰 혼란에 빠지며, 그 결과 정부의 그 어떤 위험관리 대책도 효력을 발휘하지 못하게 된다. 이런 상황을 개선하는 데 있어서 위험에 대한 각종 통계나 자료 및 정보를 가진 전문가 집단의 역할은 아무리 강조해도 부족하다. 시민들은 행정 관료나 정치인보다 전문가의 말을 더 신뢰하는 경향이 있기 때문이다.

한편 위험사회에서 전문가의 역할은 위험의 예방이나 소통만 아니라 실제 재난이 발생했을 때 신속하게 대처할 수 있는 재난 대응 기술이나 재난 과학기술의 개발도 포함한다. 과학기술은 위험의 원인이 되지만 동시에 위험을 극복하는 데 실제적 도움을 주기도 한다. 이른바 '안전기술'은 사고의 징후를 감지하고 예측하는 기술, 위험평가의 기술 그리고 재난 현장에서 사용되는 첨단 구난 장비와 같은 다양한 종류의 기술을 포함한다.

위험과 재난사회에서 전문가 집단의 윤리의식과 책임감을 강화하려면, 각 분야 전문가의 지적 정직성과 성실성이라는 좋은 성품은 물론 공공의 가치인 국민의 생명과 안전에 대한 투철한 직업윤리가 요청된다. 그리고 전문가들이 빠지기 쉬운 전문가주의(professionalism)라는 함정도 피해야 한다. 원자력 기술을 예로 들자면, 과학기술로 인해 발생하는 위험한 상황 자체는 모든 사람에게 똑같이 영향을 준다는 점에서는 민주적이지만, 위험의 관리 문제에서는 전문가들에게만 절대 의존해야 한다는 점에서는 '독재적'이라는 특징이 있다.[2] 이런 전문가주의의 위험성을 극복하려면, 정부가 관련된 위험 정보를 투명하게 공개하고, 시민사회의 참여를 제도적으로 보장해야 한다. 전문가 집단도 배타적 특권의식을 내려놓고, 시민사회와 대화하면서 위험과 재난 해결을 위해 함께 노력하는 자세가 필요하다.

2) 공직자 윤리와 책임

국가의 가장 중요한 책무는 국민의 생명과 재산 그리고 건강과 안전을 지키는 데 있다. 우리나라 헌법 34조 6항은 국가의 임무를 "재해를 예방하고 그 위험으로부터 국민을 보호하기 위하여 노력하여야 한다"고 명시하고 있다. 이러한 국가의 사명을 수행하는 주체는 바로 공직자다. 공직은 다른 직업과 달리 국민에 대한 봉사와 섬김이기 때문에 공직자를 공복(公僕)이라고 부른다. 우리나라 공무원은 국가에는 헌신과 충성을, 국민에게는 정직과 봉사를, 직무에는 창의와 책임을, 직장에서는 경애와 신의를 그리고 생활에서는 청렴과 질서를 직업윤리로 삼는다.

공직윤리학자 테리 쿠퍼(T. L. Cooper)는 책임 있는 공직자를 가리켜 "자신의 행동의 결과를 설명하고 정당화할 수 있으며 동시에 공동

---

[2] 이찬수, "자연의 타자와 인간의 사물화 그리고 '세월호'," 김성철 편, 『재난과 평화: 폐허를 딛고 평화를 묻다』 (파주: 아카넷, 2015), 39.

선의 수호자로서 자신의 내면적 확신에 일치하는 방법으로 행동하는 사람"이라고 정의했다. 그는 이러한 공직 이해에 기초하여 공직자의 책무 범위를 크게 세 가지로 나눈다. 즉, 업무와 관련한 법 규정을 지킬 법적 책임, 조직의 상사나 부하 직원에 대한 조직원으로서의 책임 그리고 시민에 대한 책임, 곧 공동선(공익)에 대한 책임이다.[3] 그런데 공직자에게 직무를 부여한 국민의 권위는 행정조직의 상사나 조직원보다 더 근본적인 권위이기 때문에 공직자는 우선적으로 국민에게 봉사해야 할 의무가 있다. 하지만 권위주의적 통치 국가에서는 종종 공직자가 국민보다는 통치자에게 충성하는 데 더 큰 가치를 두게 될 경우 여러 가지 문제가 발생할 수 있다.

세월호 참사에서 볼 수 있듯이, 국민의 안전과 생명을 지켜야 할 국가의 무능력과 공무원의 무책임은 자주 목도하는 일이다. 김종곤은 세월호 사건에서 생겨난 국가에 대한 부정적인 이미지를 "물에 빠져 허우적대며 살려달라고 애원하는 자식을 외면하는 아버지, 그래서 부모의 자격이 의심되는 아버지"에 비유했다.[4] 국민의 위험과 재난 앞에서 국가 권력자의 무능과 공직자의 무책임 문제는 현대 관료 사회의 특징과 긴밀히 관련되어 있다. 관료조직이란 상부의 명령과 법 규정에 따라서만 움직이는 위계적 조직인 데다가 업무는 분업화되어 있고, 권한은 제한되어 있어서 책임이 탈인격화되는 경향이 나타난다. 철학자 아비샤이 마갈릿(A. Margalit)이 날카롭게 지적했듯이, 관료 사

---

[3] 테리 L. 쿠퍼/행정사상과방법론연구회 역, 『공직윤리: 책임 있는 행정인』(서울: 조명문화사, 2013), 100-110.
[4] 김종곤, "세월호 트라우마와 죽은 자와의 연대," 김종엽 외, 『세월호이후의 사회과학』(서울: 그린비, 2016), 115.

회 조직원들은 사람을 '번호'나 '서류' 혹은 '사례'로 보는 기계적이고 비인격적인 행태를 보이는 경우가 있다.

> 관료들은 몰 개인적인 관계에 바탕을 두기에 개인과 그들의 고통에 무관심하며 그들의 개성과 특수성에 냉담하다. 이런 몰 개인적인 태도는 종종 비인간적인 태도가 된다.[5]

공직자의 직업윤리 의식을 강화하려면 생명과 안전 업무와 관련된 복무규정이나 윤리강령 같은 제도를 마련하는 것과 함께 담당자의 책임을 묻는 엄정한 법의 집행이 필요하다. 그런데 공직자가 당면하게 되는 개인의 사리사욕이나 조직의 내부 비리에 맞서 사회적 공동선을 선택할 수 있는 도덕적 선택 능력은 공직자 개인의 도덕적 자질과 성품에서 나온다. 따라서 국민의 공복인 공직자가 정직과 섬김 같은 덕목을 체화할 수 있도록 성품 교육도 중요하다. 어쩌면 그런 성품 교육은 학교나 직업 현장에서의 교육에 앞서 어렸을 적 가정이나 교회에서부터 이루어져야 한다.

3) 기업(인)의 사회적 책임

신자유주의 시장경제 체제에서는 기업에 대한 국가의 간섭과 통제가 최소화되는 반면에 기업의 사회 정치적 영향력은 커지기 마련이다. 기업의 힘이 점점 더 커갈수록 사회적 역할과 책무도 점점 중요한

---

5 아비샤이 마갈릿/신성림 역, 『품위 있는 사회』(파주: 동녘, 2008), 229.

이슈가 되고 있다. 물론 기업의 우선적 존재 이유가 이윤추구에 있다 보니, 기업은 생명의 가치보다 물질의 가치를 더 중시하고, 안전 문제 조차 비용의 관점에서 생각하게 된다. 심지어 기업들 가운데에는 끔찍한 재난조차도 이윤 추구의 기회로 악용하기도 한다. 우리는 세월호 참사를 비롯한 각종 대형 사고나 재난을 경험하면서 기업의 탐욕과 안전에 대한 무책임이 얼마나 끔찍한 사회적 재앙을 불러오는지 경험했다.

다행스럽게도 최근 기업들은 '사회적 책임경영'(CSR)이나 '기업의 공유가치 창출'(CSV) 같은 경영 이론에 기초해서 기업의 사회적 책무에 관심하고 있다. 전자가 기업의 사회공헌 활동만 아니라 돈을 버는 과정에서도 윤리적이고 책임적인 행동을 강조한다면, 후자는 그것을 넘어서 사회적 가치 창출을 통한 사회 공헌에 관심한다. 기업의 사회적 책무를 구체적으로 실행하기 위해 기업들 가운데에는 업무평가에서 사회적 기여 요소를 반영하기도 하고, 사회성과 인센티브 제도를 운영하기도 한다. 특히 영국에서는 국민의 생명과 안전 이슈와 관련해서 2008년부터 '기업 과실치사 및 기업 살인법'을 제정하여 시행하고 있다. 이 법은 업무와 관련된 모든 노동자 및 공중의 안전조치를 취하지 않아서 사망사고가 발생할 경우 기업에 책임을 묻는다.

다행스럽게도 우리나라에서 2022년부터 중대재해처벌법이 시행됨으로써 중대한 산업재해나 시민 재해가 발생할 경우 형사처벌을 할 수 있는 법적 근거를 마련했다. 하지만 법이 있더라도 시행에 철저하지 않은 편이어서 산업재해가 여전하고 사회적 재난으로 이어지는 경우도 적지 않다. 특히 산업현장이나 건설 현장에서 다단계 하청구조라는 '위험의 외주화'를 통해서 재해가 발생하더라도 원청기업은 법적 책임을 피하는 경우가 많다.

위험과 재난사회에서 기업(인)은 안전사고나 재난의 사전 예방 책임만 아니라 사고와 재난이 발생했을 때 효과적으로 대처해야 할 사후 책임도 있다. 여기에는 원인 제공자들의 진실한 의사 표현 및 충분한 정보 공개, 책무성의 인정 및 수용, 진심 어린 사과와 후회의 표현들, 피해자인 공중에 대한 고려, 화해 및 용서의 요건 충족, 공중의 기대에 대한 충족, 적절한 개선 행위와 보상 등과 같은 다양한 요소가 고려되어야 한다.[6]

3. 기독교인의 책임 실천 장소로서 직업

1) 책임적 존재로서 자아

리차드 니버(R. H. Niebuhr)는 인간 실존을 '책임적 자아'(responsible self)로 규정했다. 그에게 책임윤리란 목적론적 윤리에서 추구하는 선(good)이나 의무론적 윤리에서 추구하는 옳음(right) 대신에 상황에 대한 적절함(fitting)을 추구하는 윤리방법론이다. 목적론적 윤리가 이상만 추구하여 이상주의나 상대주의에 빠질 위험이 있다면, 의무론적 윤리는 법과 원칙의 준수만 강조하여 율법주의에 빠질 위험이 있다. 이 두 방법론과 다르게 책임윤리에서는 타자와의 관계 속에서 상황에 대한 적실한 반응을 중요하게 여긴다.[7]

---

6 김영욱, 『위험, 위기 그리고 커뮤니케이션』 (서울: 이화여대출판부, 2008), 424.
7 Richard H. Niebuhr, The Responsible Self (New York: Harper & Row, 1963 (1978),

니버 외에도 많은 기독교윤리학자들이 책임 개념을 인간의 구원을 위한 하나님의 행동하심에 대한 대답 혹은 응답이라고 신학적으로 해석한다. 그 가운데 하나인 본회퍼(D. Bonhoeffer)는 윤리를 추상적 원리가 아니라 타자와의 관계 속에서 책임적인 삶으로 규정한다. 그는 기독교 신앙을 하나님과 이웃 앞에서 책임적인 삶을 사는 것으로 정의하면서, 책임 있는 존재가 되는 길을 '타자를 위해 존재하는 삶'이라 규정한다. 즉, 예수 그리스도가 타자를 위해 존재하셨던 것처럼, 교회 역시 타자를 위해서 살아갈 때 비로소 참된 교회가 된다.[8] 그는 책임의 근본 전제로서 인간이 자유로운 존재여야 한다고 말하는데, 그가 생각하는 참 자유란 타자를 위한 자유다.[9]

우리가 부모나 정치가 그리고 교사의 역할에서 볼 수 있듯이, 책임이란 타자를 위한 대리행위(Stellvertretung) 속에서 구현된다. 대리행위란 예수 그리스도께서 전 생애를 통해 보여주신 삶의 방식이다. "모든 인간의 책임의 근원은 인간을 위한 예수 그리스도의 진정한 대리에 있다. 책임적 행동은 대리적 행동이다."[10] 대리행위, 곧 책임이란 "예수처럼 다른 사람들에게 자신의 생명을 완전히 내어줄 때에만 존재한다. 오직 자신을 버리는 자만이 책임적으로 살아간다."[11]

그런데 본회퍼는 우리가 책임적으로 응답해야 할 이웃을 가치중

55-68.
8 디트리히 본회퍼/손규태 · 정지련 역, 『저항과 복종』(서울: 대한기독교서회, 2010), 55, 713.
9 디트리히 본회퍼/강성영 역, 『창조와 타락』 본회퍼선집 3 (서울: 대한기독교서회, 2010), 83.
10 디트리히 본회퍼/손규태 외 역, 『윤리학』(서울: 대한기독교서회, 2010), 276,
11 위의 책, 309.

립적이거나 추상적으로 개념화하지 않는다. 그에게 이웃이란 구체적인 존재, 특별히 고통 가운데 있는 사람을 가리킨다. 하나님은 고통당하는 사람과 함께하시기 위해 스스로 인간이 되셨다. 인간의 고통에 함께하시기 위해 그분은 힘없고 나약한 모습을 선택하셨다. 그리스도의 십자가는 하나님께서 고통 가운데 있는 인간을 실제로 돕기 위해 택하신 길이다.12 따라서 그리스도인과 교회가 책임적으로 살고자 한다면 사회적 약자의 고통에 참여해야만 한다. 그는 이러한 방법론을 가리켜 '밑으로부터의 시각'이라고 표현한다.

> 우리가 세계사의 거대한 사건들을 한번 밑으로부터, 즉 사회로부터 배제당한 자들, 혐의받고 있는 자들, 학대받는 자들, 권력이 없는 자들, 억압당한 자들, 멸시당하는 자들, 간단히 말해서 고난당하는 자들의 관점에서 보는 것을 배운다는 것은 비교할 수 없이 고귀한 경험이다.13

본회퍼의 입장에서 볼 때, 위험과 재난사회에서의 책임윤리가 특별히 관심하고 응답해야 할 대상은 위험과 재난에 더 취약한 사회적 약자 계층이다. 흔히 위험이나 재난이 모두에게 공평하게 노출되고 배분될 것으로 예상하지만, 실은 사회적 약자들에게 더 많이 노출되고 불공평하게 배분된다. 어느 사회든지 부유층은 돈과 권력으로 위험을 피하고 안전이라는 상품을 구입할 수 있기 때문이다. 특별히 오

---

12 김현수, "타자 대면의 방법들: 디트리히 본회퍼의 타자 윤리에 대한 한「한국기독교신학논총」 65 (2009) 293.
13 디트리히 본회퍼,『저항과 복종』, 60.

늘날 산업계에 일반적 현상이 되어버린 '위험의 외주화'는 위험이 큰 작업이나 업무를 외부 하청업자나 비정규직 노동자인 사회적 약자에게 떠넘기는 행위다. 이를 통해서 원청 기업은 작업 현장에서 사고가 나더라도 법적인 책임을 면하게 된다. 하지만 다단계 하도급의 맨 마지막에 있는 비정규직 노동자들이야말로 기독교사회윤리에서 특별하게 관심해야 할 대상이다.

2) 책임 구현의 장소로서 직업

학문적으로 '책임윤리'(Verantwortungsthik)라는 개념을 처음 사용한 사람은 사회학자 막스 베버(M. Weber)다. 그는 직업 정치인에게 요청되는 윤리적 책임이란 행위의 동기가 아니라 행위의 결과에 따라 평가해야 한다고 보았다. 그는 책임윤리와 대비되는 '심정윤리'(Gesinnungethik)를 가리켜 행위의 동기나 신념 그리고 '전부 아니면 전무'(all or nothing)라는 식의 태도를 가지고, 행동의 '결과'에는 전혀 관심하지 않는 절대적 윤리라고 정의했다. 심정윤리에서는 올바른 일을 행하려 할 뿐이고, 결과는 하나님께 맡긴다는 식의 윤리라면, 책임윤리에서는 신념의 실현 가능성과 행동의 예견된 결과들에 대해 책임지는 윤리다. "악에 대항하지 말라"고 명령하는 심정윤리와 다르게 책임윤리는 "악에 힘으로 대항하지 않는다면 당신은 악의 증대에 책임져야 한다"고 명령한다는 점에서 차이가 난다.[14]

베버는 책임윤리의 중요성을 직업윤리의 관점에서 해석하면서 특

---

14 Max Weber, *Politik als Beruf* (Stuttgart: Reclam, 1992), 68-71.

히 정치인의 직업 윤리적 책무를 강조했다. 말하자면 무조건적 사랑과 용서를 강조하는 종교인이나 기계적으로 법과 규정을 따라야 하는 행정 관료와 다르게, 정치를 직업으로 삼는 정치인은 자신의 행위의 결과에 대해서 무한 책임을 져야 하는 존재다. 정치에서는 목적을 달성하기 위해서라면 어쩔 수 없이 심정윤리에서 비판하는 강제력까지도 사용할 수밖에 없다. 그것이 직업적 종교인의 심정윤리와 직업적 정치인의 책임윤리의 차이점이다. 종교인은 죄수를 용서해야 한다고 말하지만, 정치인은 그를 벌해야 할 의무가 있다. 이 같은 베버의 책임윤리적 관점은 기독교윤리 논의에도 중요한 통찰력을 제공한다. 왜냐하면 현대 사회에서 대부분의 사안들이 정치의 영향을 받고, 대부분의 직업과 활동이 정치적 함의를 지니게 되었기 때문이다. 이런 시대를 살아가는 기독교 신자들은 자신의 직업 활동에서 신앙적 신념과 더불어 행위의 결과에 대해 어떻게 책임을 실천할지 고민해야 한다.

한편 본회퍼는 인간 실존을 그리스도 안에 있는 전인격적 존재로 보기 때문에 행위에서 동기와 결과를 분리하거나, 삶의 영역을 영적 영역과 세속 영역으로 분리하거나, 인간 실존을 하나님 앞과 사람들 앞으로 분리하는 것에 반대한다. 물론 그 두 영역은 서로 구분(Unterscheidung)되지만, 상호 관계가 없다고 분리(Trennung)할 수는 없다. 본회퍼에게 세상이란 예수 그리스도 안에서 화해된 하나의 현실이요, 인간에게 맡겨진 구체적인 책임의 영역이기 때문이다.[15] 그는 책임진다는 말뜻을 추상적인 도덕 원리가 아니라 그리스도 사건과 현실의 질문들에 대해서 응답하는 일로 이해한다. 말하자면 책임적 행

---

15 디트리히 본회퍼, 『윤리학』, 319.

위란 사람들 앞에서는 예수 그리스도에게 응답하는 일이며, 예수 그리스도 앞에서는 인간에 대해 응답하는 일이다.

내가 사람들 앞에서 그리스도를 위해 받아들이는 책임은 동시에 그리스도 앞에서 사람들을 위해 받아들이는 나의 책임이기도 하다 (...) 오직 그런 점에서만 그것은 하나님과 사람들 앞에서 받아들이는 나 자신의 책임이다.[16]

본회퍼 신학에서 노동(직업 혹은 문화 활동)은 가정과 정부 그리고 교회와 더불어 하나님의 위임(Mandat) 가운데 하나로 중요하게 다루어진다. 인간은 노동을 통해서 예수 그리스도를 섬기고, 하나님의 창조질서를 만들어가는 동역자가 된다(창 2:15, 3:17-19). 물론 본회퍼가 생각하는 노동이란 단지 육체노동만 아니라 경제행위 전체, 심지어 학문과 예술 활동까지 포함하는 폭 넓은 개념이다.[17] 이런 맥락에서 본회퍼는 직업이야말로 그리스도인의 소명이며 동시에 책임의 의미가 명확해지는 장소라고 본다.

직업은 그리스도의 부름에 응답하고 그래서 책임적으로 살 수 있는 장소다.[18]

직업은 책임이고, 책임은 전적인 현실에 대한 전적인 인간의 전적인 응답이다.[19]

---

16 위의 책, 306.
17 위의 책, 68-69.
18 위의 책, 348.
19 위의 책, 351.

만약 우리나라 정치인과 공직자 그리고 기업인과 직업인이 자신의 직업과 직무에서 책임적으로 응답했더라면 틀림없이 세월호 참사와 같은 어이없고 끔찍한 재난은 발생하지 않았을 것이다. 일찍이 타이타닉 사고(1912년) 후 만들어진 국제협약 '해상인명안전협약'(SOALS)이나 국내 선원법 10조에서는 선장은 최후까지 배에 남아서 승객의 대피를 도와야 할 직업상 책무를 명시한다. 안타깝게도 우리 사회에는 타이타닉호 사고 당시 존 스미스 선장이 외쳤다는 "영국인답게 행동하라"(Be British)에 버금갈 만한 윤리적 전통이 약하고, 승객의 안전을 끝까지 책임지는 전문 직업인의 직업윤리 의식도 약하다. 물론 그같은 도덕 전통이나 직업윤리는 세월호 참사와 관련된 선장과 선원에만 요청되는 규범이 아니라 그 참사에 간접적으로 연관되어 있었던 공직자와 직업인들 모두에게 요구되는 규범이다.

위험과 재난사회에서 중요한 공적 가치인 공공의 안전을 지키려면 '내가 희생자가 될 수 있다'는 생각만이 아니라 '내가 가해자가 될 수도 있다'는 자각도 필요하다. 실제로 우리는 코로나19 글로벌 감염병 사태에서 자신의 편의만 생각하는 사람들로 인해 사태가 얼마나 악화되었는지 목격했다. 비록 작고 사소한 개인적인 부주의라도 얼마든지 이웃과 사회공동체를 위험이나 재난에 빠트릴 수 있다. 따라서 자신의 안전만 생각하는 '사적 시민의식'에서 공공의 안전을 지키겠다는 '공적 시민의식'으로의 전환이 필요하다. 말하자면 '개별적 나'를 '보편적 나'로 확장해야 한다.[20] 이를 신앙적 관점으로 바꾸어 표현한

---

20 박명림, "'세월호 정치'의 표층과 심부," 김종엽 외, 『세월호 이후의 사회과학』(서울: 그린비, 2016), 376-377.

다면, 기독교인의 정체성을 '기독 신자'이면서 동시에 '기독 시민'으로 확장해야 한다.21

4. 직업윤리 교육과 교회의 과제

기독교인의 직업 현장은 일상에서 신앙을 실천하고, 사회적 책임을 실천할 수 있는 중요한 공간이다. 따라서 교회는 구성원의 직업윤리의 함양을 위한 교육에도 관심해야 한다. 특히 위험사회에서 안전이라는 공동선은 사회 구성원의 직업 현장과 밀접하게 관련되어 있는 공적 가치이기 때문이다.

직업윤리 교육은 사회윤리적 관점에서만 아니라 신학적 관점에서도 중요하다. 본회퍼는 종교개혁의 신학 전통을 따라 직업을 소명으로 보면서, 그리스도인은 직업 활동을 통해 자신의 신앙적이고 윤리적인 책임을 실천한다고 가르쳤다. 교회는 구성원들에게 그리스도와 더불어 사는 삶, 곧 타자를 위한 존재로 살아가는 삶이 직업을 통해 어떻게 구현될 수 있는지 알려 줄 책임이 있다고 보았다.22 우리의 연구 주제에 적용해 볼 때, 기독교인의 책임적인 직업생활은 신앙생활과 사회생활 사이의 단절을 극복하며, 보다 더 안전한 사회를 만드는 데 기여할 수 있다.

중세 가톨릭교회는 고대 헬레니즘의 전통에 따라서 노동이나 직

---

21 이혁배, "기독시민과 교회시민에 대한 시민 신학적 고찰," 「신학과 실천」 32(2012), 741.
22 디트리히 본회퍼, 『저항과 복종』, 714.

업 활동보다 명상적 수도 생활을 더 가치 있는 일로 보았다. 노동은 신앙이나 영적 생활과는 관련 없는 세속적이고 세상적인 의무쯤으로 격하되었다. 이 같은 생각에 맞서 인간의 노동과 직업 활동이 지닌 신앙적 가치와 영적 중요성을 강조한 사람은 바로 종교개혁가 루터였다. 루터는 라틴어 성서를 독일어로 번역하면서 소명(vocatio)이라는 라틴어를 직업이란 의미를 함께 지니고 있는 독일어(Beruf)로 번역함으로써 사제나 수도자, 수녀의 일에만 해당한다고 보았던 소명 개념을 세속 영역의 모든 직업 활동으로 확대시켰다. 루터에게 그리스도인의 모든 직업 활동은 동일하게 하나님의 부르심이며, 창조 질서를 유지하고 발전시키기 위해 창조주 하나님과 동역하는 행위다. 그리스도인 모두가 한 성령 안에서 하나이며 거룩한 백성이라고 믿었던 루터는 『독일 크리스찬 귀족들에게』(1520)라는 글에서 사제와 일반신자를 영적 신분과 세속적 신분으로 계층화했던 가톨릭교회를 비판했다.

> 이 모든 사실에서 알 수 있는 것은 평신도, 사제들, 군주들, 주교들 그리고 그들이 부르는 것처럼 '영적인 것들'과 '세속적인 것들' 사이에는 실제적으로 그 어떤 차이도 없다는 것이다. 차이가 있다면 직분과 일의 차이이지 '지위'의 차이는 아니다.[23]

나아가 어떤 일을 '세속적인 일'과 '성스러운 일'로 나누는 성속 이분법적 태도도 비판했다. 어떤 일이든지 그것이 하나님과 이웃을 섬

---

[23] 우병훈, "루터의 만인 제사장직 교리의 의미와 현대적 의의," 「신학논단」 87 (2017), 216 재인용.

기고 사랑하는 수단이 된다면, 그 모든 일은 성스러운 교회의 영역을 넘어 세상 속에서 드려지는 하나님을 향한 예배이며, 주님을 향한 순종의 행위이기 때문이다.24 명상이나 금욕과 같은 종교 활동 못지않게 일과 노동의 일상 활동도 동일한 신앙적 가치를 지닌다. 그래서 루터는 주장하길, 마지막 날에 하나님께서 "너는 얼마나 기도와 금식, 순례를 잘했는지 묻지 않고, 이웃, 작은 자를 위하여 섬겼는지를 물을 것"이라고 말했다.25

루터에게 어떤 일이 소명인가 아닌가는 직업의 종류가 아니라 일을 대하는 사람이 지닌 마음의 태도, 곧 믿음의 여부에 달렸다. "그(사제)의 활동은 가치에 있어서 농부가 밭에서 하는 일이나 혹은 주부가 가정에서 하는 일과 아무것도 구분되지 않는다. 모든 이러한 활동에 자격을 주는 것은 바로 믿음"이기 때문이다.26 말하자면 믿음 안에서 행하는 모든 행위는 그 종류와 상관없이 선하지만, 믿음을 떠난 행위는 예배조차도 하나님을 기쁘시게 할 수 없다.

한편 인간 삶의 목적을 하나님의 영광에서 보았던 또 다른 종교개혁자 칼빈은 신자들이 하나님의 영광을 추구하는 구체적 수단으로 직업 활동을 제시했다. 노동과 직업 활동은 모든 인간에게 부과된 책임이면서 동시에 그 자체로 고유한 가치를 지닌다. 인간은 일을 통해 생계를 유지할 뿐만 아니라 하나님의 뜻을 실현한다. 그런데 어떤 일이

---

24 최주훈, 『루터의 재발견 : 질문, 저항, 소통, 새로운 공동체』(서울: 복 있는 사람, 2017), 288-289.
25 한스 마르틴 바르트/정병식·홍지훈 역, 『마르틴 루터의 신학』(서울: 대한기독교서회, 2015), 632 재인용.
26 위의 책, 542 재인용.

하나님의 뜻에 일치하는가 혹은 아닌가 그 일이 개인의 사사로운 이익을 추구하는 일인지 아니면 공동체의 이익을 위해서도 유익한 일인지에 따라 판단된다. 하나님의 뜻과 영광을 바라면서 이웃에게 도움이 되는 일이라면 일과 직업의 종류와 상관없이 그 일은 소명, 곧 거룩한 일이 된다.

> 당신의 소명에 순종하도록 부여된 일이라면 그 어떤 일도 더럽다거나 천해서 빛나지 않는다고 볼 수 없으며, 하나님의 눈에는 한없이 귀하게 보일 것이다.[27]

한편 그리스도인에게 있어서 직업은 하나님의 위임을 수행할 청지기직(stewardship)이기도 하다. 달란트의 비유(마 25:14-30)에서 볼 수 있듯이, 우리는 하나님으로부터 위임을 받은 청지기로서 창조주께서 맡기신 일에 대하여 종말의 날에 하나님 앞에서 결산을 요청받았다. 우리가 직업을 청지기직으로 이해할 때, 그리스도인의 직업윤리와 관련하여 얻게 되는 유익함이 여러 가지다. 먼저 인간 실존을 이 세상의 주인이 아니라 창조주의 위탁 관리자로 정의할 수 있게 된다. 그래서 생존하는 동안 일과 직업을 권리와 축복이며 동시에 의무로 파악할 수 있다. 그리고 생을 끝나는 날에는 자신이 맡았던 일에 대해 성실함과 책임감에 기초하여 대답할 수 있기 때문이다.[28]

---

[27] John Calvin, Institutes of the Christian Religion, ed., John T. McNeil, trans. F. L. Battles, III.X.6 (Philadelphia: Westerminster Press, 1960), 725.
[28] 문시영, 『직업소명과 책임윤리』 (서울: 한들출판사, 1999), 140-143.

3장
글로벌 재난시대를 위한 지구윤리

1. 들어가는 말

오늘 우리가 경험하고 있는 세계적 경제위기, 계속되는 전쟁, 글로벌 감염병의 발생과 위협 그리고 기후 재앙 같은 글로벌 재난은 지구 행성의 종말 상황을 떠올리게 만든다. 이 글은 글로벌 재난시대를 극복하고, 하나 된 세계의 안전과 번영이라는 인류의 오래된 꿈을 실현하는 데 필요한 보편 윤리를 모색하는 데 목표가 있다. 우리가 이 글에서 글로벌 재난을 사회과학의 관점을 넘어 윤리적 관점에서 다루려는 이유는 아래와 같다.

첫째, 글로벌 재난은 그 원인이 인간과 국제사회의 윤리적 실패와 연관되어 있기 때문이다. 세계 경제를 크게 후퇴시킨 코로나19 글로벌 감염병만 보더라도, 그 직접적 원인은 인간에 의한 동물서식지의 파괴 때문이었지만, 그에 대처하는 데 있어 국가 간 불신과 비협조의 태도로 말미암아 상황은 더 악화되고 피해는 더 심각해졌다. 또 다른 예로 2011년 일본 후쿠시마 원자력발전소 재난은 지진과 쓰나미라는 자연적 요소에다가 인간과 사회의 윤리적 실패가 결합되어 나타난 재앙이었다. 원전 사고의 재앙은 설계과정, 시공 과실, 부주의한 조작의 실수 같은 인간적 요소들만 아니라 상업성만 생각하는 원전기업과 관료 사회 사이의 부도덕한 결탁 때문에 증폭되었다는 점에서 천재만으로 보아선 안 될 참사였다.[1] 최근 전 세계를 위협하고 있는 기후 재앙 역시 순수 기후의 문제라기보다는 물리적 세계와 사회적 세계 사이의 접점 혹은 경계선상에 놓여있는 윤리적 이슈로 보아야 한다.[2]

그리고 글로벌 재난의 파국적 결과가 국가 간에 불평등하게 배분된다는 점에서도 국제정치와 세계시민사회의 윤리적 실패로 보아야 할 이유다. 사람들은 기후 재앙을 지구촌 문제라고 말하지만, 그 피해는 대부분 저개발국에 훨씬 더 치명적이다. 대표적인 사례가 남태평양의 투발루나 인도양의 몰디브 같은 섬 국가들의 침수다. 해수면 상승의 직접적 원인이 되는 대기 중 이산화탄소의 증가는 대부분 부유한 국가들의 산업 생산 증대와 높은 수준의 소비생활에서 발생하지만, 그 치명적 결과는 가난한 나라들이 고스란히 떠맡고 있다.

둘째, 세계가 하나의 마을 단위처럼 변한 지구촌 시대에는 보편적 세계윤리가 인류의 생존 조건이기 때문이다. 지구촌 사회에서 어떤 지역에서 발생한 어떤 형태의 위험과 재난이든 이내 글로벌 차원으로 영향을 미친다. 그런데 글로벌 재난 앞에서 각 나라는 각자도생의 길을 추구하느라 그간 인류가 국제정치 무대에서 힘들게 이룩했던 온갖

---

[1] 야마모토 요시타카/임경택 역, 『후쿠시마, 일본 핵 발전의 진실』(서울: 동아시아, 2011), 66, 76-84.
[2] 존 C. 머터/장상미 역, 『재난 불평등: 왜 재난은 가난한 이들에게만 가혹할까』(서울: 동녘, 2016), 38.

국제기구들과 제도들마저 무력화시키고 있다. 자국의 경제적, 정치적 득실만을 따지느라 국제적 연대와 협력의 정신이 사라지고 있다. 그 결과 글로벌 재난을 해결하기 위해 만들어진 유엔과 수많은 국제정부 기구들(IGOs)의 구속력과 영향력이 급격히 줄어들고 있다. 그 빈자리를 보호무역주의, 자국 우선주의, 포퓰리즘 정치 그리고 외국인 혐오증이 차지하고 있다. 이러한 현실에서 인류의 생존을 위협하는 글로벌 재난을 예방하고, 지구적 풍요와 번영의 꿈을 이루려면 지구적 차원의 보편적 가치에 따라 사고하고, 윤리적으로 책임 있게 행동하도록 돕는 지구윤리의 형성이 시급한 과제가 되었다.

셋째, 비록 충격적 방법이긴 하지만 글로벌 재난은 세계인의 윤리적 태도를 변화시키는 데 영향을 줄 수 있기 때문이다. 제레미 리프킨(J. Rifkin)은 인류 역사에 결정적인 위기가 닥치면 어쩔 수 없이 인류가 하나의 행성을 공유하며, 그 하나뿐인 행성의 영향 아래 살며, 이웃의 고통을 내 고통으로 자각하게 될 것이라고 희망적으로 전망하면서, 글로벌 재난이 인류를 역사의 전환점으로 몰아가고 있다고 보았다.[3] 그의 희망대로 인류는 과연 당면한 글로벌 재난을 윤리적으로 성숙과 도약의 기회로 활용할 수 있을까?

재난이 미치는 윤리적 영향에 관련하여 서로 반대되는 입장이 공존한다. 볼프강 조프스키(W. Sofsky)는 재난이 사람을 더 영리하게 만들뿐, 더 도덕적으로 만들지는 못한다고 보았다.[4] 그와 반대로 레베카

---

3 제레미 리프킨/이경남 역, 『공감의 시대』 (서울: 민음사, 2010), 755, 760.
4 볼프강 조프스키/이한우 역, 『안전의 원칙: 위험사회, 자유냐 안전이냐』 (파주: 푸른숲, 2007), 24.

솔닛(R. Solnit)은 인간이란 존재는 재난 속에서 고통에 공감하기도 하고, 이타주의 행동이나 공동체 정신을 창조하기도 한다고 보았다.5 두 사람의 견해 중 어느 것이 맞을지는 결국 재난에 대응하는 우리들의 윤리적 태도에 달렸다. 그리고 그 선택은 마침내 지구 행성과 그 안에 살아가는 모든 생명체의 운명을 좌우할 것이다.

한 세기 전에 1차 세계대전의 참상을 경험했던 알버트 슈바이처(A. Schweitzer)는 현대 문명의 비극이 물질문명의 발전 속도와 정신적 발전 속도 사이의 불균형에 원인이 있다고 보았다.6 우리는 슈바이처가 한 세기 전에 목도했던 비극적인 문화 지체(cultural lag) 혹은 도덕 지체 현상을 지구화 시대에 다시금 목도하고 있다. 인류는 세계를 하나의 마을 단위로 바꾸고, 지구 행성을 멸절시킬 수 있는 핵무기와 같은 과학기술들을 획기적으로 발전시켰지만, 정작 그 기술문명 발전 방향을 통제할 만한 정신적 자원, 곧 세계시민의식이나 세계보편윤리는 전혀 발전시키지 못하고 있다. 인류의 윤리의식이 여전히 지구화 시대 이전의 부족주의 전통 윤리에 머물러 있다 보니 지구화로 말미암는 글로벌 재난들에 대처하는 데 커다란 어려움을 겪고 있다. 글로벌 재난 이슈를 다룰 때조차 여전히 부족 중심적이고, 과거 지향적이며, 인간 중심적이고, 이성 중심적인 입장에 머물러 있다.

이러한 도덕 상황에 대한 문제 인식으로부터 출발하는 이 글은 인류의 생존과 번영에 필요한 지구윤리의 토대를 탐색하는 데 그 목적

---

5 레베카 솔닛/정혜영 역, 『이 폐허를 응시하라: 대재난 속에서 피어나는 혁명적 공동체에 대한 정치사회적 탐사』 (서울: 펜타그램, 2012), 10-14.
6 Albert Schweitzer, *Kultur und Ethik*. Ausgewaehlte Werke in fuenf Baende. Hg. von R. Grabs, Bd.II (Berlin: Union, 1973), 118.

이 있다. 물론 여기서 사용하는 '윤리'라는 개념은 엄밀한 의미의 윤리이론(학)이라기보다는 도덕적 근본 태도 혹은 기풍(ethos)을 가리킨다. 1990년대 보편적 세계윤리를 주창했던 한스 큉(H. Kueng)은 세계윤리(Weltethos)를 두고 새로운 이데올로기나 유일무이한 세계 문화를 의미한다기보다는 공통의 인간적 가치와 윤리적 기준들이나 윤리적 근본 태도를 가리키는 개념이라고 설명했다.7 우리는 지구화 시대 이전의 전통 윤리가 지닌 한계와 문제점이 무엇인지 분석한 후, 글로벌 재난시대를 위한 윤리로서 지구윤리의 특징을 도덕 주체의 정체성, 책임의 대상, 배려의 범위, 도덕 판단 과정에 미치는 감성 요소들 그리고 규범적 토대로서 모든 종교와 사상에 공통적으로 나타나는 황금률을 중심으로 서술하면서 지구윤리의 개략적인 특징을 제시하겠다.

2. 지구윤리의 도덕적 특징

1) 도덕 행위자의 정체성으로서 '글로벌 시민의식'

칸트의 윤리 이론으로 대표되는 근대 합리주의 윤리 전통은 도덕 행위자보다는 윤리적 원리나 규칙을 찾아내는 데 더 많은 관심을 기울였다. 그 결과 합리적이고 명료한 사고에 필요한 이성의 기능과 역할이 윤리학의 중요한 관심사가 되었다. 도덕적 인간이 된다는 것은

---

7 Hans Kueng, *Weltethos fur Weltpolitik und Weltwirtschaft* (Muenchen: Piper, 1997), 132-133.

좀 더 합리적인 인간이 된다는 것과 같은 뜻이 되었다. 하지만 윤리 논의에서 간과해서는 안 될 사실은 도덕 원리나 규칙만큼 도덕 행위자도 중요한 윤리의 요소라는 점이다. 왜냐하면 도덕 행위자가 자신의 정체성을 어떻게 규정하는지에 따라서 도덕적 판단과 행위가 얼마든지 달라질 수 있기 때문이다.

전통 윤리에서 도덕 주체의 정체성은 대체로 부족주의 특징을 지녔다. 흔히 부족이란 같은 언어나 관습을 지닌 인종 집단으로서 구성원의 소속감과 충성심의 토대가 된다. 정치학적 관점에서 부족주의를 연구한 에이미 추아(A. Chua)는 인간에게는 집단에 소속하고자 하는 부족본능(group instinct)이 있는데, 그것은 많은 경우 인종, 민족, 지역, 종교 그리고 분파와 연관되어 있다고 한다. 그런데 이 부족본능은 소속본능이며 동시에 배제본능으로서 한편으로는 소속집단 안의 구성원들을 굳게 결속시키는 반면에 다른 한편에선 타 집단에 대해서는 배타적이고 차별적으로 행동하게 만든다. 심지어 부족의 집단정체성에 사로잡힌 사람들 가운데에는 타 집단에 대한 감수성이나 공감을 잃어버려 인종청소와 같은 끔찍한 악행조차 부끄러워하지 않도록 만든다.

> 개인의 책임은 집단정체성으로 녹아들고, 집단정체성에 의해 부패한다. 그렇게 해서 잔혹하고 끔찍한 행동을 찬양하고, 그런 행동에 가담하는 것이 가능해진다.[8]

---

8 에이미 추아/김승진 역,『정치적 부족주의』(서울: 부키, 2020), 143.

윤리학적 관점에서 볼 때, 부족주의는 규범적 보편성을 상실함으로써 자신이 속한 집단과 다른 집단 사이에 이중적이고 차별적으로 적용되는 윤리적 태도다. 유감스럽게도 보편적 세계 구원을 내세우는 종교들조차도 때로 이러한 부족주의 윤리의 포로가 되는 잘못을 범하곤 했다. 특히 종교적 근본주의자들은 우리와 저들을 엄격히 구분하고, 둘 사이의 관계를 선과 악의 관계로 보며, 타 종교에 대해 공격적인 태도를 보이면서 세계평화를 위협한다. 그런 배경에서 큉은 부족주의 윤리를 가리켜 "차별의 윤리, 모순의 윤리 그리고 투쟁의 윤리"라고 비판했다.9 종교학자 카렌 암스트롱(K. Armstrong)은 부족주의 윤리의 특징으로 "공격적인 영주 지상주의, 신분에 대한 열망, 지도자와 집단에 대한 반사적인 충성심, 외부인에 대한 의심, 더 많은 자원을 획득하기 위해 다른 집단에 대한 무자비한 결의"라고 요약했다. 그러면서 부족주의 윤리가 고대 원시사회에서 호모 사피엔스의 생존에는 도움이 되었을지 몰라도 글로벌 사회에서는 반드시 극복되어야 할 장애물로 전락했다고 비판했다.10

사회학자 정수복의 연구에 따르면, 무교와 유교문화의 영향을 받은 우리 사회는 부족주의 문화와 윤리관이 강하게 나타나는 사회다. 한국인은 지연과 학연 그리고 혈연이라는 연고주의로 엮어진 '우리'와 그런 연고가 없는 '그들'을 엄격히 구분하며, 우리 집단 안에 속한 사람에게는 각종 특혜라 할만한 호의를 베푸는 반면에 타 집단에 대해서는 차별적이고 배타적으로 행동한다. 그 결과 우리 사회에는 보

---

9 한스 큉/안명옥 역, 『세계 윤리 구상』 (왜관: 분도출판사, 1992), 17.
10 카렌 암스트롱/권혁 역, 『카렌 암스트롱 자비를 말하다』 (서울: 돋을새김, 2012), 42-43.

편적 윤리관의 발전이 매우 더디다고 분석했다.11

이 같은 부족주의 전통 윤리와 비교할 때 지구윤리는 도덕 주체의 정체성을 지구시민(global citizenship)으로 규정한다. 지구시민이란 국경이나 민족과 인종 그리고 종교적 당파성을 넘어서 지구 행성 안의 모든 생명체의 안녕과 번영에 관심하고 책임적으로 행동할 줄 아는 시민을 가리킨다. 천체물리학자 칼 세이건(C. Sagan)은 우주에서 내려다본 지구에는 국경선이 없기 때문에 "극단적 형태의 민족우월주의나 우스꽝스러운 종교적 광신 그리고 맹목적이고 유치한 국가주의가 발붙이지 못하게 만들어야 한다"고 주장했다.12 그는 인류 역사를 인간이 충성하고 사랑할 대상의 범위를 지속적으로 넓혀온 과정으로 해석했다. 인류 역사의 초기에는 충성과 사랑의 대상이 마을이나 부족이었다면, 점차 도시국가와 국민국가로 확대되었으며, 이제는 인류가 생존하기 위해서라도 인류 전체와 지구 전체를 향해 충성할 때라고 강조했다.13

구약성서에 나타나는 유대교 윤리는 전형적인 부족주의 윤리다. 다른 부족에 대한 절멸전쟁(헤렘)은 말할 것도 없고, 심지어 이웃사랑을 강조하는 계명에서조차 사랑할 대상을 동족인 유대인으로 제한했다(레 19:18). 예수 시대에 이르기까지 유대인과 이방인 사이에는 높은 인종 장벽이 존재했으며, 이방인에 대한 차별적 태도는 종교적으로 정당화되었다. 이런 부족주의 윤리관에 맞서 예수는 사랑의 대상을

---

11 정수복, 『한국인의 문화적 문법』 (서울: 생각의 나무, 2007), 132-141, 492-493.
12 칼 세이건/홍승수 역, 『코스모스』 특별판 (서울: 사이언스북스, 2006), 632.
13 위의 책, 675.

확장하라고 가르쳤다. 그는 배타적이고 제한적이며 차별적인 사랑 대신에 보편적인 사랑을 가르쳤다(마 5:43-48). 선한 사마리아인의 비유(눅 10장)를 사랑해야 할 대상을 동족 유대인이 아니라 '고통당하는 모든 사람'으로 확장했다. 윤리학을 '타자를 위한 책임의 학문'으로 정립한 에마뉘엘 레비나스(E. Levinas)는 인간의 주체성이란 자기 자신(자아)에 대해 철학적으로 더 깊이 성찰하거나 타자로부터 자신을 분리함으로써 형성되는 것이 아니라 타자를 자기 안으로 받아들이고, 타인과의 윤리적 관계를 형성할 때 비로소 형성된다고 말했다. 즉, 고통 속에 있는 타인을 영접하고, 환대하고, 섬기는 책임적인 삶을 통해 비로소 자기답게 혹은 인간답게 된다고 강조했다.[14]

기독교의 세계화에 기여했던 바울은 유대인과 헬라인의 경계를 넘어 하나 된 공동체를 꿈꾸었다(갈 3:28). 그는 자신의 정체성을 로마 시민을 넘어 하나님 나라 백성이라는 이중적 정체성으로 이해했다(빌 3:20). 참된 그리스도인이란 자신이 태어난 나라의 국민이라는 정체성에 머물지 않고, 하나님 나라 백성이라는 또 다른 정체성을 가져야 한다. 빌립보서 본문에서 사용된 시민권(폴리튜마)은 고대 도시국가인 폴리스의 시민권과 연관된 개념이다. 흔히 국민이란 말이 한 국가의 구성원으로서 민족주의적이고, 집단주의적이며, 권위주의적 성격을 지닌다면, 시민이란 말은 헌법이 보장하는 정치적 권리를 행사할 수 있는 자유 국민으로서 개별적이며 동시에 세계적인 성격을 지닌다. 이런 배경에서 이혁배는 기독교인의 정체성을 개인적 관점에서는 '기독 시민'(Christian citizen)이요, 공동체적 관점에서는 '교회 시민'(church

---

14 강영안, 『타인의 얼굴: 레비나스의 철학』(서울: 문학과지성사, 2005), 41-42.

citizen)이라고 규정한다. 전자가 시민의식을 지닌 '각성된 기독교인'을 가리킨다면, 후자는 사회의 공동선을 추구하면서 시민사회의 활성화에 기여하는 '신자들의 집단적 시민의식'이라고 정의했다. 중요한 점은 기독 시민이건 혹은 교회 시민이건 그리스도인이란 사적 시민이 아니라 공공의 가치를 구현하기 위해 힘쓰는 글로벌 도덕 행위자라는 사실이다.

2) 도덕 책임의 대상과 범위의 지구화

인간의 도덕 책임의 대상과 범위를 인간 혹은 사회로 제한했던 전통 윤리와 다르게 지구윤리는 도덕 책임의 대상을, 인간 종을 넘어 지구 행성 안의 모든 생명체에게로 확장한다. 세이건(C. Sagan)이 지구를 가리켜 "쥐면 부서질 것만 같은 창백한 푸른 점"[15]이라고 표현한 것이나, 요나스(H. Jonas)가 "거대하고 웅장한 자연조차 인간의 가공스러운 기술적 힘에 의해 아주 쉽게 파괴될 수 있다"는 표현은[16] 인류의 도덕 책임의 대상과 범위를 글로벌 차원으로 확장시키기 위함이었다.

물론 동물이 인간과 마찬가지로 생명에 대한 자기 권리를 법정에서 다툴 수 있는가에 대해서는 여전히 논쟁 중이다. 동물의 권리를 인정하지 않으려는 사람들은 권리의 법적 실제성이 충분하지 않다는 점을 문제 삼는다. 말하자면 동물의 권리를 인간의 권리와 동등하게 생각하게 되면, 인간의 권리, 곧 인권의 중요성이 약화될 수 있고, 권리

---

15 칼 세이건, 『코스모스』, 632.
16 한스 요나스, 『책임의 원칙: 기술시대의 생태학적 윤리』, 33.

를 규정하고 균형을 유지하는 데 있어 복잡한 문제들이 발생하며, 타당한 윤리 규범과 규제가 비실제적이라는 점을 근거로 제시한다.17 하지만 우리가 동물이 지닌 내재적 가치와 고통 감수성 그리고 살려는 의지를 인정할 수 있다면 동물의 도덕적 권리를 인정할 수 있다. 인권 발전의 역사에서 확인할 수 있듯이, 인권이 도덕적 권리를 넘어서 법적 권리로 발전하는 데에는 오랜 시간과 노력이 필요했다. 얼마 전부터 우리 사회에서도 동물의 권리에 대한 도덕적 책임 의식이 빠르게 발전해 가고 있다. 1991년 제정된 우리나라 동물보호법은 동물에 대한 학대나 유기 행위를 처벌하고 있으며, 점차 적용 범위도 넓힐 전망이다.

구약 이사야서는 모든 생물이 인간과 더불어 평화롭게 살아가는 종말론적 샬롬 세계를 꿈꾸었다. "이리가 어린 양과 함께 살고, 암소와 곰이 서로 벗이 되며, 어린아이가 표범과 새끼 염소, 송아지와 새끼 사자를 함께 이끌고 다닌다. 젖 먹는 아이가 독사의 구멍 곁에서 장난해도 해를 입지 않게 된다"(사 11:6-9). 이런 종말론적 샬롬의 비전은 우리로 하여금 인간 중심의 전통 윤리를 벗어나 생명 중심의 지구윤리를 형성하도록 동기와 동력을 제공한다.

한편 전통 윤리에서 책임의 시간적 범위는 과거나 현재로 제한되어 있었다. 하지만 원자력 발전이나 생명공학 기술처럼 최첨단 과학기술의 영향이 먼 미래 세대까지 미치고 있는 현실을 고려할 때, 윤리적 책임과 배려의 범위를 먼 미래까지 연장할 필요가 생겼다. 법철학

---

17 제임스 A. 내쉬/이문균 역, 『기독교생태윤리』(서울: 한국장로교출판사, 1997), 273-275.

자 오트프리트 회페(O. Hoeffe)는 자연 자원을 "모든 세대가 그 자체는 훼손하지 않고 그 이자에 의존해서 살아갈 수 있는 공동재산"에 비유하면서 미래 세대에 대한 현세대의 도덕적 책임을 강조했다.

> 개인이든 집단이든 세대든 간에 공동재산에서 어떤 것을 취하는 사람은 그것과 똑같은 것을 되돌려 줄 의무가 있다.[18]

회페에게 지구 행성은 우리 세대만 아니라 미래 세대를 위해서도 여전히 거주 가능한 공간으로 남아야 하고, 자연 자원은 지구 행성 안의 모든 생물체의 생존을 위해 반드시 보존되어야 한다. 도덕적 관점에서 볼 때 어떤 세대도 미래 세대가 지닌 잠재적 이익과 권리를 훼손하거나 일방적인 희생을 강요해서는 안 된다. 일찍이 유엔환경과개발세계위원회(WCED)는 브룬트란트 보고서 「우리 공동의 미래」(1987)에서 이런 미래 세대의 권리를 '지속가능성'(sustainability)이란 가치로 표현했다. 이것은 현세대의 생활방식이 미래 세대의 요구를 충족시킬 수 있는 능력을 손상하지 않는 범위 안에서만 허용될 수 있다는 의미다.[19]

환경운동가 프란츠 알트(F. Alt)는 기후 재앙과 관련하여 미래 세대의 권리에는 무관심한 채 지금 편리하고 풍요롭게 사는 데에만 관심하는 현세대의 행태를 '치명적 죄악'이라고 비난했다.

> 인류 역사상 최초로 제 핏줄, 제 후손에게 아무런 보호본능도, 아무런 책임감

---

18 오트프리트 회페/박종대 역, 『정의: 인류의 가장 소중한 유산』 (서울: 이제이북스, 2004), 140.
19 세계환경발전위원회/조형준·홍성태 역, 『우리 공동의 미래』 (서울: 새물결, 1994), 36.

도 느끼지 못하는 세대가 되었다. 동물도 이런 보호본능을 갖고 있는데, 우리는 그렇지 못하다.[20]

물론 법적 관점에서 아직 태어나지 않은 미래 세대가 자신의 잠재적 피해를 법정에 호소할 만한 권리의 주체가 될 수 있을지는 논쟁 중이다. 그러나 도덕적 관점에서 볼 때, 미래 세대도 현세대로부터 마땅히 배려를 받아야 할 대상이라는 사실을 부정하기 어렵다. 왜냐하면 특별한 일이 없는 한 그들은 이 땅에 태어나게 될 것이고, 우리가 누렸던 자연의 혜택을 동등하게 누릴 것이라 누구나 예상할 수 있기 때문이다.

3) 도덕 행위에 미치는 정서적 요소, 공감

근대 합리주의 윤리에서 보편적 도덕 원리를 인지하고, 도덕적 판단 과정에서 옳고 그름을 분별할 수 있는 이성의 역할은 절대적으로 중요한 관심사였다. 그러다 보니 인간의 도덕 행위에 미치는 감정적 요소들은 무시되기 일쑤였고, 심지어 합리적 도덕 판단을 왜곡하는 위험스러운 것으로 간주되기까지 했다.

도덕성에 미치는 감정의 중요성을 간과하거나 심지어 위험시하는 이성주의 윤리는 일반 철학은 물론 심지어 기독교사회윤리에도 등장했다. 한 예로써 기독교 현실주의자 라인홀드 니버(R. Niebuhr)는 산상설교에 나타난 예수의 사랑 윤리가 지나치게 감상적이라고 보았다.

---

20 프란츠 알트/손성현 역, 『생태주의자 예수』(서울: 나무심는 사람, 2003), 20.

그리고 사회적 이익의 관점에서 볼 때, 예수의 절대적 사랑 윤리를 해롭기까지 하다고 본 이유는 종교적 박애주의가 예상치 못한 여러 가지 사회적 부조리를 낳을 수 있다고 보았기 때문이다.[21]

도덕 판단에서 감정적 요소의 중요성을 인식했던 한 무리의 도덕 감정론자들이 영국에 등장한 것은 18세기였다. 그들 가운데 프랜시스 허치슨(F. Hutcheson)은 인간의 선행 동기를 자비심에서 찾았으며, 자비심과 연민 같은 도덕 감정(moral sense)이 신에 의해 주어지는 것으로 생각했다.[22] 그의 뒤를 이은 데이비드 흄(D. Hume)이나 아담 스미스(A. Smith)는 허치슨의 주장을 수용하면서도, 도덕 감정의 초자연적 성격에 대해서는 비판적 입장이었다. 두 사람은 신적 존재를 배제한 채 인간의 도덕 감정을 설명하고자 했다.[23] 즉, 흄은 공감을 행위자가 타자의 느낌에 들어가고, 타자의 느낌을 자신의 느낌으로 전환하는 과정에 작동하는 심리적 기제로 설명한다. 그리고 스미스는 공감을 타인의 감정만 아니라 그 감정을 느끼게 되는 상황과 그 상황에 대한 타인의 태도를 함께 고려하는 일종의 판단 과정으로 이해하면서 이 과정에 작동하는 양심을 통해 심리적 공감이 도덕적 공감으로 바뀐다고 본다.

이들의 노력에도 불구하고 합리주의가 지배적인 근대 윤리에서 감정의 역할에 대한 논의는 크게 주목받지 못했다. 하지만 최근 들어

---

21 Reinhold Niebuhr, *Moral Man and Immoral Society* (New York: Charles Scribner's Sons, 1960), 74.
22 양선이, "허치슨, 흄, 아담 스미스의 도덕감정론에 나타난 공감의 역할과 도덕의 규범성,"「철학연구」114 (2016), 312.
23 위의 글, 313-316.

도덕 원칙이나 규범보다는 도덕 행위자에 관심하는 덕 윤리(혹은 성품 윤리)나, 자연에 대한 인간중심주의를 비판하는 심층 생태론 그리고 정의보다 관계성을 강조하는 돌봄과 배려 윤리의 등장은 인간의 도덕 행위에 미치는 감정의 역할을 재평가하고 있다.

특히 마르타 누스바움(M. Nussbaum)은 연민(compassion)의 감정이 사회윤리적으로 긍정적인 역할을 할 수 있음을 주장하면서 그 근거로 인간 감정에는 혐오나 질투, 수치심과 같은 차별을 낳는 나쁜 감정만 있는 것이 아니라 공감과 연민 그리고 사랑 같은 좋은 감정도 있음을 제시했다. 도덕 감정에 대한 논의에서 그의 공헌은 연민의 감정이 이성적 판단과 모순되는 도덕 요소가 아니라 오히려 타자의 복지에 관심하게 만드는 지극히 이성적인 감정임을 설득력 있게 설명했다는 점이다. 그의 공감 이해는 세 가지 인지적인 요소를 포함하는바 첫째, 고통의 심각성에 대한 인식이요, 둘째, 고통을 낳는 원인의 부당함에 대한 인식이며, 마지막은 자신도 상대처럼 고통당할 수 있다는 연약함과 유사성에 대한 인식이다.[24]

도덕 감정은 철학적으로만 아니라 신학적으로도 매우 중요한 요소다. 기독교 역사적으로 보면, 근대의 사변주의 신학을 비판한 17세기의 독일경건주의운동과 뒤이은 18세기 미국 복음주의 부흥운동은 공통적으로 신앙생활과 도덕 생활에 미치는 '성스러운 감정'의 역할을 강조했다. 한 예로 미국의 대각성운동을 이끈 조나단 에드워즈(J. Edwards)는 감정을 영성의 핵심 요소로 보았을 뿐만 아니라 윤리적 행

---

[24] 김현수, "연민(compassion)의 사회윤리에 관한 연구: 마르타 누스바움과 마커스 보그를 중심으로,"「기독교사회윤리」 24 (2012), 100-103.

동의 동인이라고 보았다. 즉, 거룩하고 은혜로운 감정(religious affections)은 성품을 변화시키고, 그가 가진 신앙심이 행위로 열매 맺을 수 있도록 이끌어준다고 주장했다.[25]

랍비 아브라함 헤셸(A. Heschel)은 구약성서의 하나님, 특별히 예언자들이 경험하고 선포했던 하나님을 '정념(emotion)과 동정(sympathy)의 신'으로 묘사했다. "정념이 예언-신학을 이해하는 데 근본적인 개념이듯이, 예언-종교를 이해하는 데는 동정이 근본적인 개념이다."[26] 하나님은 인간의 고통에 참여하는 공감의 신이요, 예언자들은 동정심 가득한 인간(homo sympathetikos)이었다. 예를 들면 예언자 이사야는 하나님을 '해산하는 여인'(사 42:14)이요, 고통 속에 있는 백성과 함께 고난당하는 '수난의 종'으로 묘사한다(사 53, 사 63:9). 눈물의 예언자로 이름 붙여진 예레미야가 멸망 당한 유다를 위해 흘린 격정적인 눈물은 하나님께서 자기 백성을 향한 사랑의 표현이었다(렘 8:18-23, 15:5 등). 그런데 여기서 잊지 말아야 할 중요한 사실은 예언자들의 동정심이 감상적 차원이 아니라 "세계의 참상과 사회적 불의 그리고 하나님으로부터 소외된 인간의 위로"라는 윤리적 행위와 연결되어 있다는 점이다.[27] 말하자면 예언자들이란 정념 가득한 주님을 닮아 정념과 동정에 기초하여 '행동하는 종교인'이었다.

성서학자 마커스 보그(M. J. Borg)도 연민이란 감정이 지닌 윤리적 중요성에 주목했다. 그는 당시 유대 사회가 종교적 거룩함과 순수함

---

25 조나단 에드워즈/정성욱 역, 『신앙감정론』 (서울: 부흥과개혁사, 2005), 480-504, 540-638.
26 아브라함 헤셸/이현주 역, 『예언자들』 (서울: 삼인 2004), 465.
27 위의 책, 468.

만 추구하느라 사람들 사이에 경계를 만들고, 구분하고, 배제하고, 차별하는 사회였음을 지적했다. 이런 사회에 맞서 예수는 거룩함 대신에 연민을 종교심과 가치판단의 기준으로 삼아서 각종 사회적, 종교적 경계들을 가로질렀다. 예수가 병자를 고치시고, 사회적 약자를 편드시고, 사회의 주변인까지 포함하는 포괄적인 사회질서를 추구한 근본 동기는 바로 연민에 있었다.[28]

카렌 암스트롱은 모든 세계종교가 공통적으로 내세우는 자비라는 가치를 공감이라는 정서적 요소와 동일시한다. 공감을 뜻하는 영어 compassion은 라틴어 cum patior에서 온 말로서 '함께 아파한다'는 뜻을 지닌다. 이 단어는 성서 히브리어에서 자비를 뜻하는 '헤세드'나 긍휼을 뜻하는 '라함'(어머니의 자궁)과 연관되어 있다(렘 31:20). 무엇보다 예수의 성육신과 십자가에는 인간의 고통에 공감하시는 하나님의 연민과 자비가 명확하게 드러나 있다. 즉, 암스트롱에게 있어서 공감은 고통 가운데 있는 타자에 대한 감상적인 자선의 태도가 아니라 고통을 제거하려고 노력하는 '지속적인 이타주의'를 뜻한다.[29]

위에서 살펴본 것과 같이, 윤리에서 정서적 역할을 강조하는 감정윤리는 글로벌 재난시대에 필요한 지구윤리에 많은 통찰과 도움을 준다. 공감은 재난 희생자와 정서적으로 연대하게 만들며, 재난을 해결하려는 윤리적인 행동들을 촉진한다. 하지만 감정의 역할을 강조하는 윤리가 하나의 체계적인 윤리 이론으로 발전하려면 극복해야 할 한계나 해명해야 할 질문들이 여전히 남아있는 것도 사실이다. 첫째, 개념

---

28 김현수, "연민(compassion)의 사회윤리에 관한 연구," 107-117.
29 카렌 암스트롱, 『카렌 암스트롱, 자비를 말하다』, 16.

의 모호성, 곧 공감이 느끼는 것인지 아니면 지각하거나 이해하는 것인지 불명확하다. 둘째, 객관성 문제로서 내가 느끼는 감정과 타인이 느끼는 감정은 동일한 것인지 다른 것인지 모호하다. 셋째, 공감의 작동 방식에 대한 물음으로서 공감이 유전자에 의해 작동하는지 아니면 환경의 영향을 받는지도 불확실하다. 마지막으로, 공감의 효과 문제로서 공감력이 즉각적으로나 자동적으로 타인을 배려하는 행동을 낳을 수 있는지도 불명확하다.[30]

감정 윤리가 지닌 이런 이론적 어려움에도 불구하고 감정 윤리가 그간 이성주의에 치우쳤던 전통 윤리의 한계를 보완하거나 교정할 수 있다는 사실은 분명하다. 특별히 글로벌 재난사회에서 피할 수 없는 희생자들의 고통에 대한 연민과 공감의 태도를 중시하기 때문이다. 고통 앞에서는 생명이 아니라 공감이 필요하다. 따라서 지구윤리에서는 이성과 감성을 상호보완적 관점에서 균형 잡으려는 방법론적 노력이 필요하다.

공감을 인간의 가장 깊은 곳에 자리 잡은 원초적인 감정이요, 시간과 상황을 초월하는 보편적 감정으로 보았던 제레미 리프킨은 인간을 '호모 엠파티쿠스'(homo emphaticus)라고 정의했다.[31] 그는 공감이 인간에게 생물학적으로 내장된 원초적 감정이지만 동시에 꾸준히 연마해야 할 감정이라고 보았다. 그러면서 교육가 메리 고든(M. Gordon)이 시작한 '공감의 뿌리 프로젝트'(Roots of Empathy Project)와 '협동적 학

---

30 소병일, "공감과 공감의 윤리적 확장에 관하여: 흄과 막스 셸러를 중심으로,"「철학」118 (2014), 216-220.
31 제레미 리프킨,『공감의 시대』, 16.

습 환경과 교육 방식'을 공감 교육의 모범적 사례로 소개했다.[32] 고통받는 타자에 대한 연민의 감정이 지닌 사회윤리적 중요성을 강조한 누스바움 역시 공감 교육을 강조했는데, 그 내용으로 고통당하는 존재에 대한 감정이입적인 상상력과 병리적인 자아도취를 극복할 수 있는 교육 그리고 고통의 원인에 대한 비판 정신을 강조했다.[33]

요약하면, 공감이나 연민 같은 감정이 윤리적 이슈들의 유일한 해결책은 아닐 수 있어도 윤리적 행동의 강력한 동기나 동력이 된다는 것은 틀림없는 사실이다. 그러므로 교회는 교인들로 하여금 '우는 자들과 함께 울 줄 아는'(롬 12:15) 공감과 연민의 정서를 함양할 수 있도록 정서교육에 관심해야 한다. 더불어 교회 공동체로 하여금 재난 속 희생자를 위로하고, 재난에서 회복하고, 파괴된 공동체를 재건할 수 있도록 돕는 섬김과 구호 사역에도 힘써야 한다. 구호 사역 현장은 공감 교육을 위한 중요한 교육의 장이다.

4) 지구적 보편 규범의 종교적 자원으로서 '황금률'

지구 행성을 하나의 운명공동체로 보고, 그 안에 살아가는 모든 생명체의 안녕과 번영을 구현하려는 지구윤리를 탐색하는 이 글의 마지막 질문은 규범적 보편성에 대한 것이다. 세계가 하나이면서 동시에 다양해지는 글로컬(glocal) 시대에 지구 행성 구성원의 다양성과 차이를 넘어 윤리적 공감대와 합의를 이끌어 낼 수 있는 도덕적 최소치가

---

32 위의 책, 742-750.
33 김현수, "연민(compassion)의 사회윤리에 관한 연구," 104-107.

있다면 무엇일까? 그 답이 무엇이든 그것은 앞에서 비판적으로 검토되었던 전통 윤리의 특징들과는 차별성을 지닌 새로운 윤리여야 할 것이다.

이러한 전제에서 우리는 황금률을 지구윤리의 규범적 토대로 검토해 보려 한다. "무엇이든지 남에게 대접을 받고자 하는 대로 너희도 남을 대접하라"(마 7:12, 눅 6:21)는 예수의 황금률은 기독교는 물론 유대교, 나아가 역사 속 대부분의 세계종교와 동서고금의 일반 철학사상에도 공통적으로 등장하는 보편적인 윤리적 지혜다. 예수와 동시대의 랍비 힐렐은 "자기가 싫어하는 일을 남에게 하지 말라"는 교훈을 토라의 전부라고 했으며, 토빗서(4:15)에도 비슷한 가르침이 등장한다. 공자가 생활 속에서 인(仁)을 실천하는 방법으로 제시한 서(恕)의 뜻은 "내가 당하기 싫은 일을 남에게도 하지 말라"(己所不慾 勿施於人)다. 석가모니도 "자기를 사랑하는 사람은 남들도 해치지 말아야 한다"고 가르쳤다.

한편 고대 그리스의 이소크라테스나 탈레스 같은 철학자도 "남을 비난하거나 화낼 일을 자신도 하지 말라"고 가르쳤다. 로마의 공공건물에는 "네가 당하기 싫어하는 일을 남에게 행하지 말라"는 글귀가 있었다고 한다.[34] 비록 표현 방식에 있어서 예수의 황금률이 적극적이고 긍정적인 반면에 일반 황금률은 소극적이고 부정적이라는 차이가 있긴 해도 그것들 사이의 내용과 본질이 크게 다르다고 보기는 어렵다. 황금률이 지닌 이러한 규범적 보편성에 주목했던 세계종교공회의는 '세계윤리선언'(1993)에서 황금률을, 세계평화를 건설하는 데 필요

---

34 조용훈, "기독교윤리의 관점에서 본 황금률 윤리," 「신학과 실천」 64(2019), 666-668.

한 '최소한의 윤리적 토대요, 확고하고 무조건적인 규범'으로 제시했다.35 한스 큉은 칸트의 정언명령을 가리켜 현대적이고, 합리적이며, 세속화된 형태로 표현된 황금률이라고 표현했다.36

한편 황금률의 핵심이 보편적 사랑과 자비의 실천이라는 점에서도 지구윤리의 규범적 토대가 될 수 있다. 암스트롱은 보편적 사랑과 자비의 가르침이야말로 인류를 도덕적으로 한 단계 도약시킨 '축의 시대'(Axial Age)에 나타난 공통적 윤리 사상이었다고 보았다. 이 개념은 칼 야스퍼스(K. Jaspers)가 처음 사용한 개념으로서, 대략 기원전 900년부터 기원전 200년 사이에 등장한 유교와 도교, 힌두교와 불교, 유대교 그리고 그리스의 철학 사상가들을 통해 인류가 정신적으로 크게 진보한 시대를 가리킨다.

> 축의 시대 현자들은 이기심을 버리고 자비의 영성을 계발하는 것을 그들의 의제의 맨 위에 두었다. 그들에게 종교란 곧 황금률이었다.37

비록 자비가 서(恕), 인(仁), 측은지심(惻隱之心), 겸애(兼愛) 그리고 사랑과 같이 종교마다 각기 다른 용어로 표현되지만, 공통적으로 자비는 종교의 진정한 영적 권위를 시험하는 잣대로서 초월자에 이르는 길로 간주되었다. 그런 배경에서 암스트롱은 인류가 당면한 글로벌

---

35 Hans Kueng · Karl J. Kuschel (hg.), *Erklaerung zum Weltethos* (Muenchen: Piper, 1993), 27-28.
36 한스 큉,『세계 윤리 구상』, 127-128.
37 카렌 암스트롱/정영목 역,『축의 시대: 종교의 탄생과 철학의 시작』(서울: 교양인, 2010), 662.

위기를 극복하려면 전 세계 종교인들이 종교적 가르침의 중심에 자비를 회복하고, 적을 포함하여 모든 인간이 겪는 고통에 대한 공감을 장려하자고 호소했다.[38]

사랑과 자비의 실천과 관련하여 예수의 황금률에서 주목해야 할 점은 사랑할 대상의 확장만 아니라 사랑하는 방식에 있다. 즉, 예수의 황금률에 나타난 사랑의 방식은 일방적이고 무조건적이라는 사실이다. 특별히 성서 본문을 들여다보면 마태복음의 산상설교에 나오는 황금률은 하나님 사랑과 이웃사랑 계명의 요약인 원수 사랑의 맥락에서 선포된다(마 5:45-48). 하나님은 악한 사람에게나 선한 사람에게나 똑같이 해를 떠오르게 하시고, 의로운 사람에게나 불의한 사람에게나 똑같이 비를 주시는 분이다. 하나님처럼 완전해지려면 세리나 이방인처럼 조건적인 사랑을 해서는 안 된다.

그리고 누가복음의 평지설교에 등장하는 황금률은 서로 주고받는 호혜적 사랑 대신에 조건 없이 거저 주는 일방향적 사랑을 강조한다(눅 6:32-35). 되돌려 받을 생각으로 남에게 꾸어준다면 그것이 무슨 장한 일이 되겠는가. 아무것도 바라지 말고 꾸어 주어라는 가르침에는 황금률의 무조건적이고 일방향적 사랑이 나타난다. 진 아웃카(G. Outka)는 이러한 예수의 사랑을 '동등 배려'(equal regard) 행위로 해석한다.[39] 동등함으로서 사랑이 사랑할 범위와 대상에 대한 차별 없는 보편성을 뜻한다면, 배려로서의 사랑은 행위자의 헌신성에 대한 것으

---

38 카렌 암스트롱, 『카렌 암스트롱, 자비를 말하다』, 13-14.
39 이창호, "재난에 대한 기독교윤리적 성찰: 사랑과 정의 실천을 중심으로," 박경수 외 편, 『재난과 교회』(서울: 장로회신학대학교 출판부, 2020), 130-135.

로서 아무런 대가나 보상을 바라지 않고 최선을 다하는 태도를 의미한다.

글로벌 재난시대에 기독교인과 교회가 실천해야 할 사랑이란 바로 이 같은 차별 없는 보편적 사랑이요, 예수가 십자가에서 보여준 자기희생의 이타적이고 일방적이며 무조건적인 사랑일 것이다. 그런데 그 사랑은 재난의 원인과 결과에 대해 눈감은 감상적 사랑이 아니라 재난의 원인을 밝히고 공평한 책임을 묻는 '정의로운 사랑'일 것이다. 문예평론가 수전 손택(S. Sontag)은 『타인의 고통』에서 공감 없이 사실성만 강조하는 전쟁터 사진이나 저널리즘이 어떻게 재난 속 실재인 고통을 비인간적인 방식으로 소비하게 만드는지 관철했다. 대중매체를 통해 재난 현장의 이미지가 반복적으로 노출되면 시간이 지나면서 핵심인 이야기는 사라지고 이미지만 기억하게 된다. 그와 동시에 사람들은 점차 타인의 고통에 무감각하거나 무관심하게 된다. 'CNN 효과'라는 말에서도 알 수 있듯이, 사람들의 관음증적 욕구는 이미지 속 고통당하는 사람들까지 대상화하거나 구경거리로 전락시키기도 한다.[40] 타인의 고통조차 감성적으로 소비되는 이미지 과잉 시대에 타자의 고통에 제대로 공감하려면 고통을 불러온 구조적 원인을 잊게 만드는 감상적 연민에 빠지지 않도록 주의해야 한다.[41] 그러려면 교회가 구성원의 연민과 공감의 정서를 길러주는 교육에 힘쓰면서도 고통의 원인이 되는 사회구조적인 악의 현실과도 투쟁해야 한다.

---

40 수전 손택/이재원 역, 『타인의 고통』 (서울: 이후, 2004), 25, 140, 155-160.
41 위의 책, 153.

3부

재난시대에
신학과 목회의 과제

1장
산업문명과 기술에 대한 신학적 무관심과 무지

1. 들어가는 말

과거 세 차례 산업혁명은 인류의 삶과 역사를 말 그대로 '혁명적'으로 바꾸었다. 농경사회는 산업사회로, 대가족은 핵가족으로, 왕정제는 공화정으로 바뀌었다. 특별히 종교적인 면에서는 새롭게 생겨난 노동 계층과 도시민들의 탈종교화 혹은 탈교회화가 진행되었다. 지금 진행되고 있는 4차 산업혁명은 이 같은 탈종교화 혹은 탈교회화 현상을 더욱 강화할 것이 틀림없다. 유발 하라리(Y. Harari)가 진단하고 있듯이, 지금은 어떤 신을 숭배하느냐가 아니라 인간 스스로를 신격화하는 '호모 데우스'(homo deus)의 시대가 되어가고 있기 때문이다. 4차 산업혁명 혁신기술을 소유한 인간은 종교가 오랫동안 믿어왔던 전지전능하며, 무소부재하고, 미래를 섭리하는 능력을 자기 자신의 것으로 만들어가고 있다. 생명공학 기술을 통해 질병만 아니라 죽음까지 극복하고, 각종 기술혁명을 통해 식량 문제와 기아 문제를 해결하고,

마침내 전쟁 없는 평화로운 세계를 이 땅에 실현할 수 있다고 약속하고 있다. 바야흐로 종교의 전유물이었던 영생과 구원의 비전이 인간의 기술 유토피아(테크노피아)로 대체되고 있다.

많은 사람들의 우려처럼 기독교가 새로운 산업문명의 등장으로 사라질 수밖에 없는 종교이고, 기독교가 믿는 신은 농경사회에서나 위력을 떨쳤던 수많은 시대에 뒤떨어진 신들 가운데 하나일 뿐일까? 아니면 기독교는 4차 산업혁명이라는 새로운 인간 문명과 상관없이 생존하고 발전할 가능성이 높은 종교인가? 이에 대한 대답은 기독교가 오늘날 새롭게 등장하고 있는 4차 산업혁명을 어떻게 해석하고, 어떤 태도로 받아들이느냐에 따라 좌우될 것이다. 그에 대한 바른 답을 찾는 출발점은 기독교가 과거 세 차례 산업혁명기를 어떻게 대응했는가에 대한 반성과 성찰일 것이다.

이 글은 이런 비판적 자기반성으로부터 출발해서 한국교회가 현재 진행되고 있는 4차 산업혁명을 어떻게 대응해야 할지 신학과 목회의 관점에서 탐색하는 데 궁극적인 목적을 둔다. 세 차례 산업혁명이 발발할 때마다 기독교는 지금과 마찬가지로 혁신기술에 대한 환호와 공포라는 모순된 반응 속에서 혼란스러워했으며, 새롭게 등장하는 노동 계층이나 도시 문명의 등장에 대해서 목회적으로 적절하게 대응하지 못했고, 그 결과 교회를 떠나가는 사람들이 급속하게 늘었다. 서구의 산업화 과정에 비교할 때 매우 늦게 산업화 과정에 합류한 우리나라 기독교의 경우는 어떠했는지도 뒤돌아보면서 반성할 점이 무엇인지 살펴보겠다.

2. 세 차례 산업혁명에 대한 기독교의 대응

1) 1차 산업혁명기 기독교의 대응

1차 산업혁명 초기 영국 사회는 "런던에는 종교가 없다"는 말이 있을 정도로 산업화에 따른 정신적 불안과 도덕적 혼란이 극심했다.[1] 당시 영국교회는 급격한 도시화와 빈민 문제를 해결하기 위해 국가와 민간의 자선활동을 지원할 자선조직협회(COS, 1868)의 조직에 힘썼다. 뒤이어 1884년에 시작된 인보관운동(Settlement House Movement)은 봉사자들이 빈곤 지역에 거주하면서 빈곤 문제를 근본적이고 제도적으로 해결하려는 사회개혁운동으로 발전해 갔다. 이 운동의 영향을 받은 제인 아담스(J. Addams)가 미국 시카고에 헐 하우스(Hull House)를 세움으로써 인보관운동은 바다 건너 미국으로까지 확산되었다.

한편 1780년경 평신도 기독교인인 로버트 레이커스(R. Raikers)는 노동과 가난으로 고통당하는 어린이들을 위한 주일학교운동을 시작했다. 당시 많은 빈곤층 어린이들이 공장에서 일해야 했고, 부모의 돌봄을 받지 못한 채 버려져 부랑자가 되는 상황이었다. 주일학교에서는 이 어린이들을 모아 신앙교육과 함께 읽기나 쓰기 같은 기초교육을 제공했다. 주일학교운동이 시작된 지 채 10년이 안 돼서 이미 25만 명 정도의 어린이들이 혜택을 받을 정도로 빠르게 발전했다.[2] 주일학

---

[1] 백용기, "초기 산업혁명의 유럽(영국)과 기독교," 「한국기독교신학논총」 16/1 (1999), 199.

[2] 류은정, "산업혁명의 변화에 따른 기독교교육: 산업혁명과 주일학교운동의 관계를 중심으로," 「신앙과학문」 23/2 (2018), 97.

교운동은 신앙교육이라는 종교적 의미만 아니라 빈곤가정 어린이들에게 교회가 부모를 대신하여 교육과 돌봄을 제공했다는 점에서 사회적으로도 큰 의의를 지녔다.

이즈음 영국에서는 신앙적 차원에서 개인적 결단과 회개를 통한 중생과 성결한 삶 그리고 윤리적 차원에서 도덕적 엄격성과 박애주의를 강조하는 감리교가 등장했다. 감리교 창시자인 존 웨슬리(J. Wesley)와 그의 동료들은 중산층 출신이었는데, 그들에게 죄란 사회적 불평등이나 부정의라기보다는 게으름이나 부정직과 같은 개인적인 부도덕을 의미했다.[3] 이런 신학적 입장 때문에 비록 사회제도적 개혁에 필요한 진보적 사회의식을 지닐 수 없었다는 한계를 지니긴 했지만, 산업혁명 과정에서 생겨난 소외계층을 위한 구제 활동에 많은 공헌을 했다는 사실은 분명하다.

한편 유럽 대륙에서는 계몽주의의 영향을 받아 기독교 신앙과 산업문명을 조화시키려고 했던 문화개신교주의가 등장했다. 문화개신교주의자들은 산업혁명으로 인해 생겨난 사회 변화를 매우 낙관적이고 긍정적으로 평가했다. 당시 대표적인 신학자 가운데 하나였던 알브레히트 리츨(A. Ritschl)은 과학기술을 통한 인간의 자연 지배를 신학적으로 정당화했을 뿐만 아니라 기술문명을 찬양하기까지 했다. 그에게 문화란 창조주의 문화 위임을 수행하는 과정이고, 기술이란 자연 지배를 실천하는 수단이며, 그렇게 해서 만들어 가는 기술문명은 하나님의 나라가 이 땅에 구현되는 과정으로 간주되었다.[4]

---

3 리처드 H. 니버/노치준 역, 『교회 분열의 사회적 배경』(서울: 종로서적, 1983), 66.
4 리처드 H. 니버/홍병룡 역, 『그리스도와 문화』(서울: IVP, 2007), 101.

2) 2차 산업혁명기 기독교의 대응

이 시기에는 기독교적 가치에 기초한 사회변혁운동인 기독교 사회주의, 종교사회주의 그리고 사회복음운동이 유럽과 미국에서 각각 태동했다. 영국에서 일어난 기독교 사회주의운동은 프레드릭 모리스(F. D. Maurice)와 찰스 킹슬리(C. Kingsley)가 주축이 되어 교회가 노동조합과 연대하고, 협동조합운동에 참여하는 방식으로 진행되었다.[5] 독일에서 종교사회주의운동은 크리스토퍼 블룸하르트(C. Blumhardt)와 그의 영향을 받은 스위스의 헤르만 쿠터(H. Kutter)와 레온하르트 라가츠(L. Ragaz) 같은 사람들에 의해 진행되었다. 이들은 형제애 및 하나님의 자녀 됨이라는 기독교 가치를 토대로 교회가 노동자들과 연대하여 사회주의의 이상을 실현하려는 평화적 사회개혁을 추구했다.[6] 한편 미국에서는 월터 라우셴부쉬(W. Rauschenbush)가 주축이 되어 사회복음운동을 일으켰다. 그는 빈곤을 구조화하는 자본주의의 구조 악을 타파하는 데 목표를 둔 진보적 사회개혁을 추구했다.[7]

위에서 살핀 다양한 형태의 기독교 사회운동들의 공통적 특징은 개인주의적 구원관과 자유주의적인 신앙관을 비판하면서 교회의 사회적 책임을 강조하는 데 있었다. 그리고 사회적 책임을 실천하는 방법으로서 노동계급과의 연대, 빈곤 문제의 제도적 해결 그리고 불평

---

[5] 박우룡, "산업사회에서의 종교의 역할: 영·미의 '사회적 기독교'(Social Christianity)," 「역사문화연구」 18 (2003), 4-5.
[6] E. 부에스·M. 매트뮐러/손규태 역, 『예언자적 사회주의』(서울: 한국신학연구소, 1987), 15-39.
[7] Walter Rauschenbusch, *A Theology for the Social Gospel* (New York: Macmillan, 1917).

등 해소를 위한 사회개혁이었다. 물론 칼 마르크스의 사회분석방법을 수용하긴 했지만, 사회주의적 계급투쟁이나 볼셰비즘의 폭력혁명에 대해서는 단호하게 거부했다. 이들이 주장한 하나님 나라의 비전, 곧 '하나님의 혁명'은 사랑과 정의의 혁명이었지 결코 계급혁명이나 폭력혁명은 아니었다.

한편 19세기 말에서 20세기 초반 사이에 미국에서는 이러한 기독교 사회운동을 비판하고 현대문명에 부정적인 근본주의 신학이 태동했다. 남부 농업지대에 기반을 둔 교회들은 유럽 기독교의 종교사회주의나 자유주의 신학에 대한 불안감 속에서 농촌의 전통문화와 가부장적 가치관을 고수하려고 했다. 신학적으로 성경무오설과 문자주의 성서해석을 고집했다. 문화적으로는 기술 발전에 대해 긍정하는 현대주의(모더니즘)나 이성의 역할과 교양을 강조하는 계몽주의를 공격했다. 사상적으로는 사회주의와 뒤이어 나타난 공산주의 이념을 유물론적이고 무신론적이라고 비판하면서 자본주의 이데올로기를 기독교 신앙과 동일시하기에 이르렀다.

이즈음에 기독교 안에서 주류 기독교를 비판하면서 반문화적 태도를 지닌 소종파 공동체운동이 발전하기도 했다. 메노나이트와 아미시 같은 소종파 공동체운동은 도시를 떠나 가정과 교회를 중심한 마을 단위의 공동체적 삶을 실천했고, 산업사회 이전의 농업적 생산방식을 고수하기 위해 전화기나 자동차 같은 문명의 수단들까지 멀리했다. 이들은 제한적으로나마 기술을 수용해야 할 부득이한 경우에는 다음 세 가지 판단 기준을 적용했다고 알려져 있다. 첫째, 전기처럼 특정 기술을 사용하기 위해 세속사회와 지속적인 연관성을 가져야만 하는지, 둘째, 그 기술이 필수적이지 않은 서비스나 상품 사용을 조장하는지, 셋째, 그 기술이 공동체 생활에 해로운지였다. 한 가지 사례로서 이들은 전화기 사용을 두고 자그마치 25년간이나 논의한 끝에 전화기의 공동 사용제를 결정했다.[8]

산업사회의 발전에 따라 각종 사회문제가 전면에 부각되면서 세계교회들도 에큐메니칼 운동 차원에서 기술 문제에 대한 신학적 관심을 기울이기 시작했다. 1948년 창립된 세계교회협의회(WCC) 설립 총회(암스테르담)는 책임사회(responsible society) 이념을 제시하면서 교회가 산업사회의 이슈들에 보다 더 적극적이고 책임적으로 대응할 것을 촉구했다. 그러면서 과학기술의 발전에 따른 비인간화 및 세속화(탈교회화) 문제를 중요한 의제로 다루었다.[9] 1954년 2차 총회(에반스톤)는 산업 발전의 필요성을 인정하면서도 노동자의 착취나 농촌사회의 붕괴를 우려했다. 1961년 3차 총회(뉴델리)는 과학기술의 발전이 초래하는 자연 파괴 문제와 더불어 과학기술이 우상화(테크노피아) 될 수 있음을 경계했다. 그리고 윤리적 관점에서 과학기술이 지닌 가치의 양면성을 판단할 수 있는 역량 개발을 미래적 과제로 수용했다.[10] 2차 대전 후 전 세계적 경제 개발 시대를 맞이하면서 1968년 4차 총회(웁살라)는 인간다운 삶을 위한 '경제 개발'을 강조하면서, 저개발국의 경제성장을 가로막는 선진국의 기술 패권과 기술 종속의 심각성도 비판했다. 1975년 5차 총회(나이로비)의 제5분과에 등장한 '정의롭고 평화롭고 지속가능한 사회'(JPSS)라는 새로운 사회이념은 당시 환경문제를 둘

---

8 손화철,『토플러 & 엘륄. 현대기술의 빛과 그림자』(파주: 김영사, 2006), 140-146.
9 이형기,『복음주의와 에큐메니칼 운동의 세 흐름에 나타난 신학』(서우: 한국장로교출판사, 1999), 206.
10 위의 책, 227.

러싼 선진국과 개발도상국 사이의 갈등을 해결하기 위한 대안이었다. 과학기술에 대한 JPSS의 입장은 '과학기술 만능주의'나 '묵시록적 종말론' 사이의 선택이 아니라 '책임적 과학기술'로 요약할 수 있다.[11] 1983년 6차 총회(밴쿠버)는 기술을 권력의 한 형태로 규정하면서, 기술 권력의 남용에 의한 시민적, 정치적, 문화적 억압 행위들을 비판했다. 그리고 핵무기의 세계적 확산을 가리켜 회개해야 할 '인류의 죄악'으로 정죄했다.[12]

3) 3차 산업혁명기 기독교의 대응

3차 산업혁명이 여전히 진행되고 있는 국가들이 많기 때문에 이에 대한 기독교의 반응을 간략히 정리하기란 사실상 불가능하다. 이러한 작업은 어쩌면 기독교사회윤리 전체를 정리하는 것과 같은 엄청난 작업으로 연구의 범위와 연구자의 능력을 넘어서는 일이다. 내용을 지나치게 단순화했다는 비난을 감수하면서, 3차 산업혁명에 대한 기독교의 반응을 크게 두 가지 태도로 요약할 수 있다. 하나는 산업혁명에 대해 지나치게 긍정적이고 낙관적인 입장이며, 다른 하나는 지나치게 부정적이고 비관적인 입장이다.

3차 산업혁명에 대한 긍정적이고 낙관적인 입장은 1960년대 등장한 세속화 신학에 잘 나타난다. 세속화 신학이란 세속주의와는 다른

---

11 위의 책, 240-244.
12 이형기, 『WCC, Vatican II, WARC 해방신학 및 민중신학이 지향하는 교회의 사회참여』 (서울: 성지출판사, 1990), 84-88.

개념으로, 과학기술의 발전에 따른 자연의 탈 마술화를 의미하며, 자연으로부터 해방되고 종교의 후견을 벗어난 하나님의 자녀들이 거룩한 세속성에 참여함으로써 성숙해지는 과정을 강조한다.

대표적 신학자 가운데 하나인 하비 콕스(H. Cox)는 『세속도시』(1965)에서 기술도시(technopolis) 속에서 하나님의 나라의 구현 과정을 본다.[13] 그는 산업혁명의 상징인 도시 문명의 속성인 익명성과 유동성 그리고 세속성과 유신론 이후의 신 이해 사이에 존재하는 신학적 상관성에 주목한다. 말하자면 도시 문명 속 하나님은 자연을 탈 마술화하고(창조 신앙), 권력을 비신성화하며(출애굽 신앙), 세속적 가치들을 상대화하는(시내산 계약) 신이다. 따라서 기독교인이란 천상의 도시를 수동적으로 기다리는 대신에 이 땅의 세속도시를 보다 더 인간다운 도시로 만드는 거룩한 혁명에 참여할 의무가 있다고 주장한다.

이와 반대 입장을 대표하는 자끄 엘륄(J. Ellul)은 기술문명과 도시 문명에 대해 회의적이고 비판적이다. 그는 현대 사회가 기술에 의해 구조화되고 체계화된 '기술사회'(technological society)라고 규정하면서 현대기술의 특징을 자기 창조성(자기 확장성), 통합성 그리고 자율성 등으로 정리한다. 그런데 현대의 기술 체계는 과거 기술과 다르게 더 이상 수단에 머물지 않고 그 자체가 목적으로 변해가고, 유용성이나 효율성과 같은 기술의 원리와 가치를 인간 사회 전체 영역에 적용하기를 강요한다는 점에서 절대화되고 있다. 그의 책 『기술 체계』(2012)는 인간의 통제를 벗어나 자기 논리를 가지고 끊임없이 확장하고 발전해 가면서 마침내 신성한 존재가 되어가는 기술 체계에 맞서서 어

---

[13] 하비 콕스/구덕관 외 역, 『세속도시』(서울: 대한기독교서회, 1993), 25-46, 278.

떻게 기술을 탈 신성화할지 다룬다.14 산업혁명의 상징인 도시 문명을 하나님의 나라와 동일시한 콕스와는 정반대다. 엘륄에게 있어서 세속도시란 하나님의 도성과의 대립하는 악의 실체이다. 도시문화란 살인자 가인으로부터 출발하여 하나님에게 맞서는 세속문화로서 성서 속 바벨탑, 소돔성, 니느웨, 바벨론 같은 도시들만 아니라 심지어 예수를 죽인 예루살렘조차 종말의 때에 위로부터 내려올 하나님의 도시 새 예루살렘에 의한 심판을 피할 수 없다고 본다.15

4) 산업화에 대한 한국교회 대응에 대한 반성적 고찰

(1) 우리나라 산업화 과정과 한국교회

영국에서 1차 산업혁명이 진행되던 18세기 중후반 조선에서는 정조가 문화 부흥기를 이끌었다. 특히 정조 시대에 실학자들이 등장하여 천주교와의 접촉을 통해서 수학, 천문학, 농학, 지리와 같은 과학기술에 관한 근대적 지식을 습득하고 가르쳤다. 이들은 실증적 학문 연구의 결과를 활용해서 상업과 산업의 발전을 이루고 새로운 사회로의 변화를 꿈꾸었지만 현실 정치에 가로막히고 말았다.

조선보다 훨씬 앞서 일본은 1571년 나가사키에서 포르투갈을 통해 서양 문물을 접하고, 1854년 미국과 화친조약을 맺은 직후 메이지 유신(1868~1889)을 통해서 산업화를 본격적으로 추진했다. 천황제를

---

14 자끄 엘륄/이상민 역, 『기술 체계』 (대전: 대장간, 2013).
15 자끄 엘륄/최홍숙 역, 『도시의 의미』 (서울: 한국로고스연구원, 1998), 80-183.

중심으로 한 강력한 중앙집권제 아래 공업을 육성하고, 교통과 통신 시설을 발전시키고, 신분제를 철폐하면서 성공적으로 근대화의 길을 걸었다. 근대사회로의 변화에 성공한 일본은 마침내 조선을 침략하여 조선 경제를 수탈하고 식민경제 구조로 왜곡시켰다.

우리나라의 산업화는 1960년대 초에 비로소 시작되었다. 1962년부터 시작된 '경제 개발 5개년 계획'을 수립하고 시행하면서 우리나라는 이른바 '개발의 시대'로 나아갔다. 산업화 초기는 저임금 노동집약적 산업인 섬유, 합판, 신발 등 경공업 제품을 해외로 수출하는 방식을 취했다. 1970년대 후반에 들어서는 철강, 화학, 금속, 기계, 조선, 전자 산업을 전략산업으로 육성하고, 지방에 주요 공업단지를 조성하면서 중공업 분야를 빠르게 성장시켰고, 국내 총생산에서 제조업이 차지하는 비중도 크게 증가시켰다. 1990년대에 들어서자 "산업화는 늦었지만 정보화는 앞서가자"는 구호 아래 정보통신 강국으로 변화하는 데 성공했다.

우리나라는 유럽과 미국에서 200여 년 이상 지속된 산업혁명 과정을 불과 반세기 동안에 압축적으로 진행하면서 '한강의 기적'을 이루어냈다. 하지만 성공적인 경제성장과 물질생활의 개선 이면에서는 수많은 사회문제들이 동시다발적으로 발생했다. 곧 농촌사회의 해체와 농촌 경제의 붕괴, 도시화 문제들, 재벌 자본의 등장과 노동자의 억압, 빈곤의 구조화, 사회적 양극화 그리고 환경파괴와 같은 문제들 말이다.

1970년 11월 서울 동대문 평화시장의 피복 공장 재단사였던 전태일의 분신자살 사건은 개발독재 시대에 한국 사회의 열악한 노동 현실과 사회적 모순들을 적나라하게 폭로했다. 이 사건은 한국 사회와 신학계에 커다란 충격을 주었다. 많은 대학생들이 노동 현장에 참여하였고, 민주화운동을 위한 학생운동과 노동운동이 거세졌다. 그리고 해방신학의 영향을 받은 민중신학이 태동한 것도 이때다. 물론 1960년대에 이미 한국교회의 진보적 교단들이 주축이 되어 산업노동자를 위한 도시산업선교회(산선)를 조직하였고, 산업노동자 선교에 관심을 기울이기 시작했다. 도시산업선교회는 줄곧 노동자들의 인권 향상과 근로환경의 개선 그리고 노동자의 역량 개발 교육에 힘썼다. 하지만 자본가들로부터는 "도산(도시산업선교회)이 들어오면 도산한다"고 낙인찍히고, 군사정부와 보수적 교회들로부터는 '용공'이라고 매도되며 탄압받았다.

우리나라의 압축적인 산업화 과정에서 서구 산업화 과정과 다르게 다양한 사회문제들이 동시다발적으로 발생하면서 사회가 급변하고 혼란스러워서 한국교회의 목회적 대응도 그만큼 어렵고 힘들었다. 한편으로는 국가의 근대화와 산업화 정책을 지지하고 후원해야 했지만, 다른 한편으로는 사회적 약자를 보호하기 위해 개발독재에 맞서 싸워야 했다. 보수주의 교회들이 기업과 정부를 옹호하면서 경제성장의 혜택을 누릴 수 있었던 반면에 진보주의 교회들은 국가의 혐의와 탄압을 피할 수 없었다. 보수교회들의 신학적 토대가 '교회성장신학'이었다면, 진보교회의 신학적 토대는 '민중신학' 혹은 '해방신학'으로 볼 수 있다.

(2) 산업화 문명에 대한 교회의 무관심

한국교회는 역사도 짧을 뿐만 아니라 압축적인 산업화 과정에서 동시다발적으로 발생한 다양한 사회문제들을 맞닥뜨려야 했다. 그 가운데서도 개발독재 기간 군사정부와의 정치적 갈등은 기독교윤리학자들로 하여금 인권 민주주의 그리고 평화통일과 같은 정치윤리 이슈에 관심하도록 만들었다. 그 결과 산업 문명의 토대가 되는 기술의 본질에 대한 신학적이고 윤리학적인 성찰을 할 여력이 없었다. 특별히 기술 분야에 대한 신학적 관심은 다른 어떤 사회윤리 분야보다 소외된 주제였다.

한국 신학계에 기술(사회)을 주제로 한 최초의 학문적 연구는 1960년대 후반에 비로소 등장했다. 당시 기독교 지성을 대표하던 월간지 「기독교사상」에 기술(사회)를 주제로 한 글을 투고한 사람은 정하은이다. 그는 인간을 기계화하는 기술문명을 우려하면서 기술을 제어하는 데 필요한 종교의 역할로서 인간성의 함양을 제시했다.[16] 그리고 기술이 인간을 지배하려 하거나, 인간과 세계의 구원자임을 자처할 때 악마적으로 변할 수 있음을 경고하면서 그에 대한 예방책으로서 인간 혁명의 필요성을 강조했다.[17] 이와 다른 관점에서 김중기는 기술이 지닌 비인간화 측면 대신에 인간의 해방적 측면을 부각시키면서 기술을 통해 해방된 인간의 적극적이고 책임적 자연 활용을 강조했다.[18]

비록 체계적인 전문 학술서는 아니지만 기술 문제에 대한 최초의 단행본은 장병일의 『기술문명과 종교』(1968)로 보인다. 그는 이 책에서 과학기술과 관련된 여러 이슈들 가운데 핵무기와 인간 소외를 가

---

16 정하은, "산업사회에 있어서의 목회형태," 「기독교사상」 108 (1967. 4.), 52-59.
17 정하은, "기술사회에 있어서의 크리스천의 책임," 「기독교사상」 136 (1969. 9.), 101-111.
18 김중기, "기술문명과 인간의 가치," 「기독교사상」 117 (1968. 2.), 28-35.

장 중요하고 심각한 윤리 이슈로 다루었다. 과학기술 발전의 가치를 평가할 잣대로 인간성을 강조했는데, 그 이유는 인간이야말로 신학의 핵심 주제라고 보았기 때문이다.[19] 1990년대 들어 기술의 본질과 기술사회의 문화에 대한 체계적인 신학적, 윤리적 연구가 양명수에 의해 이루어졌다. 그는 『호모 테크니쿠스』(1995)에서 기술문명을 '20세기 말 인류의 가장 중요한 문제'로 규정했는데, 이는 기술이 물질생산만 아니라 정신생활, 곧 종교와 도덕에도 영향을 미친다고 판단했기 때문이다. 그는 오늘 한국 사회가 당면한 위기의 근본 원인을 기술의 정신적 토대에 대한 충분한 이해 없이 오직 기술의 열매만 따먹으려는 잘못된 태도에서 찾았다.[20]

한편 산업혁명에 대한 교회의 반응이라는 연구 주제는 기독교사회윤리학자만 아니라 교회 역사가들의 학문적 관심사이기도 했다. 백용기는 초기 산업혁명과 영국교회의 관계만 아니라 19세기 독일의 사회적 기독교에 대해서도 연구했다. 그의 관심은 산업혁명의 소용돌이 속에 나타난 비참한 산업노동자의 현실을 고발하면서, 유럽의 교회들이 새롭게 등장한 노동 계층과 소통하기 위해 어떤 노력을 했는가를 조사하는 것이었다.[21]

위에서 간략하게 살핀 것처럼, 한국교회가 보여준 기술사회에 대한 신학적, 목회적 무관심은 산업사회에 새롭게 등장한 노동 계층을

---

19 장병일, 『기술문명과 종교』(서울: 대한기독교서회, 1968).
20 양명수, 『호모 테크니쿠스』(천안: 한국신학연구소, 1995), 5-7.
21 백용기, "초기 산업혁명의 유럽(영국)과 기독교," 「한국기독교신학논총」 16-1 (1999), 183-212; 동일 저자, "19세기 독일의 사회적 개신교에 관한 연구," 「한국기독교신학논총」 21-1 (2001), 81-107.

위한 선교전략의 실패를 불러왔다. 미국 선교사들의 영향을 받아 보수주의 신학 경향으로 치우친 한국교회는 산업화 과정에서 새롭게 등장한 노동 계층을 복음 전도의 대상으로만 간주했을 뿐, 보다 나은 사회 건설을 위해 소통하고 연대해야 할 협력자로 생각하지 못했다. 유럽 교회들의 선교전략과 다르게 한국교회의 선교적 관심은 개인의 개종과 복음화였지 인간화나 사회 구원의 복음이 아니었다. 그 결과 주류교회의 선교 정책이 산업화 과정에서 소외된 계층을 위한 사회적 책임보다는 개인적인 자선이나 구호 활동을 통한 사회봉사로 기울고 말았다.

기술(사회)에 대한 신학적 무관심은 오늘날 한국교회에서 광범위하게 발견되는 기술에 대한 모순적인 태도를 낳았다. 서구에서 자유주의 기독교가 기술문명을 적극적으로 수용한 반면에 소종파 공동체들은 기술문명을 멀리하는 제 나름의 신학적 일관성을 유지했던 것과 다르게 한국교회의 반응은 모순적이었다. 예를 들면 컴퓨터의 바코드를 두고서 요한계시록에 등장하는 '악마의 표'라고 비판하면서도 교회마다 온라인 목회에 많은 관심을 기울였다. 최근에는 목사들도 설교 준비를 위해서 인공지능 챗GPT를 활용하는 사람이 늘고 있는데, 그것이 제공하는 정보의 신빙성이나 신학적 위험성에 대해 무관심한 듯하다. 기술의 효용성과 편의성에 관심하느라 신학적 비판력을 상실할 때 기독교가 산업문명 세계관의 포로로 전락할 위험이 있다.

(3) 기술 문제에 대한 신학적 무지

기술 이슈에 대한 한국교회의 신학적 무관심 태도는 기술에 대한 무지를 낳았다. 혁신기술이 등장할 때마다 한국 사회와 교회에 반복적으로 나타났던 '공포와 환호'라는 모순된 반응은 기술의 실체를 제대로 알지 못한 데 그 원인이 있다. 무지는 근거 없는 두려움이나 맹목적인 열광을 불러오기 마련이다. 유감스럽게도 한국교회는 기술에 둘러싸여 있고 기술에 의존하여 살아가면서도 기술의 본질에 대해 잘 알지 못하고, 알려고 하지도 않는다. 기술이 너무 전문적인 영역인 데다 워낙 빠르게 변하고 발전하는 데에도 원인이 있을 것이다. 게다가 기술혁신의 문제는 기술 자체의 문제로 머물지 않고 정치, 경제 및 사회, 문화와 관련된 복합적인 문제이기 때문이기도 하다. 기술이 지닌 이런 다층적이고 복합적인 특성에 대해 충분한 지식을 갖지 못할 때 자칫 기술에 대한 선악 이분법적 태도에 빠질 수 있다.

기술은 산업과 경제 분야만 아니라 사회, 문화 전체에 영향을 미친다. 하지만 특정 기술의 사회적 수용과정에는 다양한 사회, 문화 요인들이 복합적으로 작용하기도 한다. 예를 들면 1차 산업혁명이 영국에서 발생한 이유는 이웃 나라들과 사회, 문화적 조건들이 달랐기 때문이다. 영국은 명예혁명을 통해 정치적 안정을 이루고 있었고, 사회에 대한 교회(종교)의 간섭도 비교적 덜 심했으며, 해외 교역이 증가하는 추세인 데다 독특한 기업가정신까지 존재하고 있었기 때문이다.[22]

혁신기술의 수용 여부에 영향을 미치는 또 다른 중요한 요인은 그 기술로 인해 이익을 얻는 집단과 반대로 손해를 보는 집단 사이에 으레 생겨나는 갈등을 해결하는 정치적 역량의 차이다. 과거 세 차례 산업혁명 과정에서 보았듯이, 기술혁신이 장기적인 관점에서 보면 생산

---

22 김명자, 『산업혁명으로 세계사를 읽다』 (서울: 까치, 2019), 30.

성 향상과 GDP 증가를 가져와 국민의 삶의 질을 향상시키는 것이 분명하지만, 단기적인 관점에서 보면 일부 계층의 사람들에겐 손해를 줄 수밖에 없다. 노동자 사이에서도 혁신기술에 적응력이 높은 숙련노동자와 그렇지 못한 단순 노동자 사이에 갈등을 피할 수 없다. 우리 사회에서도 4차 산업혁명 기술의 수용 여부를 두고 사회적 논쟁이 벌어졌으며, 앞으로도 계속해서 혁신기술을 둘러싼 갈등은 더 많아질 것이다. 그러한 갈등 가운데 하나가 승용차 공유서비스를 두고 혁신기업과 택시업계 사이에 있었던 갈등이다. 혁신기술의 등장으로 이익을 보는 집단과 손해를 보는 집단 사이의 갈등은 피할 수 없으며, 이런 문제의 해결은 결국 사회적 합의를 이끌어 낼 수 있는 정치적 역량의 존재 여부에 달려 있다.

한편 기술에 대한 무지는 교회의 성장과 발전에도 부정적인 영향을 끼쳤다. 문화적 관점에서 볼 때, 교회가 기술혁신으로 인해 급변하는 사회 현실에 적응하지 못하는 문화 지체 현상에 빠지게 되기 때문이다. 기독교는 산업혁명기를 지나면서 기독교 인구의 감소와 사회적 영향력의 상실을 경험했다. 산업혁명은 농촌사회를 해체시켰고, 전통적 농경문화에 기초해 있던 기독교문화도 뒤흔들었다. 하지만 기독교는 산업혁명 과정에서 새롭게 등장한 노동 계층과 소통할 수 있는 연결고리를 찾지 못했으며, 급격하게 전개되는 도시화와 세속화(탈교회) 문화에 대해 적절한 목회적 대안을 제시하지 못했다. 귄터 브라켈만(G. Brakelmann)의 분석대로, 산업혁명기 유럽에서 농업사회와 전통문화 그리고 가부장주의에 익숙한 교회들에 혁신기술들은 다만 낯설고 불쾌하게 느껴질 뿐이었다. 혁신기술은 계몽주의의 산물로서 신학적으로나 문화적으로 투쟁해야 할 대상으로 보였을 뿐이다. 그 결과 급격한 사회변동 앞에서 대부분의 유럽 교회들은 산업문명의 미래를 전망하고 고민하기보다는 전통에 집착하고 과거로 후퇴하는 수동적인 태도를 취했다.23 그러한 반응은 19세기 말에서 20세기 초 미국 교회들에도 비슷한 모양으로 나타났다. 특히 미국 남부의 농촌 교회들은 유럽의 자유주의 신학과 현대 문화에 정신적 위협을 느낀 나머지 반문화적 입장을 고수했다.

한국교회가 이런 잘못된 대응을 반복하지 않으려면, 최근 이슈가 되고 있는 4차 산업혁명과 혁신기술의 실체를 파악하는 데 힘써야 한다. 4차 산업혁명에 대한 문해력을 높이기 위해 혁신기술의 본질과 특성, 그것이 사회에 미칠 영향에 대한 정확한 이해와 분석 능력을 길러야 한다. 이를 위해 기독교윤리학자는 공학자와 기술자, 사회과학자 그리고 철학자를 포함한 다양한 전문가들과 대화하고 소통하면서 습득한 전문 지식을 교회가 이해할 수 있는 언어와 방식으로 전달하고 설명하는 노력을 기울여야 한다.

(4) 기술, 믿음의 대상화

위에서 살펴보았듯이, 기독교는 산업혁명과 혁신기술에 대해 신학적으로 무관심했을 뿐만 아니라 무지하기도 했다. 게다가 기술을 '신화화'함으로써 윤리적으로 책임져야 할 대상이 아니라 믿음의 대상으로 만들었다. 인간이 기술을 이성으로 파악하고 분석하며, 책임

---

23 귄터 브라켈만, 『사회운동과 기독교: 19세기 유럽 사회운동과 기독교 사회운동』 (서울: 다산글방, 2001), 159-161.

지려 하지 않고, 인간으로서는 어쩔 수 없는 운명론적인 대상으로 받아들여 기술을 우상화하거나 악마화하는 잘못을 범했다. 이런 태도는 기술을 마치 자연법칙과 같은 것으로 착각하여 인간으로서는 달리 어찌할 도리가 없이 수용해야 할 초월적이고 절대적인 믿음의 영역에 내맡기는 결과를 낳았다. 바로 그런 잘못된 접근 태도로부터 혁신기술에 대한 맹목적 열광이나 근거 없는 공포가 생겨나게 되었다.

기술 유토피아에 대한 환호는 기술이 인간 세상의 모든 문제를 한꺼번에 해결할 수 있다는 맹목적 믿음, 곧 기술만능주의를 낳는다. 반면에 기술 디스토피아의 공포는 기술로 인해 인류가 종말을 맞을 것이라는 묵시록적 공포를 낳는다. 전자의 믿음이 '기술 우상화'의 태도라면, 후자의 믿음은 '기술 악마화'의 태도다. 하지만 홍성욱도 지적했듯이, 특정한 기술이 특정한 궤적을 그리도록 이미 결정되어 있다고 생각하는 결정론적 태도는 잘못이다. 왜냐하면 기술혁신이란 그것이 열어주고 힘을 부여하는 사회세력과 그것 때문에 힘을 잃게 되는 사회세력들 사이의 상호작용 가운데 불확실한 상태로 형성되는 경우가 대부분이기 때문이다.[24] 사회가 혁신기술을 수용할 것인지 그리고 어떤 방향으로 그 기술을 발전시킬지를 결정하는 것은 운명이라기보다는 정치적 선택의 문제다. 그런 맥락에서 우리는 기술을 믿음의 대상이 아니라 윤리적 검증과 책임의 대상으로 삼아야 한다.

한편 기술이란 하나님의 문화 위임 가운데 하나라는 점에서 신앙윤리적인 문제이기도 하다. "땅을 지배하고 정복하라" "생육하고 번성하라"(창 1:26-29)는 하나님의 명령을 수행하는 데 반드시 필요한 수

---

24 홍성욱, 『파놉티콘: 정보사회 정보감옥』 (서울: 책세상, 2002), 139.

단이 곧 기술이다. 과거 세 차례 산업혁명 과정을 통해서 볼 수 있었듯이, 기술 발전은 수많은 사회윤리적 문제들을 유발하기도 했지만 동시에 인간의 물질적 생활 수준을 획기적으로 높였다. 산업혁명이 일어나기 이전 선진국에서조차 어린이의 30%가 5세가 되기 전에 사망했으나 지금은 세계 최빈국에서조차 유아 사망률이 6% 이하이고, 19세기 초반 세계 인구의 90%가 기근으로 고통을 당했으나 지금은 10% 이내로 줄었다.[25]

하나님의 문화 위임을 맡은 책임자요 하나님의 창조의 동역자로 부름 받은 교회는 4차 산업혁명 기술들을 운명론적으로 받아들여 막연한 공포심에 사로잡히거나 맹목적으로 환호할 것이 아니라 어떻게 인간과 사회 그리고 자연을 위한 책임적 기술로 발전시킬 것인지를 두고 고민하고 토론해야 한다. 모든 기술은 인간을 해방하는 기회적 요소만 아니라 인간을 억압하는 위협적 요소도 지닌다. 따라서 기독교윤리의 과제는 혁신기술들이 지닌 양면적 가치를 분별하고 평가할 수 있는 역량을 기르는 데 있다. 그리고 혁신기술의 도입이 불러 올 사회적 갈등을 해결하는 데 필요한 정치적 역량을 길러야 한다. 그러려면 '기술 대 인간' 혹은 '기술 대 자연'이라는 단순 이분법적 대립 구도 대신 기술-자연-인간 사이를 조화와 상생의 구도로 접근해야 한다.

(5) 기술문명의 세계관적 토대인 유물론과 기계론

모든 기술은 고유한 세계관적 토대 위에서 생겨나고 발전한다. 산

---

25 김명자, 『산업혁명으로 세계사를 읽다』, 13.

업혁명의 세계관적 토대였던 유물론과 기계론은 4차 산업혁명기에 더 강화되고 있다. 예를 들면 분자생물학은 신비로 여겨졌던 생명을 DNA로 환원하고, 물리 화학적 현상으로 해석한다. 한 예로 진화생물학자 리처드 도킨스(R. Dawkins)는 생명의 역사란 DNA의 역사이며, 지구상의 각기 다른 생물체들은 유전자의 자기 복제에만 관심하는 '생존 기계'에 다름없다고 주장한다.26 뇌신경과학자들 역시 자유의지나 자아의 실체를 부정하면서 전기 및 화학 그리고 물리 법칙의 지배를 받는 뇌신경 뉴런의 알고리즘에 불과하다고 해석한다. 유물론적 세계관에서 볼 때, 영혼이란 실체가 아니라 환상적 부산물이며, 명상 수행을 통한 우주와의 합일 같은 강렬한 종교체험조차 뇌의 특정 부위와 관련된 물리 현상에 불과하다.27

일찍이 데카르트는 물체의 법칙을 자연 세계에도 동일하게 적용할 수 있다고 보면서 자연이 만든 유기체와 인간이 만든 기계 사이에 차이가 있다면 단지 그 구조가 간단한가 아니면 복잡한가 정도뿐이라고 봄으로써 기계론적 세계관의 기초를 놓았다. 최근에 발전한 사이버네틱스 이론은 기계론적 세계관을 더 강화하고 있다. 사이버네틱스 이론가인 노버트 위너(N. Wiener)는 인간과 동물 그리고 기계를 가리켜 자기조절이라는 목적을 가지고 의사소통하는 '정보처리 기계'라는 점에서 공통적이라고 본다.28 그는 유기체와 기계는 둘 다 코드화된 기계장치이기 때문에 유기체와 비유기체인 기계 모두에게 동일하게

---

26 리처드 도킨스/홍영남 역, 『이기적 유전자』(서울: 을유, 2000), 21, 48.
27 허균, "뇌과학과 기독교신앙," 한국교회탐구센터 편, 『뇌과학과 기독교신앙』(서울: IVP, 2016), 76-81.
28 마정미, 『포스트휴먼과 탈근대적 주체』(서울: 커뮤니케이션스북스, 2014), 25-26.

수학적 알고리즘을 적용할 수 있다고 가정한다.

최근 핫이슈가 된 포스트휴머니즘에는 이런 유물론적이고 기계론적인 세계관이 잘 반영되어 있다. 포스트휴머니스트들은 '로보 사피엔스'나 '마키나 사피엔스', 곧 사이보그를 자신들의 인간론이라고 주장한다. 그들은 인간도 다른 기계들처럼 하나의 정보처리 기계이기 때문에 최적화와 효율화 그리고 정밀화 과정을 통해서 지금보다 훨씬 더 진화한 형태로 발전할 수 있다고 전망한다. 그런 가정에 기초해서 인간의 야만성을 극복하고 인간답게 되려면 윤리성 함양이나 인간화 교육보다는 차라리 유전자의 변형이나 조작을 통한 '인간 사육'이나 '인간 디자인'이 필요하다고 주장하기에 이른다.29

우리는 이러한 유물론적이고 기계론적인 세계관이 성서의 창조 이야기에 나타난 하나님 중심적 세계관과 조화를 이루기 어렵다는 것을 알고 있다. 영혼과 육체를 완전히 분리시켜, 육체를 유기체가 아닌 일종의 기계로 볼 때, 영혼의 실체성이나 영혼과 몸의 통전적 이해가 불가능해진다. 하나님과 관계를 맺을 수 있는 영적 존재인 인간은 개방적이고 창조적이어서 DNA 결정론이나 알고리즘 결정론으로 환원시킬 수 없는 존재다. 따라서 교회는 산업문명의 세계관적 토대를 비판적으로 성찰하고 교회 신자들의 기독교적 세계관 형성을 위한 교육에도 관심을 기울일 필요가 있다.

---

29 조영호, "포스트 휴먼의 기독교윤리적 함의,"「기독교사회윤리」33 (2015), 326.

2장
'인간의 형상'으로서 인공지능(AI)과 '하나님의 형상'으로서 인간

1. 들어가는 말

    4차 산업혁명은 과거 세 차례 산업혁명보다 훨씬 더 심각한 신학과 목회의 난제들을 던지고 있다. 과거 세 차례의 산업혁명이 경제와 사회 제도 및 문화를 변화시켰다면, 4차 산업혁명은 거기에 더해 인간 자신의 정체성과 본성까지 변화시키려 하기 때문이다. 예를 들면 생명공학과 기계공학 그리고 전자공학이 결합 된 '인간 향상 기술'(HEC)은 인간의 정체성과 본질을 새롭게 정의해야 할 환경을 만든다. 호모 사피엔스 이후의 인간 종의 진화를 탐색하는 포스트휴머니스트들 가운데 하나인 도나 해러웨이(D. J. Harraway)는 『해러웨이 선언문』(1985)에서 20세기 후반의 기술 발전이 인간과 기계 및 동물 사이의 경계를 허물고, 물질적인 것과 비물질적인 것 사이의 경계까지 모호하게 만들고 있다는 사실에 주목했다. 그는 이런 시대에 필요한 새로운 존재론을 가리켜 '유기체와 기계가 혼합된 사이보그' 혹은 '인공두뇌

유기체'(cybernetic organism)로 정의한다.1

특히 인공지능(AI) 4차 산업혁명의 토대가 되는 핵심 기술로서 모든 산업과 직업의 변화만 아니라 개인과 사회의 일상까지 근본적으로 바꾸어 간다. 인공지능은 1차 산업혁명의 증기기관, 2차 산업혁명의 내연기관 그리고 3차 산업혁명의 컴퓨터에 해당하는 4차 산업혁명의 근본 기술이다. 이 기술은 기존의 산업과 직업 분야에 응용되면서 생산력과 효율성을 증가시키는 일자리를 없애기도 한다. 최근 인공지능은 인간의 인지 과정인 뇌신경망 구조를 모방한 딥러닝을 통해서 자율적으로 학습하여 판단하고, 추론하고, 문제를 해결하면서 빠른 속도로 스스로를 업그레이드 시킨다. 알파고와 같이 특정 목적을 위해 최적화된 협의의 인공지능(ANI) 단계에서 출발하여 점차 인간 수준의 지능을 구현하는 일반적 인공지능(AGI) 단계를 거쳐서 다음 단계에는 지능 폭발이 일어나서 인간이 해결할 수 없는 문제들까지 스스로 학습하고 개선할 수 있는 능력을 갖게 되는 초인공지능(ASI)으로 발전하게 될 것이다. 컴퓨터과학자 한스 모라벡(H. Moravec)은 초인공지능의 등장 시대에 인간은 생물학적 진화 단계를 넘어서 로보 사피엔스 같은 새로운 종으로 진화하는 '후기생물사회'가 도래할 것이라고 전망한다.2

인공지능은 단순노동만 아니라 전문 직종을 가리지 않고 빠르게 일자리를 감소시키거나 대체하면서 노동 기반 사회를 뒤흔들 것이다. 다른 한편 인공지능과의 협업은 직업 전 분야에서 업무의 효율성과

---

1 마정미, 『포스트휴먼과 탈근대적 주체』(서울: 커뮤니케이션스북스, 2014), 5 재인용.
2 한스 모라벡/박우석 역, 『마음의 아이들: 로봇과 인공지능의 미래』(서울: 김영사, 2011).

생산성을 높여 줄 것이다. 최근 핫이슈인 생성형 인공지능(Generative AI)인 챗GPT처럼 다양한 영역에서 많은 사람들에게 편리함과 효율성을 가져다줄 것이다. 이처럼 인공지능의 미래는 유토피아와 디스토피아가 교차하면서 사람들은 점점 더 혼란스러워질 것이다. 게다가 인간의 통제력을 벗어난 초인공지능의 등장은 인류의 멸종 위협이라는 종말적 분위기를 조장할 것이다.

이런 혼란의 시대를 맞는 교회의 과제는 4차 산업혁명의 상징이라 할 인공지능에 대한 기술 문해력과 함께 적절한 신학적 해석 및 목회적 대응을 마련하는 데 있다. 이러한 문제의식으로부터 출발하는 이 글은 인공지능이 주도할 4차 산업혁명기의 기독교 신학의 과제를 '하나님의 형상'(imago Dei) 개념을 토대로 삼아 탐색하겠다. 노린 허츠펠드(N. L. Herzfeld)가 주장한 대로, 하나님의 형상으로서 인간 개념은 기독교 인간학의 주춧돌일 뿐만 아니라 우리가 하나님과 세계를 이해하는 핵심적 방식이기 때문이다.[3] 성서의 창조이야기에 나타난 '하나님의 형상으로서 인간'이라는 신학적 대명제는 인공지능 시대에 제기될 다양한 윤리적 도전에 응답할 수 있는 중요한 신학적 자원이다. "인간이 하나님의 형상으로 창조되었다"(창 1:27)는 표현 속에는 우리 시대에도 적용될 수 있고 또 적용되어야 할 인간의 본질과 정체성에 대한 중요한 윤리적 통찰력이 암시되어 있기 때문이다.

이런 전제에서 우리는 하나님의 형상 개념을 다음의 다섯 가지의 특징- 피조성, 전인성, 공동체성, 존엄성 그리고 문화 위임의 책임성-

---

[3] Kim Dong Hwan, "Technological Imagination of Artificial Intelligence in the Light of Decalogues,"「기독교사회윤리」 24 (2012), 73.

으로 나누어 설명한 후, 각각의 특징이 지닌 신학적·윤리적 함의가 무엇인지 밝히고자 한다. 이 과정에서 우리는 하나님의 형상으로 창조된 인간과 인간이 자신의 형상으로 창조해 가는 인공지능과의 차이점이 무엇인지 비판적으로 제시할 것이다. 인공지능이란 결국 인간이 컴퓨터나 기계를 통하여 인간 자신과 유사한 역할, 곧 학습과 문제해결 그리고 의사결정을 하도록 만든 인간의 창조물로서 그것을 창조한 인간이 어떤 존재인지를 보여준다. 마치 인간이 그의 창조자인 하나님의 지문이듯이, 인공지능은 그의 창조자인 인간의 지문이다. 말하자면 하나님의 형상으로서 인간이라는 신학적 대명제는 인공지능이 주도할 4차 산업혁명을 비판적으로 검증할 수 있는 신학적 준거이면서 동시에 인간을 닮아가는 인공지능의 미래를 위한 윤리적 상상력의 토대이다.

2. '하나님의 형상' 개념과 인공지능 윤리적 함의

1) 하나님의 형상 개념의 해석 유형

위에서 우리는 인간이 누구이며, 어떻게 살아야 하는가라는 질문에 대한 답을 "인간이 하나님의 형상으로 창조되었다"(창 1:27)는 창조 이야기에서 찾을 수 있다고 전제했다. 그렇다면 이어지는 질문은 하나님의 형상이란 대체 무엇이며, 인간은 어떤 점에서 하나님을 닮았다고 하는가이다. 그리고 하나님의 형상으로서 인간이 인간의 피조물인 인공지능과 어떤 점에서 차이가 나는가이다.

하나님의 '형상'(zelem) 혹은 '모양'(demuth)이 무엇을 의미하는가에 대해서는 교부 이레니우스부터 칼 바르트에 이르기까지 많은 논의가 있었지만, 주로 성서학 관점에서가 아니라 교의학적 관점에서 논의되었다고 볼 수 있다.4 노린 허츠펠드는 그간의 논의를 다음 세 가지 유형으로 범주화한다.5 첫째 유형은 여타의 피조물과 다르게 인간만이 소유한 어떤 속성들, 예를 들면 이성적 능력이나 도덕적 책임에서 인간성의 본질을 찾으려는 실체적(substantive) 해석으로서 아우구스티누스와 아퀴나스가 대표자이다. 둘째 유형은 인간이 이 땅에서 하나님의 대리자라는 특수한 지위와 목적을 지닌 존재라는 기능적(functional) 해석으로서 구약학자 폰 라트(G. von Rad)가 대표적이다. 셋째 유형은 인간이 하나님과 특별한 관계(성) 속에 있다는 관계적(relational) 해석으로서 종교개혁자들과 칼 바르트(K. Barth)가 대표적이다.

스탠리 그렌즈(S. Grenz)는 여기에다 한 가지 유형을 추가하는데 곧 인간의 개방성을 뜻하는 역동적 해석 방식이다.6 그가 주장하는 역동적 해석이란 자기 초월성을 지닌 인간이 고정된 상태가 아니라 목표를 향해가는 개방적 존재라는 뜻이다. 인간의 '세계 개방성' 혹은 '미래 개방성'의 역동적 특징을 강조한 또 한 명의 신학자가 바로 볼프하르트 판넨베르크(W. Pannenberg)다. 그에게 인간이 세계와 미래를

---

4 Martin Honecker, *Einfuehrung in die Theologische Ethik* (Berlin, New York: de Gruyter, 1990), 48-49.

5 Kim Dong Hwan, "Technological Imagination of Artificial Intelligence in the Light of Decalogues," 73-78 재인용.

6 스탠리 그렌즈/신옥수 역,『조직신학: 하나님의 공동체를 위한 신학』(고양: 크리스찬 다이제스트, 2003), 259-266.

향해 개방적이라는 말뜻은 다가오는 하나님 나라의 약속에 대한 개방성에 다름 아니다. 즉, 인간이란 장차 하나님께서 만물을 새롭게 하실 때를 기대하면서 현실을 더 나은 세상으로 변화시켜 가는 존재다.7

위에서 열거한 해석 유형 외에도 하나님의 형상으로서 인간이란 표현에는 인간이 공동체적 혹은 사회적 존재라는 뜻도 추가해야 한다. 공동체적 삶의 방식이란 성부와 성자 그리고 성령의 사귐과 교제 가운데 존재하는 하나님의 존재 방식이요, 사회적 존재인 인간 삶의 방식이다. 이러한 생각은 인간이 "남자와 여자로 창조되었다"(창 2:7)라든가 "사람이 혼자 있는 것이 좋지 않다"(창 2:18)라는 표현들 속에 거듭해서 강조되고 있다.

하지만 인간이 하나님의 형상으로 창조되었음에도 불구하고 타락 이후의 인간에게서는 하나님의 형상됨을 찾기 어렵게 되었다. 다행스럽게도 참 인간으로 오신 예수는 인간이 잃어버린 하나님의 형상을 회복하셨고, 그의 가르침과 삶을 통해서 하나님의 형상이 무엇을 의미하는지 온전하게 보여 주셨다(고후 4:4, 골 1:15, 히 1:3). 따라서 우리는 하나님의 참 형상이신 예수의 인격과 삶을 본보기로 삼아 우리 자신이 잃어버린 하나님의 형상을 회복하기 위해 힘써야 한다.

2) 피조물로서의 인간

성서는 인간이 하나님의 형상을 지닌 특별한 존재이긴 하지만 흙

---

7 다니엘 L. 밀리오리/장경철 역, 『기독교 조직신학 개론』 (서울: 한국장로교출판사, 1994), 192-194.

으로부터 온 피조물에 불과하다고 선언한다. "너는 흙에서 나왔으니 흙으로 돌아갈 것이니라"(창 3:18). 최초의 인간인 아담이란 히브리어 말뜻은 땅의 흙 혹은 먼지나 티끌과 관련되어 있다. 말하자면 흙에 기원을 두고 있는 피조물로서 인간은 덧없는 존재이며, 자신 안에 어떤 불멸의 신적인 요소도 지니지 않았음을 교훈한다. 이런 인간의 본성을 가리켜 라인홀드 니버(R. H. Niebuhr)는 인간 존재의 약함과 의존성, 유한성 그리고 불충족성을 가리킨다고 설명한다.[8]

그러나 인간은 하나님의 형상을 닮은 존재이기에 자기 초월성과 창조적 개방성을 지니고 있음도 분명하다. 인간은 도구를 만든다거나 예술 활동을 통해서 자기를 초월하는 창조적 의지와 능력을 표출한다. 필립 헤프너(P. Hefner)가 주장했듯이, '되어가는 존재'(human becoming)인 인간에게 기술은 필수적 수단이다. 기술은 유용할 뿐만 아니라 인간의 독창성을 전달하고 표현하려는 인간의 본성에 속한다.[9]

인간이 자기 초월성과 창조적 개방성을 지닌 특별한 존재라고 해서 신격화될 수 있다는 의미는 결코 아니다. 비록 인간이 창조적 개방성을 지녔다는 점에서 '공동창조자'(co-creator)로 불릴 수는 있지만, 그는 유한한 피조물로서 '피조된'(created) 공동창조자일 뿐이다.[10] 말하자면 피조된 공동창조자인 인간에게는 창조세계를 변화시키는 것이 허용되더라도, 그 방향은 반드시 우주 만물의 창조자이신 하나님을

---

8 Reinhold Niebuhr, *The Nature and Destiny of Man*, Vol. I (New York: Charles Scribner';s Sons, 1953), 150, 167.
9 안택윤, "포스트휴먼시대에서의 인간성과 기술의 관계 변화와 기독교사회윤리적 책임에 관한 논의: 포스트휴머니즘 사상들의 비판과 헤프너의 "하나님의 형상론"을 중심으로," 「기독교사회윤리」 49 (2021), 310.
10 위의 글, 329.

지향하고, 그분의 뜻에 일치하는 것이어야지 결코 피조물인 인간 자신을 지향하는 것이 되어선 안 된다. 만약 인간의 창조 행위가 하나님이 아니라 자기를 지향하는 것이 될 때, 그것은 십계명에서 엄격하게 금지하는 우상숭배가 된다.

자기 우상화나 자기도취와 같은 형태의 죄는 교만에 그 뿌리를 내리고 있다. 아우구스티누스가 "자신의 근원이신 하나님을 버리고 자기 자신을 근원으로 삼는 죄"라고 규정한 바로 그 교만이라는 악덕 말이다.[11] 세상을 자기중심적 관점에서 재단하고, 모든 것을 자기의 지배와 통제 아래에 두려는 교만을 오늘날 우리는 생명공학기술이나 인간향상기술 그리고 우생학적 시도들 속에서 명확하게 확인할 수 있다. 이런 지배 욕망과 자기 우상화를 가리켜 유발 하라리는 '길가메시 어깨에 올라탄 프랑켄슈타인'으로 묘사했고,[12] 마이클 샌델(M. Sandal)은 '프로메테우스적 열망'이라고 표현했다.[13] 프랑켄슈타인과 프로메테우스는 둘 다 신화에 등장하는 인물들로서 공통적으로 기술문명을 통해 자기를 신격화하려는 산업화 시대에 살아가는 인간의 욕망을 상징하는 기호들이다. 하라리가 우려한 대로, 호모 사피엔스이었던 인류는 기술혁신을 통해서 기아와 역병을 극복하더니 이제는 영생불사와 행복을 사후세계에서가 아니라 이곳 지상에서 구현하는 '호모 데우스'를 시도하고 있다.[14]

---

11 신원하, 『죽음에 이르는 7가지 죄』(서울: IVP, 2013), 38.
12 유발 하라리/조현욱 역, 『사피엔스』(파주: 김영사, 2015), 582-586.
13 마이클 샌델/강명신 역, 『생명의 윤리를 말하다: 유전학적으로 완벽해지려는 인간에 대한 반론』(서울: 동녘, 2010), 58.
14 유발 하라리, 『호모 데우스』, 39, 69, 481.

위에서 지적한 신학적, 윤리적 문제들보다 더 큰 걱정은 호모 데우스는 자기가 무엇을 원하는지도 모르는 채 그저 현재를 불만스러워하기만 하는 대단히 '무책임한 신'이라는 사실이다.[15] 이런 현실을 맞아 기독교윤리의 우선적 과제는 대체 인간이 무엇을 욕망하며, 어떤 신이 되려 하는지 비판적으로 성찰하는 일일 것이다. 자신을 닮은 초인공지능을 만드는 인간이 장차 있을지도 모를 그들의 배신과 반란을 염려하여 인공지능 윤리를 논하는 것 자체가 아이러니이다. 피조물인 인간이 자기 피조물인 인공지능의 반란을 걱정하지만, 실은 피조물인 인간 자신이야말로 창조주를 배신하고 있는 피조물이라는 모순을 깨닫지 못하고 있다. 이런 맥락에서 볼 때, 인간으로 하여금 자신의 피조물 됨과 유한성을 깨닫게 만드는 종교와 예배 의식이 인간 삶과 산업 문명의 미래에 얼마나 중요한 의미를 지니는지 깨닫게 된다. 예배는 인간이 자신의 피조성을 깨닫게 만들 뿐만 아니라 자신을 지으신 창조주를 찬양하고 경배함으로서 인간의 본래 자리인 피조물의 자리로 되돌아가는 훈련이기 때문이다.

3. 전인적 인격으로서 인간

하나님의 형상으로서 인간이란 신체와 영혼이 분리되지 않은 통일된 전체성(wholeness)으로서의 인격을 가리킨다. 구약성서에서 생명(히, 네페쉬)은 몸과 영으로 나뉘지 않는 통전적 개념이다. 구약성서

---

15 위의 책, 481, 588.

는 영과 육체를 분리하는 영육 이원론이나 육체가 죽더라도 영혼은 영원히 살 수 있다는 영혼불멸설을 알지 못한다. 혼을 뜻하는 '네페쉬'와 영을 뜻하는 '루아흐'가 구별되어 사용되긴 해도 완전히 분리되지는 않는다. 구약성서에서 두 단어는 자주 혼용되고, 심지어 동물에게도 사용되기도 한다. 두 단어 사이에 차이가 있다면, 루아흐가 하나님과의 관계에서 사용된다면, 네페쉬는 사람들과의 관계에서 사용된다는 점뿐이다. 하지만 어느 경우든 전인(全人)으로서의 인간을 염두에 두고 있다는 사실은 틀림이 없다.[16] 이론물리학자이며 신학자인 존 폴킹혼(J. Polkinghorne)은 인간이란 물리적 세계와 동시에 관념의 세계와 관련되어 있는 '심신 통일체'(psychosomatic unity) 혹은 '생명을 지닌 몸'(animated body)이다.[17] 달리 표현하면, 인간이란 몸을 지닌 혼이며, 혼을 지닌 몸이다. 몸이 생명의 외면성을 가리킨다면, 영은 생명의 내면성을 가리킬 뿐 동일한 생명의 서로 다른 표현이다.

    인간의 전인성을 강조하는 성서와 다르게 4차 산업혁명 기술은 인간의 신체성 혹은 정신성만 선택적으로 중시하는 편향된 관점을 가지고 있다. 생명공학과 인간향상기술이 인간의 신체성에만 관심하는 경향을 보인다면, 인공지능은 인간의 지능적 측면에만 관심하는 경향을 보인다. 신체성에 관심하는 생명공학과 의학은 질병을 치유하고 노화 문제를 해결하여 인간의 영생불사를 추구한다. 인간향상기술은 인체의 장기나 조직들을 끊임없이 기계로 바꾸어 가면서 인간 종의 끝없는 진화를 추구한다. 둘 다 수명연장이나 신체성의 강화를 영원한 생

---

16 스탠리 그렌즈, 『조직신학』, 249-259.
17 위의 책, 248 재인용.

명과 동일시하는 잘못을 보인다.

한편 인공지능은 인간의 지적이고 정신적인 측면을 일방적으로 강조한다. 인공지능 학자들과 뇌신경 과학자들은 뇌와 컴퓨터 둘 다 전기신호라는 언어를 사용한다는 점에 착안하여 뇌를 '생물학적 소재로 만들어진 컴퓨터'의 일종으로 간주하고, 뇌-컴퓨터 사이의 접속과 연결을 연구한다.[18] 인공지능은 신체 없이도 마음(정신)만으로 존재할 수 있는 새로운 형태의 인간상을 추구한다. 만약 뇌의 신경망을 디지털 데이터로 만들고, 컴퓨터에 전송하는 마인드 업로딩에 성공하게 된다면, 인간의 신체가 사멸하더라도 인간 뇌의 정보는 컴퓨터 정보의 형태로 영원히 남아있게 될 것이다.

여기서 제기되는 신학적 질문은 뇌의 업로딩 과정에서 일어나는 마음(정신)의 이전(mind transfer)을 종교가 약속하는 내세로의 이전과 동일한 것으로 볼 수 있을까 하는 점이다.[19] 신학사적으로 볼 때, 뇌 업로딩은 신체를 벗어나 정신의 불멸성을 추구한다는 점에서 고대의 영혼불멸사상이나 영지주의를 닮았다. 말하자면 인공지능 프로젝트들은 인간의 신체를 비하하고, 신체성을 부정하며, 오직 정신적 고귀함만 추구하는 '과학기술적 영지주의'라고 이름 붙일 수 있다.[20]

한편 종교학자 로버트 제라시(R. M. Geraci)는 인공지능 프로젝트가 비현실적 종교의 종말적 혹은 묵시록적 사고와 닮았다는 점에서

---

18 허균, "뇌과학과 기독교신앙," 76-81.
19 한스 모라벡/박우석 역, 『마음의 아이들: 로봇과 인공지능의 미래』 (서울: 김영사, 2011), 15, 23.
20 김동환, "AI(인공지능)에 대한 신학적 담론의 형성 및 방향 모색," 「신학연구」 68 (2016), 52.

'종말적(apocalyptic) AI'라고 부른다. 그는 인공지능 철학과 비현실적 종교의 묵시록적 사고는 둘 다 현실 세계 안에서의 소외와 허구적 세계 건설의 욕망 그리고 정화된 몸으로의 변화를 추구하는 공통점을 지닌다고 분석한다.21

신체적 수명 연장이나 정신적 불사를 추구하는 4차 산업혁명기에 교회의 목회적 과제는 전인적 영성을 계발하는 데 있다. 기독교 영성이란 몸과 마음이 통일된 전인격적인 영성이지 오로지 신체의 무한한 수명연장이거나 신체가 없는 정신만의 영생불사와는 전혀 관계가 없다. 기독교의 영성이란 뇌의 신경망에만 관계된 것이 아니라 머리와 가슴, 곧 온몸과 관련된 통전적인 것으로 이해되어야 한다. 기독교의 영성은 인간의 정신과 심리 그리고 정서를 포괄하고, 이 셋을 합한 것보다 더 크고 완전하게 새로운 방식으로 존재하는 데 관심한다.22 이러한 영성 이해에 기초하여 교회는 신자들이 온전한 하나님의 형상이신 예수를 닮아 전인적으로 성장해 갈 수 있도록 도움으로써 인공지능 시대의 왜곡된 인간상에 맞설 수 있을 것이다(엡 4:13).

4. 공동체적 존재로서 인간

하나님의 형상으로서 인간이란 공동체적이고 사회적인 존재로서

---

21 양금희, "AI(인공지능)의 인식론적 문제와 기독교 교육,"「신학사상」183 (2018/겨울), 179 재인용.
22 김난예, "인공지능시대에서의 영적 민감성,"「한국기독교신학논총」106 (2017), 295.

의 인간됨을 가리킨다. 몰트만은 성부와 성자 그리고 성령의 사귐과 관계 안에 존재하는 삼위이며 일체이신 하나님의 존재 방식을 설명하기 위해 동방교회 교부 다마스커스 요한(John of Damascus)의 페리코레시스(perichoresis, 상호 침투 혹은 상호 내주) 개념을 차용한다. 아버지는 아들 안에 존재하고, 아들은 아버지 안에 그리고 아버지와 아들은 성령 안에 그리고 성령은 아버지와 아들 안에 존재한다.[23] 따라서 인간이 하나님을 닮았다고 하는 말은 삼위일체로 존재하시는 하나님처럼 사랑과 일치 그리고 헌신의 관계 속에서 다른 존재들과 상호 연결되어 살아간다는 뜻이다.

한편 "인간이 남자와 여자로 창조되었다"거나 "사람이 혼자 있는 것이 좋지 않다"는 표현들은 인간이 고립된 단독자가 아니라 사귐과 교제 안에 살아야 할 관계적 존재임을 뜻한다. 몰트만은 개체화된 개인이나 고립된 주체로서의 삶을 비정상적인 상태, 곧 하나님의 형상이 망가진 상태로 해석한다.[24] 인간의 공동체성, 곧 사람 사이의 친밀성과 소속감 그리고 동등성은 "너는 내 뼈 중의 뼈요 살 중의 살이라"(창 2:23)는 하와를 향한 아담의 고백에 잘 드러나 있다. 바르트(K. Barth)는 이 표현을 두고 인간의 '공존 관계'를 의미한다.

나는 당신이 아닙니다. 하지만 나는 당신과 함께 있습니다. 인간성은 바로 이와 같은 '공존'의 실현입니다.[25]

---

23 위르겐 몰트만/김균진 역, 『삼위일체와 하나님의 나라』 (서울: 대한기독교서회, 2006), 211.
24 위르겐 몰트만/김균진 역, 『창조 안에 계신 하느님』 (천안: 한국신학연구소, 1996), 265.
25 리하르트 그루노브 편/이신건 외 역, 『칼 바르트의 신학묵상』 (서울: 대한기독교서회,

그러면서 공존 관계를 폭군이나 노예의 관계가 아니라 동료, 친구, 동무, 동지 혹은 배필의 관계처럼 서로에게 없어서는 안 될 존재로 자리매김한다는 의미라고 풀이한다.

인간이 관계적이고 사회적인 존재이기에 인간은 공동체 안에서만 인간다울 수 있으며, 자신의 인격을 성장시킬 수 있다. 그런데 산업문명은 인간 삶의 관계성과 공동체성을 끊임없이 위협한다. 시간과 공간의 장애 없이 접촉을 가능하게 만드는 디지털 기술이 현대 사회를 물리적 초연결사회로 변화시켜 가고 있는 것처럼 보이지만, 실제로는 서로 대면하거나 접촉하지 않고도 얼마든지 생존할 수 있는 '언택트(untact) 사회'를 만들어가고 있다. 코로나19 글로벌 감염병 상황에서 보았듯이, 재택근무, 온라인 쇼핑과 뱅킹, 비대면 교육(이러닝)이나 회의 그리고 비대면 예배의 확산은 4차 산업사회의 뉴노멀이 되어가고 있다.

디지털 사회에서 모바일, 곧 스마트폰은 생활의 필수품이요 또 다른 자아로 표현되기도 한다. 스마트폰이 또 하나의 자아라는 의미에서 '호모 모빌리언스'(homo mobilians)나 '포노 사피엔스'(phono sapiens)라는 신조어까지 생겨났다. 인터넷이나 스마트폰을 통한 비대면 접촉 방식은 시공간의 제약 없이 접촉하고, 불필요한 대면 접촉이나 연결에서 오는 심리적 피로감을 덜어준다는 점에서 매력적이다. 하지만 슈밥(K. Schwab)도 염려했듯이, 스마트폰을 통한 초연결성이란 피상적인 정보에 의존한 것이어서 공감이나 협력 그리고 연대성 같은 인간의 공동체성을 파괴할 우려가 크다.[26]

2009), 577.

한편 가상공간에 만들어지는 사이버 공동체는 익명성과 편의성이라는 장점을 지니지만, 구성원 간 공감력과 친밀감 그리고 소속감이 약한 편이어서 인간관계를 피상적으로 변질시키고, 파편화한다는 단점을 보이기도 한다. 그도 그럴 것이 온라인 비대면 접촉이란 쉽게 접속하고, 쉽게 끊을 수 있는 접촉 방식으로서 서로를 연결하는 고리가 매우 취약하기 때문이다. 특히 소셜 네트워크 서비스(SNS) 속 자아인 아바타는 현실을 초월하여 개성과 창의성을 최대화하는 장점을 지녀 열심히 참여하지만, 자아도취나 현실 세계에 부적응 그리고 다중인격이라는 문제점을 보이기도 한다.

일찍이 미래학자 존 나이스비트(J. Naisbitt)는 '하이테크' 시대일수록 '하이터치'에 대한 필요와 열망이 증가할 것을 예견했다.[27] 비대면 접촉이 늘어나는 사회일수록 구성원 사이의 친밀감과 유대감 그리고 소속감을 느낄 수 있는 새로운 형태의 관계나 공동체에 대한 기대와 욕구도 커질 가능성이 있다. 다만 기억해야 할 사실은 사람들이 원하는 새로운 공동체는 과거와 같은 위계적인 조직이나 딱딱한 제도로서의 공동체는 아닐 것이다. 오히려 개인의 자유와 개성을 존중하면서도 친밀감과 소속감을 제공할 수 있는 좀 더 느슨하고 유연한 형태의 공동체일 것이다.

교회의 역사를 보면, 조직체의 효율성을 강조하는 제도로서의 교회와 구성원 사이의 사귐과 결속을 강조하는 공동체로서의 교회 사이에는 늘 긴장과 갈등이 존재했다. 최근 우리나라에서도 제도화되고

---

26 유경동, "포스트휴먼과 과학기술. 4차 산업혁명과 기독교윤리학," 122 재인용.
27 존 나이스비트/안진환 역, 『하이테크 하이터치』 (서울: 한국경제신문사, 2000).

관료화된 기성교회에 대한 회의와 비판이 이른바 신앙을 가졌으면서도 교회 출석은 하지 않는 '가나안 성도'를 낳았다.[28] 이런 상황에서 초기 교회가 신앙 공동체를 이야기하면서 제도나 조직이 아니라 유기체인 '몸'이라는 유비를 사용했다는 사실에 주목할 필요가 있다(고전 12:27; 엡 1:22-23). 몸이란 통일적인 유기체로서 지체들 사이의 소통과 사귐이기 때문이다. 따라서 몸의 원리에 비추어 구성원 사이의 강한 연대감과 소속감을 제공하고, 구성원의 자발성과 참여를 유도할 수 있는 다양한 형태의 공동체 중심의 목회 전략과 리더십이 중요해질 것이다.

5. 존엄한 존재로서 인간

현대의 인권 개념이 근대 계몽주의로부터 발전했다는 사실을 부정하기 어렵지만, 그 도덕적 뿌리는 그보다 더 멀리 뒤돌아 가야 한다. "인간은 존엄한 존재요, 인간 생명은 절대적 가치를 지닌다"는 생각은 일찍이 인간을 이성적 존재로서 이해하고 자연법 사상을 강조한 고대 스토아 사상이나 더 멀리 성서 이야기에도 나타나고 있다. 인간이 존엄한 창조주의 모습으로 피조되고, 다른 피조물과 다르다는 생각은 근대 인권 사상의 발전의 토양이 되었다.

구약성서는 인간이 하나님을 닮아 창조되었기 때문에 존엄하다고 본다. "다른 사람의 피를 흘리면 그 사람의 피도 흘릴 것이니, 이는 하

---

28 정재영,『교회 안 나가는 그리스도인』(서울: IVP, 2015).

나님이 자기 형상대로 사람을 지으셨음이라"(창 9:6). 이 표현 속에는 인간 존엄성이 하나님의 창조 이야기에 뿌리를 두고 있음을 알려준다. 종교개혁자 칼빈(J. Calvin)은 십계명의 살인 금지 계명을 해석하면서 타인의 목숨을 해치고 빼앗는 일은 인간성에 반대될 뿐 아니라 그를 창조하신 하나님을 모독하는 일로 본다. 살인 행위는 피살자 안에 있는 하나님의 형상을 지워버리는 행위로 간주했기 때문이다.[29] 몰트만 역시 십계명이 하나님의 형상화를 금지하는 이유 가운데 하나로 인간은 천사나 동물, 그 밖의 피조물 가운데 유일하게 하나님의 형상으로 창조되었기 때문이라고 본다.[30]

지난 세 차례 산업혁명은 인간의 물질적 삶을 윤택하게 만들고, 신분사회를 철폐함으로써 인간의 존엄성 향상에 기여했다. 그러나 다른 편에서는 인류가 공들여 쌓은 인간의 존엄성과 평등에 대한 비전을 위협하기도 했다. 예를 들면 코로나19 글로벌 감염병에서 유용했던 안면인식 기술은 개인의 사생활을 침해할 수 있고, 빅데이터는 권위주의적 권력 아래에서 얼마든지 빅브라더로 변질될 수 있다. 인공지능과 무인화 기술은 단순 노동직이나 전문직을 가리지 않고 일자리를 위협하고 있다. 법적 사각지대에 놓여있는 배달 라이더나 대리운전자를 포함하여 점차 늘고 있는 플랫폼 노동자들은 노동권을 위협하고 있으며, 실험실에서 은밀하게 진행되는 유전자의 조작과 편집 그리고 우생학적 시도들은 인간 존엄성을 심각하게 훼손한다. 인공지능은 불법적으로 개인들의 정보를 수집하고 유출시킴으로써 개인의 프라이

---

29 존 칼빈/김광남 역, 『칼빈의 십계명 강해』 (서울: 비전북, 2011), 213, 216.
30 위르겐 몰트만, 『창조 안에 계신 하느님』, 263.

버시를 위협한다. 인공지능의 정보 편향성은 인종차별이나 성차별을 강화할 수도 있다. 왜곡된 인공지능 정보는 기본권 가운데 하나인 소수의 의견과 표현의 자유를 제한할 수도 있다.

인간의 존엄성을 수호하고 증진시키는 일은 인류 공통의 가치와 목표인 공동선 가운데서도 우선적으로 강조해야 할 과제다. 초기 교회는 "유대 사람도 그리스 사람도 없으며, 종도 자유인도 없으며, 남자와 여자가 없는"(갈 3:28) 차별 없는 보편적이고 평등한 공동체에 대한 비전을 가지고 있었다. 물론 평등을 강조했던 바울조차도 당시의 노예제도에 대해 크게 문제 삼지 않았다는 비난을 피할 수 없다. 하지만 구한말 신분사회였던 우리나라가 적극적으로 기독교를 수용한 이유 가운데 하나는 바로 복음이 인간의 존엄성을 가르치고, 신분이나 남녀의 차별이 없는 평등한 세계에 대한 비전을 제공했기 때문이라는 것도 잘 알려진 사실이다.

인권 사상의 발달사를 보면, 계몽주의 시대에는 개인의 자유권(1세대 인권)으로부터 시작하여 산업사회(2세대 인권)에서는 노동권(3세대 인권)이 강조되었다. 그 후에는 발전권과 환경권 혹은 문화권이나 미래 세대의 권리에 이르기까지 계속해서 적용 범위를 넓히며 발전해 왔다. 그래서 인간의 자유와 평등이 확장되는 "인권의 발전사가 곧 인류 진보의 역사"라고 표현해도 크게 틀리지 않다. 1세대 인권 사상은 국가권력의 간섭으로부터 자유롭고, 모든 시민이 동등한 정치적 권리를 가진다는 개인의 자유적 방어권을 뜻했다. 산업혁명기에 발전한 2세대 인권은 노동자가 지닌 사회적·경제적 보호권 및 노동권을 강조했다. 3세대 인권은 유엔 차원에서 세계 인권 선언(1948)에 이어 발전한 국제인권규약으로서 '경제적·사회적·문화적 권리에 대한 국제규약(A규약, 1966)과 '시민적·정치적 권리에 관한 국제규약'(B규약, 1967)에 나타난 국가의 자결권, 환경권, 문화권, 발전권 그리고 국가 간 연대권을 포괄한다. 이러한 인권 사상의 발전 역사를 돌아볼 때, 교회의 인권 이해와 인권 활동도 인간 존엄성에 대한 도덕적 호소에서 법적이고 제도적인 차원의 인권(human rights) 개념으로, 현세대의 권리에서 미래 세대의 권리로, 인간의 권리에서 자연의 권리까지로 그 적용 범위를 지속적으로 넓혀가는 데 목표를 두어야 한다.

6. 문화 위임의 책임자로서 인간

인간이 하나님의 형상이라는 말은 인간의 권리만 아니라 의무와도 관련되어 있다. 인간이 모든 피조물 가운데 '특별하게' 창조되고 '특수한 지위'를 갖게 되었다는 뜻은 자연 세계에 대한 인간의 권리와 의무를 동시에 포함하는 하나님의 '문화 위임'(cultural mandate)으로 해석되어야 한다. 성서의 창조이야기에는 "땅을 지배하라"는 권리로서의 명령(창 1:28)과 "땅을 경작하고 돌보라"(창 2:15)는 의무로서의 명령이 함께 나타나 있다.

그런데도 서구 기독교 역사 속에서는 인간의 자연 지배의 권리만 강조될 뿐 자연의 돌봄과 책임 의무에 대해선 침묵했다. 그 결과 문화 명령은 인간 중심적으로 왜곡되었고, 마침내 오늘날과 같은 심각한 생태 위기를 맞게 되었다. '땅의 지배'(dominium terrae)에 대한 신학적 해석사를 연구했던 우도 크롤직(U. Krolzik)에 따르면, 르네상스 인문주의 시대에 들어서면서 인간이 하나님의 통제를 벗어난 자율적 존재가 되면서 이 명령을 인간 중심적으로 해석하기 시작했다. 계몽주의 시대에는 물질인 자연에 대한 정신적 존재인 인간의 우월성이 강조되면서 자연에 대한 인간의 지배권이 사상적으로 정당화되었다. 그러다가 19세기 이후에는 자연 세계에 대한 인간의 책임보다는 권리가 일방적으로 강조되면서 억압적이고 착취적인 형태의 인간중심주의로 발전했다.[31]

인간이 하나님의 문화 위임을 수행하는 데 있어 기술은 필수 불가결한 요소다. 인류는 도구나 기술을 활용함으로써 비로소 자신의 신체적 한계를 극복했고, 자연의 위협으로부터 해방되었으며, 노동 생산성을 높이고, 마침내 산업문명을 이룩할 수 있었다. 그래서 신학자들은 기술을 하나님의 일반은총의 영역 가운데 하나로 간주한다. 이제 인간은 기술 발전에 토대를 둔 산업문명 이전 시대로 되돌아갈 수 없다. 산업문명 시대에는 기술과 공존하면서 어떻게 하면 기술을 보다 더 인간적이고 가치 중심적인 방향으로 발전시킬 수 있을까를 고민해야 한다.

4차 산업혁명 개념을 처음으로 사용한 클라우스 슈밥이 '가치 중심적이고 인간 중심적인 기술'을 제안하기 훨씬 이전에 경제학자 에른스트 슈마허(E. F. Schumacher)는 '인간의 얼굴을 한 기술' 혹은 '인간적 규모의 기술'을 제안했다.[32] 가치 중심적이든 인간의 얼굴을 한 기술이든 그 기술은 인간과 사회 그리고 자연생태계의 안녕과 지속 가능성의 가치와 조화를 이룰 수 있는 기술이다. 먼저, 기술의 인간적 가

---

31 조용훈, 『동서양의 자연관과 기독교 환경윤리』(서울: 대한기독교서회, 2002), 183-190.
32 에른스트 슈마허/배지현 역, 『작은 것이 아름답다』(서울: 전망사, 1980), 158.

치란 기술의 목적과 판단 기준을 효율성이나 생산성보다 인간성 향상에 두는 것을 뜻한다. 다음으로, 기술의 사회적 가치란 기술이 인간관계를 증진하고, 사회의 공동체성을 발전시키는 데 기여하는지를 묻는 것이다. 그러려면 기술이 노동을 파괴하는 대신에 노동과 조화를 이루고, 사회적 불평등을 개선하는 쪽으로 발전해야 한다. 마지막으로, 기술의 생태학적 가치란 인간의 생존 조건이며 산업문명의 토대인 자연 세계에 대한 부하를 줄이고, 생물 종 다양성을 보존하여 생태학적 안정을 회복하는 지속 가능한 기술을 의미한다.

그간 한국교회는 "모든 민족을 제자로 삼으라"(마 28:19)는 예수의 '지상명령'(the great commission)을 중요하게 다루었지만, 그보다 앞서 주어진 "땅을 다스리라"는 문화명령에는 소홀했던 점을 반성해야 한다. 기술 문명을 향유하는 데만 관심했을 뿐, 기술이 지닌 세계관적 위험성을 인식하고 기술을 책임적으로 발전시키는 데 대한 신학적인 반성과 윤리적인 노력에 게을렀음도 반성해야 한다.

3장
고통의 신학과 돌봄 및 치유 목회

1. 들어가는 말

현대 사회는 지진, 쓰나미, 홍수, 가뭄, 화산 폭발 같은 자연 재난 외에도 산업 및 과학기술의 부작용으로 말미암는 기술 재난 그리고 경제위기 같은 사회 재난으로 끊임없이 생명과 안전을 위협받는 사회다. 과학기술이 최첨단으로 발전하고, 사회구조가 점점 더 복잡해지는 후기산업사회는 재난이 일상화되고 심지어 '정상적인' 현상으로 간주된다. 특히 한국 사회는 서구 산업사회와는 다르게 근대화 과정에서 압축적 성장으로 말미암아 재난의 위험에 훨씬 더 취약하다. 일상화된 위험과 재난으로 인한 희생과 고통이 커지면서 신학적 성찰과 목회적 사역도 중요해지고 있다.

위험과 재난사회는 한국교회가 재난신학을 정립하고, 희생자를 돌보고 치유하며, 단기적 구호사역 차원을 넘어 지역공동체의 회복에 기여할 수 있는 목회사역을 요청한다. 위험이 구조화되고 그 결과가 사회계층 간에 불평등하게 분배되는 사회 현실을 개선할 수 있는 정의로운 사회 건설에도 관심하기를 기대한다. 그럼에도 불구하고 그간 한국교회는 무고한 희생자의 고통에 적절하게 반응하지 못했을 뿐만 아니라 재난사회에서 중요해진 공적 가치인 안전사회의 구축을 위한 사회 정치적 노력에도 무관심했다.

대표적인 사례로 세월호 참사는 사고공화국으로 불리는 한국 사회의 취약한 안전 현실과 윤리적 실패를 적나라하게 보여준 상징적 사건이다. 이윤추구만 관심하는 자본주의 경제의 생명 경시, 국민 안전을 책임져야 할 정부의 무능력 그리고 안전 문화가 취약한 시민의 이기심과 무책임이 합작하여 빚어낸 사건이다. 사건의 충격이 너무 커서 앞으로 한국 사회가 '세월호 이전'과 '세월호 이후'로 나뉠 것이라는 예견이 등장할 정도다.[1] 세월호 이후의 한국 사회가 변해야 하듯이 한국교회도 반드시 변화해야 한다. 한국교회는 재난의 희생자들이 던지는 신학적 질문에 제대로 답하지 못했고, 그들의 슬픔에 충분하게 공감하지 못했으며, 무고한 희생을 만들어 낸 불의한 사회구조를 비판하고 변혁시키는데도 무관심했던 것으로 드러났기 때문이다. 지금의 한국교회는 홀로코스트 때 '아우슈비츠 이후의 신학'을 모색하면서 유럽 교회의 반성과 변화를 추구했던 세계 신학자들의 반성과 노력을 타산지석으로 삼을 필요가 있다.[2]

물론 세월호 참사를 아우슈비츠의 세계사적 참극에 비교할 수는 없겠지만, 무고한 자의 희생과 고통 앞에서 교회나 그리스도인들의

---

[1] 조석민 외, 『세월호와 역사의 고통에 신학이 답하다』 (대전: 대장간, 2014), 26.
[2] 위르겐 몰트만/곽미숙 역, 『세계 속에 있는 하나님』 (서울: 동연, 2009) 특히 239-268; 이정배, "아우슈비츠 이후와 세월호 이후, 그 신학함의 닮은 꼴," 이정배·이은선 공저, 『묻는다, 이것이 공동체인가』 (서울: 동연, 2015).

도덕적 책임에는 아무런 차이가 없다. 아우슈비츠에서 살아남은 사람들의 공통점 가운데 하나는 죄책감이었다. 요한 밥티스트 메츠(J. B. Metz)는 "아우슈비츠는 우리 모두와 관련된다"라고 말하면서 누구도 도덕적 책임으로부터 자유로울 수 없다고 고백했다.[3] 아우슈비츠 생존자들이 한결같이 "나는 살아 있다. 고로 죄가 있다"[4]고 고백했듯이, 우리도 재난사회에서 발생하는 무고한 희생자들 앞에서 아무것도 하지 못했다는 데 대한 죄책감을 잊어선 안 된다.

재난에서 살아남은 사람들이 가진 죄책감과 도덕적 책임감 없이는 끔찍한 재난들은 반복될 것이고, 무고한 희생과 고통도 계속될 것이다. 실제로 세월호 참사 당시 대통령까지 나서서 국가의 개조를 약속했음에도 불구하고 이듬해 중동호흡기증후군(메르스) 사태(2015), 가습기살균제 옥시 사태(2016), 충북 제천 스포츠센터 대형 화재 사건(2017) 그리고 밀양 세종병원 대형 화재 사건(2018)에 이르기까지 충격적인 재난들이 반복해서 발생했다. 몰트만(J. Moltmann)이 지적했던 대로, 성찰 없는 개인이나 사회에는 "언젠가 일어났던 일은 그 이후에도 언제든 다시 일어나는" 법이다.[5]

이 글은 재난이 일상화되고 무고한 희생이 줄지 않는 위험과 재난사회에서 교회의 신학과 목회의 과제가 무엇인지 탐색하는 데 목적이 있다. 재난사회에서 발생하는 무고한 희생과 고통에 대한 신정론 질문이나 대형 재난의 공포 속에 으레 등장하는 묵시적 종말론과 같은

---

3 위르겐 몰트만, 『세계 속에 있는 하나님』, 256 재인용.
4 조르조 아감벤/정문영 역, 『아우슈비츠의 남은 자들: 문서고와 증인』 (서울: 새물결, 2012), 134.
5 위르겐 몰트만, 『세계 속에 있는 하나님』, 241.

종교현상을 탐색할 필요가 있다. 그리고 재난으로 생긴 트라우마로 고통당하는 사람들을 위한 치유목회와 긴급구호와 같은 섬김 활동도 긴요하다. 한편 인간의 생명 가치를 무시하고 희생시키는 물신숭배나 위험의 외주화를 통해서 위험을 불평등하게 배분하는 사회 부정의 문제를 해결하기 위한 정치적 행동들도 요청된다.

2. 악으로서의 고통에 대한 신학적 응답

1) 재난의 고통에 대한 신정론(변신론)의 한계

인간의 도덕적 잘못과 상관없는 위험과 재난으로 말미암아 생겨나는 고통은 악이다. 악에 대한 문제는 신학만 아니라 철학과 윤리학의 오래된 관심사였다. 선하시고 전능하신 하나님과 인간의 고통 사이에 존재하는 모순 속에서 사람들은 으레 '왜?'라고 질문하고, 신학은 그 질문에 답하도록 요청받는다. 만약 하나님이 존재하신다면 어떻게 이런 일이 생길 수 있는가? 대체 하나님이 선한 신이라면 왜 이런 악이 존재하는가? 그분이 전능하시다면 위험에 빠진 사람들이 도움을 구할 때 왜 아무 일도 하지 않으셨는가? 재난의 고통 속에서 희생자들이 외치는 끝없는 절규 속에는 하나님의 선하심과 전능하심에 대한 회의가 도사려있다. 이러한 질문에 대한 적절한 대답은 피해자의 상처를 치유하고 신앙심을 강화하는 데 도움을 주겠지만, 그렇지 않을 때 희생자들은 신앙생활에 회의감을 느끼고 교회를 떠나는 계기가 될 수 있다. 어떤 사람이 자신의 고통에 무감각하고 무관심한 신을 따르고 헌신할 수 있겠는가!

하나님의 선하심과 무고한 자의 희생 사이에 존재하는 모순에 대답하려는 신학의 노력을 신정론(theodicy)이라 한다. 하나님(theos)과 정당성(dike)의 합성어인 신정론이란 곧 하나님에 대한 인간의 항변과 비난으로부터 하나님을 변호하려는 변신론으로 이름 붙일 수도 있다. 신정론에 대한 논의는 아우구스티누스의 악에 대한 신학 이론에서부터 라이프니츠의 『변신론』(신정론, 1710)에 이르기까지 긴 역사를 지니고 있다.

전통 신학에서 제시한 신정론의 핵심은 재난과 고통을 인간의 종교적, 도덕적 악행에 대한 심판으로 보는 권선징악의 설명 체계다. 구약 예언서는 전쟁이나 자연재해(가뭄과 메뚜기 재앙 등) 그리고 각종 역병을 하나님의 백성들의 부도덕과 우상숭배에 대한 징벌로 해석한다. 신정론에 대한 논의를 한 단계 발전시킨 계기는 1755년 가톨릭의 축일 만성절에 일어난 리스본 대지진 사건이었다. 이 대지진은 신자와 불신자, 성당과 술집을 무차별적으로 파괴하면서 3만 명 이상의 목숨을 앗아 갔다. 곤혹스러운 점은 리스본 주민의 10분의 1에 해당하는 2만 5천 명이 신부나 수사 혹은 수녀라 할 만큼 아주 종교적인 도시에서 일어난 재난이었다는 사실이다. 당시 설교자들은 이 끔찍한 자연재앙을 두고 하나님의 심판이라고 설교했다. 네덜란드의 칼뱅 장로교 목사들은 말할 것도 없고 영국 웨슬리까지도 하나님의 심판과 응징으로 해석했다.[6]

---

[6] 임성빈, "재난과 사회변동, 교회의 역할," 박경수 외 편, 『재난과 교회: 코로나 19 그리고 그 이후를 위한 신학적 성찰』 (서울: 장로회신학대학교 출판부, 2020), 21-22.

하지만 이러한 권선징악의 해석 태도는 자칫 하나님이 재난을 직접 일으킨 당사자이거나 죄 없는 사람까지도 죽이는 잔인하고 폭력적인 신이라는 오해를 불러올 수 있다. 그리고 교회가 죄를 심판하는 설교를 하면서 은연중 자신의 도덕적 우월성을 드러낼 수 있으며, 그 때문에 고통당하는 희생자들에게 또 다른 상처들을 더하게 되는 셈이다.

신정론에 대한 또 다른 해석은 재난의 고통을 하나님의 영적 교육 과정 혹은 훈련 수단이라고 해석하는 태도다. 하나님께서 자기 백성의 신앙 성숙을 위해서 고통을 훈련과 연단의 수단으로 사용하신다는 주장에도 의문이 생긴다. 왜 하나님은 고통이라는 수단을 통해서만 인간을 훈련시키는가?

그 외의 해석으로 고통이 다른 사람을 위한 대속적 의미를 지니는 희생이라고 해석하기도 한다. 작은 희생을 통해 더 큰 국가나 민족에게 회개의 기회를 주는 것이라고 설교한 목사도 있었다. 하지만 더 많은 사람들과 더 큰 목적을 위해 누군가를 희생시킨다고 할 때, 왜 하필 그 희생자가 바로 나여야 하는가? 왜 재난의 희생자들 대부분은 사회적 약자들인가? 이처럼 전통적 신정론에 대한 비판적 질문은 끝도 없이 이어진다.

2) 정치신학과 과정신학에 나타난 고통의 재해석

홀로코스트의 경험 이후 전통 신학의 신정론이 지닌 약점을 극복하기 위해 정치신학과 과정신학은 무고한 자의 희생과 고통에 대한 새로운 신학적 해석을 시도했다. 요한 B. 메츠(J. B. Metz)나 도로테 죌레(D. Soelle) 그리고 위르겐 몰트만 같은 정치신학자들은 성서의 신을

'힘의 상징'이 아니라 '약함의 상징', 곧 '십자가에 달리신 하나님'으로 이해하려 했다. 이들은 인간의 고통을 논리적으로 설명하려고 노력하는 대신에 인간의 고통에 직접 참여하시는 신을 제시했다. 이들에게 십자가의 예수는 인간의 고통 문제에 대답하는 기독교 신의 표상이다. 그런 배경에서 메츠는 홀로코스트의 희생자들의 고통에 함께하지 않는 신학자는 누구라도 신학을 논의할 수 없다고 단언했다.

> 아우슈비츠에서 살해된 사람들을 위해, 앞으로 이루어질 기독교와 유대교의 통합을 위해 기독교 신학자가 '할 수' 있는 것은 이것밖에 없다. 즉, 아우슈비츠를 똑바로 응시하지 않고는 더 이상 어떠한 신학도 하지 않겠노라고 하는 것이다.[7]

무고한 자의 희생과 고통에 대한 이 같은 새로운 해석 태도는 일찍이 예수의 십자가 사건을 하나님의 능력과 지혜(고전 1:22-24)로 보았던 바울신학의 유산이요, 루터가 강조했던 '숨어계신 하나님'(deus absconditus) 신학의 현대적 적용이다. 본회퍼(D. Bonhoeffer)는 신의 전능하심을 십자가의 예수의 무력함과 약함으로 묘사하면서, 바로 그런 신만이 고통 가운데 있는 우리와 함께 계시고 도울 수 있다고 본다. "오직 고난당하는 하나님만이 도울 수 있지."[8]

한편 존 캅(J. Cobb), 알프레드 화이트헤드(A. N. Whitehead) 그리고

---

7 미야타 미쓰오/박은영·양현혜 역, 『홀로코스트 '이후'를 살다』(파주: 도서출판 한울, 2013), 49.
8 디트리히 본회퍼/손규태·정지련 역, 『저항과 복종: 옥중서간』(서울: 대한기독교서회, 2010), 681.

데이비드 그리핀(D. R. Griffin) 같은 신학자들로 대표되는 과정신학은 고전적 유신론(theism), 곧 전지전능하고 영원불변한 존재로서의 신 대신에 피조세계와 함께 모든 위험한 결과들을 기꺼이 감수하시는 개방적인 하나님 상을 제시했다. 과정신학은 하나님을 인간 고통의 경험 바깥에 계신 무감각한 초월자가 아니라 피조물과 함께 고통당하며, 감정까지 공유하는 신으로 이해한다. 과정신학자들이 이해하는 하나님의 전능하심이란 하나님이 무엇이든 원하는 대로 할 수 있는 권력이 아니라 설득과 영감을 통해서 세계를 창조적으로 변화시키는 힘을 뜻한다. 말하자면 하나님은 인간을 자유롭게 하시고, 인간 스스로 결정하도록 허락하시며 책임적으로 살도록 돕는 신이다.[9]

물론 재난의 고통 속에 절규하는 사람에게 위에서 예로 든 그 어떤 논리 정연한 교의학적 설명도 명쾌한 대답이 될 수 없고, 고통당하는 사람에게 충분한 치유책도 될 수 없어 보인다. 그럼에도 불구하고 고통당하는 사람에 대한 공감을 통해서 무고한 자의 고통이라는 악과 하나님의 선하심 사이에 존재하는 논리적 모순을 극복하려는 정치신학이나 과정신학 같은 새로운 신학적 시도들은 계속해서 시도될 필요가 있다.

유감스럽게도 세계 신학의 이 같은 노력과 상관없이 한국교회는 여전히 힘의 상징으로서의 하나님을 믿으며, 성장과 풍요를 약속하는 번영 신학과 영광 신학에 포로가 되어 있다. 개발과 성장의 시대 속에서 목회자들 가운데에는 긍정 신학에 기초하여 교인들의 탐욕을 충동질하고, 그것을 충족시키는 사역을 통해서 교회 성장을 이룰 수 있었

---

9 토마스 G. 롱/장혜영 역, 『고통과 씨름하다』 (서울: 새물결플러스, 2011), 121-129.

다. 그 과정에서 무고한 희생을 불러오는 불의하고 부패한 사회구조에 대해서는 모른 척했고, 그러한 구조악의 희생자들인 가난한 사람들의 고통에는 무감각했다. 이러한 교회 분위기 속에서 적절한 신학적 응답을 들을 수 없었던 희생자와 가족들은 교회를 멀리하거나 아예 떠나는 일까지 발생했다.

한국교회가 이런 신학적 잘못과 목회적 오류를 반복하지 않으려면, 무고한 고통에 대한 물음을 다룰 때 하나님 편에서 하나님의 정당성을 변호하려는 전통적 신정론보다는 희생당한 사람 편에서 그들의 울부짖음에 귀 기울이고, 그들의 호소를 옹호하는 태도를 가질 필요가 있다. 교회는 고통의 문제를 교리적 정답으로서가 아니라 신앙 여정에서 끊임없이 던질 수 있는 질문으로 허용해야 한다. 왜냐하면 신정론이란 '논리적 문제의 해답'이라기보다는 차라리 '영적 의미를 향한 순례'에 가깝기 때문이다.[10]

아우슈비츠의 생존자요 의미요법(logotherapy)의 창시자인 빅터 프랭클(V. Frankl)은 인간을 가리켜 '의미를 찾는 존재'라고 규정했다.[11] 그에게 신정론 이해의 열쇠는 고통 속에 있는 사람이 하나님과의 관계 속에서 고통의 의미를 발견하도록 돕는 데 있다. 구약성서 욥 이야기는 고통을 외면하지 않고 하나님을 향해 정직하게 항변하면서 그 의미를 찾아내려 애쓰는 욥 같은 사람이 무작정 하나님을 변호하려는 그의 친구들보다 더 하나님을 잘 체험하고, 영적으로도 더 성장한다고 본다(욥 42:5-6). 토마스 롱(T. Long)도 인정했듯이, 고통당하는 사람

---

10 위의 책, 182.
11 빅터 프랭클/이시형 역, 『죽음의 수용소에서』(서울: 청아, 2005).

이 하나님을 향해 항변하는 질문은 '신앙의 부재'라기보다는 차라리 '신앙의 표현'으로 이해함이 옳다.12 고통 속에서 하나님께 항변하는 사람들을 의심의 눈초리로 바라보기보다는 그들을 지지하고, 격려하고, 동행해 주면서 그들로 하여금 하나님을 만날 수 있도록 돕는 일이야말로 재난시대에 적절한 목회 돌봄이다.

3) 고통, 교의학 관점에서 윤리학 관점으로

재난으로 말미암은 무고한 자의 고통과 악에 대한 해석이 교의학의 관점으로부터 자연과학이나 윤리학의 관점으로 바뀐 것은 계몽주의자들 덕이었다. 그들은 재난의 고통에서 생기는 악에 대한 질문을 신학이나 형이상학의 관점이 아니라 과학의 관점에서 접근했다. 임마누엘 칸트(I. Kant)는 자연의 질서와 도덕의 질서를 분리하고, 물리적으로 '당하는 악'과 도덕적으로 '저지르는 악' 사이를 구별하면서 둘 사이에는 논리적 필연성이 전혀 없다고 보았다. 그래서 자연재해와 같은 물리적 악은 인간의 지식과 과학을 발전시킴으로써 제거하거나 극복할 수 있고, 도덕적 악은 인간의 도덕적 심성을 계발함으로써 제거할 수 있다고 주장했다.13

무고한 고통에 대한 계몽주의자들의 이 같은 도덕적 접근과 해석 방식이 중요해 보이는 이유는, 고통을 교리적 관점에서만 논의할 때

---

12 토마스 G. 롱, 『고통과 씨름하다』, 196.
13 강영안, "악에 대한 형이상학적 성찰," 한국정신문화연구원 철학·종교연구실 편, 『악이란 무엇인가』 (서울: 도서출판 창, 1992), 35-63.

자칫 논의의 단초가 되는 고통의 원인과 책임을 신에게 떠넘기면서 인간과 사회의 도덕적 책임을 면하기 위한 구실로 악용될 수 있기 때문이다. 말하자면 자연 재앙 앞에서 "왜 하나님이 이런 일이 일어나도록 내버려두었을까?" 물으면서 자신들은 자연이나 하나님 뒤로 숨어 버린다.

그런데 현대 사회에서 위험과 재난은 자연현상이기도 하지만 많은 경우 인재(人災)다. 후기 산업사회에서는 이 둘 사이를 엄격하게 구분하는 일이 점점 더 불가능해지고 있다. 말하자면 현대 사회에서 재난은 자연과 인간 그리고 사회 사이의 경계가 불명확한, 즉 물리적 세계와 사회적 세계 사이의 접점이나 경계선상에 놓여있다.[14] 게다가 위험과 재난의 피해가 계층 간 혹은 국가 간에 불평등하게 배분되고 있다. 안전조차 하나의 상품이 되면서 그 안전을 위해 경제적 대가를 지불할 능력이 없는 빈곤 계층은 부유한 계층에 비해 훨씬 더 재난에 취약하다. 국제적으로 보더라도, 기후 위기로 말미암는 남태평양의 투발루나 인도양의 몰디브 같은 섬 국가들에게는 생존 문제로 나타난다. 그런 배경에서 위험과 재난은 신의 섭리나 우연 혹은 운명에 그 책임을 떠넘길 문제가 아니라 현실 속에서 책임을 묻고 따져야 할 도덕적 문제로 다루어야 한다.

따라서 재난을 당할 때 그것이 하나님의 섭리라든가 그 책임이 하나님께 있다는 태도보다는 우리 자신들을 성찰하고, 우리 사회를 보다 안전한 사회로 바꾸려고 다짐하는 계기로 삼아야 한다. 몰트만이 지적했듯이, 아우슈비츠에 직간접적으로 책임이 있는 독일 민족에게

---

14 존 C. 머터/장상미 역, 『재난 불평등』(서울: 동녘, 2016), 38.

"하나님이 어디에 계신가?"라고 부르짖기보다는 "아담아, 네가 어디에 있느냐?" 혹은 "가인아, 네 아우 아벨이 어디에 있느냐?" 그리고 "너는 무엇을 행하였느냐?"를 물으시는 하나님의 물음에 대답할 책임이 있다.15

흔히 악을 도덕적 관점에서 다룰 때 개인적 악과 사회구조적 악으로 구분한다. 물론 악은 인간 존재의 내면에서 일어나는 심리 현상이며, 특정한 행위자에 의해 저질러진다는 점에서 개인적이다. 그런데 그 개인적인 악은 사회 제도나 구조에 의해 통제될 수도 있고, 강화될 수도 있다는 점에서 구조적이다. 특히 전체주의와 같은 구조악의 실재와 힘을 결코 간과해서는 안 된다. 기독교사회윤리는 인간의 근원적 죄성, 곧 원죄를 인정할 수밖에 없다. 바울은 '공중의 권세를 잡은 통치자'(엡2:1)나 '통치자들과 권세자들과 이 어두운 세계의 지배자들과 하늘에 있는 악한 영들'의 실재와 위력을 인정하고 있다(엡6:12). 사회윤리학을 발전시킨 라인홀드 니버가 옳게 지적했듯이, 집단과 사회는 개인보다 훨씬 더 비도덕적이고 이기적인 특징을 지닌다.16

아르투어 리히(A. Rich)의 통찰대로, 현대 사회에서 개인과 사회는 동시성을 지니며, 상호 귀속되어 있다. 한 인간을 사회적 맥락으로부터 분리해서 이해할 수 없고, 사회구조를, 그것을 구성하는 개인이나 집단들로부터 분리해서 이해할 수도 없다. 개인과 사회 제도, 개인적인 것과 구조적인 것은 존재론적으로 상호 의존하여 있다. 말하자면

---

15 위르겐 몰트만, 『세계 속에 있는 하나님』, 245.
16 Reinhold Niebuhr, *Moral Man and Immoral Society* (New York: Charles Scribner's Sons, 1960).

악은 개인적이며 동시에 구조적이다.17 따라서 사회를 구성하는 개인들의 내면적 변화 없이 사회의 변화를 기대할 수 없듯이, 사회제도와 사회구조의 변화 없이 개인의 변화를 기대할 수도 없다. 따라서 악에 대한 개인적인 이해와 사회구조적인 이해를 이분법적으로 엄격하게 분리할 수 없고, 바람직한 일도 아니다. 그럼에도 불구하고 책임을 개인으로 환원하는 경건주의나 보수주의 윤리가 구조악의 위력을 간과한다면, 책임을 사회구조로 환원하는 마르크시즘이나 진보주의 윤리는 개인의 책임을 사회구조나 제도 탓으로 돌리는 잘못을 범한다. 개인 내면의 변화가 자동적으로 사회구조를 변화시킨다거나 거꾸로 사회구조를 변화시키면 개인의 내면이 자동적으로 변화되리라는 기대는 신화요 이데올로기다.

우리는 정치철학자 한나 아렌트(H. Arendt)가 나치 전범자 아이히만 재판에서 통찰한 악의 실체를 그 예로 들 수 있다. 그는 홀로코스트라는 악이 나치라는 전체주의 이념 체제나 사회구조 때문만 아니라 그 악한 이념이나 체제 안에서 사유할 의지나 능력을 상실한 채 살아가는 나치 장교 아이히만 같은 한 개인에 의해서 쉽게 저질러진다는 점을 확인했다. 그의 관찰에 따르면, 아이히만은 악마라기보다는 차라리 조직의 명령에 따라 행동했던 지극히 평범하고 충성스러운 관료였을 뿐이다. 그런 그가 홀로코스트라는 끔찍한 사건의 중범죄자가 된 이유는 독일 국가사회주의 체제 속에서 자신의 행동에 대해 성찰하는데 태만했고, 특히 타인의 입장에서 생각하는 데 무능력했기 때

---

17 아르투어 리히/강원돈 역, 『경제윤리 1: 신학적 관점에서 본 경제윤리의 원리』 (천안: 한국신학연구소, 1993), 125.

문이다.

이처럼 현실로부터 멀리 떨어져 있다는 것과 이러한 무사유가 인간 속에 아마도 존재하는 모든 악을 합친 것보다도 더 많은 대파멸을 가져올 수 있다는 것, 이것이 사실상 예루살렘에서 배울 수 있는 교훈이었다.[18]

4) 재난 공포와 묵시적 종말론

위험과 재난이 일상화되고 심지어 정상적인 것으로 간주되는 위험사회에서 세계적 경제위기, 기후 재앙, 핵전쟁의 위협 그리고 글로벌 감염병 같은 대재난은 자연스레 지구 종말론적 상황을 떠올리게 만든다. 위험과 재난이 어떤 파국적인 결과를 가져올지 알 수 없다는 '무지'와 그에 대응하기 위해 아무것도 할 수 없다는 '무력감'은 불안과 공포의 핵심 원인이 된다.[19] 위험사회론자 울리히 벡(U. Beck)은 과거 산업사회를 움직인 근본 동기가 '배고픔'이었다면, 후기산업사회인 위험사회에서는 '두려움'이 될 것이라고 예견했다.[20] 실제로 우리나라 국민 상당수는 우리 사회를 '불안 사회'라고 생각한다. 실제 각종 사고나 재난이 발생할 때마다 불안이나 두려움 같은 감성 연관어의 인터넷 검색 횟수가 급격하게 증가하는 것을 알 수 있다.

---

[18] 한나 아렌트/김선욱 역, 『예루살렘의 아이히만: 악의 평범성에 대한 보고서』(파주: 한길사, 2006), 392.
[19] 지그문트 바우만·레오니다스 돈스키스/최호영 역, 『도덕적 불감증』(서울: 책읽는 수요일, 2015), 174.
[20] 울리히 벡/홍성태 역, 『위험사회: 새로운 근대성을 향하여』(서울: 새물결, 1997), 98.

글로벌 재난사회에서 점점 커지는 불안과 공포 그리고 무력감 때문에 생겨나는 운명론적 태도는 사람들로 하여금 현실 사회로부터 도피하고, 윤리적 책임에 눈을 감는 비도덕이고 반사회적인 묵시적 종말론의 유혹에 취약하게 만든다. 묵시적 종말론 가운데서도 특히 시한부 종말론은 사람들의 합리적 사고와 도덕적 판단력을 마비시킨다. 비슷한 불안감과 공포심을 공유하는 사람들과 함께 사회로부터 퇴거해서 폐쇄적인 집단생활에 빠지기도 한다. 교주들은 그 폐쇄된 공동체 안에서 신도들의 영혼만 아니라 노동력과 재난 그리고 성까지 착취하며 인권을 유린한다. 예수가 종말을 예고하면서 미혹 당하지 않도록 조심하라고 경계하고(마 24:4), 바울이 임박한 종말 신앙을 이유로 무절제하고 일하지 않는 데살로니가 교회의 일부 신자들을 비난한 것도 이런 위험성 때문일 것이다(살후 3:6-13).

묵시적 종말론과 다르게 구약 예언자로부터 예수에 이르기까지 전승된 기독교 종말론은 역사적이고 윤리적이다. 기독교 종말론은 종말 이후의 저세상에 대한 이야기이면서 동시에 현실 세계와 그 속에 살아갈 사람들의 삶의 태도에 대한 이야기이기도 하다. 성서는 '여기 저기에서 전쟁과 기근과 지진'이 있을 것이라고 말하면서 종말과 심판을 예고했다(마 24:6-7). 하지만 반사회적이고 몰역사적이며 비도덕적인 종말 이해에 대해서는 거리를 두었다(막 13:32-33; 살후 3:6-15).

기독교 종말론은 현실로부터 도피하면서 윤리적 책임에 눈감는 태도를 결코 정당화하지 않는다. 오히려 그 반대로 종말과 심판 선포를 통해 불의한 기존 질서를 심판하고, 새로운 세계를 만들기 위한 도덕적이고 책임적인 행동을 위한 동기와 동력을 제공한다. 기독교 초기에 박해의 지속과 재림의 지연이라는 위기 속에서 복음서 저자들은 종말의 긴박성을 선포하면서 '깨어 준비하는 삶', 곧 영적이고 윤리적인 신앙생활을 강조했다(마 24-25장). 요한계시록 저자는 곧 도래할 '새 하늘과 새 땅'의 기대 속에서 현실을 지배하는 악의 세력에 맞서 믿음과 확신을 가지고 인내할 것을 강조했다.

리처드 헤이스(R. Hays)는 새 하늘과 새 땅이라는 기독교 종말론이 지닌 윤리적 함의를 세 가지로 정리했다. 하나는 미래의 소망이 불의한 현존 질서를 비판하는 준거가 된다. 종말론적 비전은 거짓과 참을 구분하고, 불의에 저항할 힘을 제공한다. 그리고 교회공동체가 주의 오심을 기다리는 동안 종말론적 환상이나 비전은 환난 속에서도 견디는 데 필요한 충분한 위안을 제공한다. 마지막으로, 보상에 대한 종말론적 약속의 말씀은 현실의 고난 속에서 교회공동체의 충성과 인내의 강력한 동기가 된다.[21]

한편 기독교 종말론은 역사적인 특징을 지닌다. 구약 예언자들로부터 예수에 이르기까지 일관되게 나타나는 하나님의 통치의 비전은 순수 내면적이거나 피안적인 세상과 상관없다. 오히려 하나님의 나라는 악이 지배하는 불의한 현실 세계와 갈등하고 대립하는 역사적 실체로 이해된다. 하나님의 나라는 현실 세계와는 확연하게 대비되는 새로운 가치들과 삶의 방식을 제시한다. 곧 현실 세계에 동화되거나 순응하지 않는 반문화적인 가치들과 현실 질서를 전복시키려는 대안적인 세상에 대한 비전을 제공한다.

이처럼 기독교 종말론은 한편에서 파멸과 심판을 선포하면서도 다른 편에서 새로운 세상에 대한 비전과 꿈을 선포한다. 기독교 종말

---

[21] 리처드 헤이스/유승원 역,『신약의 윤리적 비전』(서울: IVP, 2014), 285-288.

론에서 사용되는 종말(eschaton)이라는 헬라어는 끝(finis)이라는 의미와 더불어 완성(telos)이라는 의미를 함께 지닌다. 그러고 보면 기독교에서 말하는 종말은 절망과 공포의 언어이면서 동시에 희망과 위로의 역설적인 언어다.

기독교 종말론이 선포하는 희망은 현대 과학기술이 내세우는 안전 신화(technopia)에 내포된 인간적 희망과 동일시할 수 없다. 일찍이 평화운동가 로버트 융크(R. Junk)는 현대 기술의 상징이라 할 원자력 기술과 관련하여, 기술자들이 '안전'이라는 개념 자체를 본래 뜻과 전혀 다르게 사용한다고 비판한 적이 있다.

> 그들은 안전이라는 말을 위험이 조금도 없는 상태를 뜻하는 개념으로 사용하는 것이 아니다. 오히려 위험은 존재하지만 이 위험을 여러 가지 세부 기술을 겹겹이 도입해서 차단했을 때 도입되는 상태로서 안전이란 개념을 사용한다.[22]

이런 '안전하지 못한' 안전 개념에 기초하여 공학기술자들은 각종 위험을 얼마든지 예방하고, 통제하고, 제거하여 위험 없는 안전 사회를 구축할 수 있다고 장담한다. 그러나 현실 사회의 사회시스템에는 우연성과 복잡성이 내포되어 있으며, 인간의 실수나 잘못을 기술적으로 완전히 제거하는 것도 원칙상 불가능하다. 기독교 종말론은 이런 불안전한 '안전 사회'라는 세상적 희망의 허구성을 폭로해 준다.

---

22 로버트 융크/이필렬 역, 『원자력 제국』(서울: 따님, 1991), 13-14.

3. 치유와 돌봄 목회

1) 사회적 트라우마 치유와 공감 교육

재난은 희생자와 주변인들에게 엄청난 심리적 상처와 고통을 주는 사회적 트라우마다. 세월호 참사에서 본 것처럼, 재난은 당사자 가족만 아니라 그것을 목도한 일반시민들까지 집단적 슬픔이나 무력감에 빠뜨린다. 어떤 형태의 트라우마든 치유되지 않으면, 고통은 피해자의 마음속에 잠재해 있다가 특정한 계기에 강화되기도 하고 전이되기도 한다. 특별히 사회적 트라우마를 치유하려면 개인적 차원을 넘어 사회적 차원에서의 치유 노력이 필요하다.

재난의 희생자나 피해자로 하여금 자신의 외상 경험을 용기 있게 표현하고, 위험한 세상에 대한 공포심을 줄여주며, 희생자들의 고통이 그들 자신의 잘못이 아님을 인식하도록 돕는 사회적 지지야말로 사회적 트라우마의 치유에 필수적인 요소다.[23] 희생자의 슬픔에 공감하고 고통을 함께 나누려는 의지를 지닌 공동체가 나서서 희생자에게 희생이나 고통의 의미를 해석해 주고, 의미를 재창조해 줄 때 비로소 희생은 의미를 찾고, 상처는 효과적으로 치유될 수 있다. 나아가 희생과 고통을 불러온 참사의 원인을 둘러싼 진실과 원인 규명에 따른 책임의 귀속, 피해자에 대한 보상 그리고 유사한 참사의 재발 방지를 위한 제도적인 장치를 마련하는 데까지 나아가야 한다.[24]

---

23 김순진 · 김환, 『외상 후 스트레스 장애』(서울: 학지사, 2000), 123.
24 김왕배, "'세월호 트라우마' 치유를 위한 사회학적 탐색과 전망," 김종엽 외, 『세월호 이

사회적 트라우마의 치료에서 이웃의 공감과 지지는 대단히 중요한 요소다. 재난의 희생자가 교회 구성원인 경우 자신의 고통에 대한 하나님의 침묵을 견디기 어려워하지만, 그보다 더 힘들어하는 건 교회 내 교우들의 무관심이나 공감 부족에서 오는 상처와 고통이다. 세월호 참사에서 보았듯이, 한국교회는 재난의 희생자들에 대한 공감을 충분하게 보여주지 못하였고, 오히려 상처를 덧나게 하는 실수를 저지르기도 했다. 세월호 참사가 발생했을 때, 한 대형 교회 목사는 희생자인 학생들을 두고 '하나님이 대한민국을 위해 허락하신 회개의 기회'라고 설교했다. 어떤 목사는 촛불집회로 거리에 나선 유족들을 종북 세력으로 매도함으로써 유족들로부터만 아니라 일반 시민들로부터도 공분을 불러일으켰다. 이러한 행태들은 때마침 한국을 방문했다가 세월호 유족을 만난 후 "인간의 고통 앞에 중립은 없다"고 말한 교황 프란체스코의 태도와 비교되었다.

사회학자 지그문트 바우만(Z. Bauman)은 위험과 재난사회에서의 악을 가리켜 이웃의 고통에 대한 감수성의 상실, 곧 '도덕적 불감증'(아디아포라)이라고 정의했다.

> 악은 전쟁이나 전체주의적 이데올로기에 한정되지 않는다. 오늘날 악은 누군가의 고통에 제대로 반응하지 못할 때, 타인에 대한 이해를 거부할 때, 말 없는 윤리적 시선을 외면하는 눈길과 무감각 속에서 더 자주 모습을 드러낸다.[25]

후의 사회과학』(서울: 그린비, 2016), 266.
25 지그문트 바우만·레오니다스 돈스키스,『도덕적 불감증』, 23.

제레미 리프킨(J. Rifkin)은 인간을 '공감하는 존재'(homo empathicus)로 규정하면서, 공감 능력이야말로 인간의 모든 능력 가운데 가장 '으뜸가는' 능력이며, 모든 인간에게서 볼 수 있는 가장 '보편적인' 인간 조건이라고 말했다.[26] 만약 인간이 공감 능력을 상실하게 되면 곧이어 인간성과 도덕성마저 상실하게 된다. 공감 능력을 상실한 인간은 타인을 이해할 수 없게 되고, 인간으로서 마땅히 해야 할 도덕적 행동조차 할 수 없게 된다.

성서는 신을 자기 백성의 고통에 차마 눈감지 못하고, 그들을 고통에서 해방시키기 위해 몸소 역사에 개입하시는 존재로 묘사한다(출 3:7-8). 그 하나님은 인간 구원을 위해 십자가에서 대신 고통을 겪으신 신이다(요 1:14). 예수는 선한 사마리아인의 비유(눅 10장)를 통해서 고통당하는 사람에 대한 공감적 태도야말로 참된 경건과 이웃사랑의 핵심이라고 거듭해서 강조했다. 바울도 "우는 자들과 함께 울라"고 강조했다(롬 12:5).

교인들의 공감 감수성을 증진시키기 위해 교회는 고통당하는 사람의 처지를 상상할 수 있는 능력과 감정이입 그리고 고통의 해소를 위해 적극적으로 행동할 수 있는 실천 역량을 길러주어야 한다. 공감의 실천에 있어 그 대상은 고통당하는 모든 존재, 곧 국경과 종교, 인종의 경계를 뛰어넘어야 한다. 말하자면 교회의 신앙교육이 지적이고, 교리적이고, 종교 의례적인 차원만 아니라 정서적인 차원까지 포괄하는 전인격적 신앙교육을 지향해야 한다.

---

26 제레미 리프킨/이경남 역, 『공감의 시대』(서울: 민음사, 2010), 16.

2) 사회 정치적 애도로서 희생자에 대한 기억

지그문트 프로이트(S. Freud)는 애도 행위를 가리켜 상실에 따르는 고통과 병리적 현실에 빠지지 않으려는 실존적 몸부림으로 이해한다. 진정한 애도란 부재하는 대상에 대한 애착을 거두어들이고, 새로운 대상을 찾는 과정에서 부재하는 대상이 나의 일부로 바뀌고, 자아의 현존 속에서 그 대상을 기억하게 되는 과정이라고 본다.27 즉, 건강한 애도의 과정을 통해서 비로소 살아있는 자와 죽은 자 사이에 연대가 이루어지고, 마침내 희생자는 슬픔을 딛고 새로운 출발을 할 수 있는 용기를 얻게 된다.

무고한 희생자들을 위한 사회적 애도란 희생당한 사람들과 유족에 대한 사회적 공감과 지지의 표현이다. 만약 사회적 연대가 결여되면 애도는 자칫 '과잉 감정'으로 치부되면서 사회로부터의 지지를 잃어버리고, 새로운 사회를 위한 정치적 동력도 만들어 낼 수 없게 된다.28 반면에 사회적 지지와 연대에 기반한 사회적 애도는 사회 구성원을 희생당한 자와 연대하게 만들고, 다시는 무고한 희생이 반복되지 않을 정의롭고 안전한 사회의 건설을 위한 정치 행동에 참여하는 동기를 제공한다.

위험과 재난사회에서 희생자들이 갖는 두려움 가운데 하나는 사람들의 기억에서 사라지는 일이라고 한다. 그도 그럴 것이 아무리 충

---

27 이영진, "가라앉은 자들과 남은 자들," 김종엽 외,『세월호 이후의 사회과학』(서울: 그린비, 2016), 101.
28 김종곤, "세월호 트라우마와 죽은 자와의 연대," 김종엽 외,『세월호 이후의 사회과학』, 119.

격적인 재난이라도 시간이 지나면 잊히기 마련이어서 당사자의 억울함이나 슬픔과 고통마저도 함께 묻히기 때문이다. 뿐만 아니라 국가마저도 '사회적 안정'이니 '국민의 피로감'이니 혹은 '경제의 부정적 효과' 같은 이유를 들어 국민이 재난의 상처를 빨리 잊어버리고 일상으로 돌아가기를 재촉한다. 물론 정부의 그런 행동에는 으레 국민의 안전을 지키지 못한 자신들의 책임을 덮고, 불리한 상황으로부터 빨리 벗어나려는 정치적 의도도 숨어 있을 것이다. 이런 상황에서 희생자와 유족들은 무엇보다도 "당신을 잊지 않겠다"는 말에 크게 위로를 받는다고 한다. 사회적 애도 행위는 희생자들에게 "당신은 결코 혼자가 아니다"라는 공동체의 지지의 메시지를 전하는 통로다.

시간이 흘러도 재난과 희생자들을 기억하려는 공동체의 행위는 개인 심리적 차원을 넘어서 사회 정치적 행위로 해석할 수 있다. 아우슈비츠 생존자요 노벨평화상 수상 작가인 엘리 위젤(E. Wiesel)은 아우슈비츠의 희생자들을 잊는 일을 가리켜 '위험스럽고 모욕적'이라고 비판하면서, 자신이 책을 쓰고 강연을 하는 이유가 희생자들을 기억하기 위해서라고 말했다.[29] 지그문트 바우만은 이러한 기억 행위를 두고 망각을 강요하는 권력의 논리에 맞서는 '힘없는 자들의 도덕적 상상력'이라고 표현했다.[30] 비록 재난이란 다시 기억하고 싶지 않은 끔찍한 일일 수 있지만 그냥 덮어두거나 잊어버리지 않으려는 행위를 통해서 비로소 우리는 희생과 고통의 의미를 찾고, 참사의 반복을 막을 수 있게 된다.

---

29 엘리 위젤/김하락 역, 『나이트: 살아남은 자의 기록』 (서울: 예담, 2007), 19-20.
30 지그문트 바우만, 『도덕불감증』, 237.

기억하는 행위는 신학적으로도 아주 중요하게 다루어진다. 기독교 예배란 십자가에서 돌아가신 예수를 기억하는 행위요 의식이라 해도 틀리지 않다. 교회는 초기 예루살렘교회 때부터 줄곧 성만찬 예식을 통해 예수가 제자들과 함께 나눈 최후의 만찬 때 "나를 기억하고 행하라"는 부탁을 실천하고 있다. 신자들은 지금도 사순절 동안에는 금식이나 특별새벽기도와 같은 종교 행위를 통해서 예수의 고난을 기억하려고 노력한다. 메츠(J. B. Metz)는 예수의 고난을 기억하려는 이런 행위를 가리켜 '자유를 향한 위험한 기억'이라고 표현하기까지 했다.31

히브리어에서 '기억한다'는 말은 과거의 사건이 지닌 영향력과 효과를 현재에 '재 경험한다'는 뜻을 지니고 있다. 말하자면 기억이란 단지 지난 일들을 회상하는 것에 그치지 않고 현재에 다시 살아내는 것이다. 예수의 십자가 죽음과 고난에 대한 교회공동체의 회상은 신자들로 하여금 도덕적 상상력을 불러일으킴으로써 현존 세계의 고통에 참여할 힘을 제공한다. 그런 점에서 교회가 지역사회와 함께 재난의 고통과 억울한 희생을 잊지 않으려고 노력하는 '기억 공동체'가 되는 것은 뜻깊은 일이다. 왜냐하면 재난으로 인한 무고한 희생자들을 기억하려는 노력은 정의로운 사회공동체를 세우려는 사회 정치적 행위의 일부이기 때문이다.

---

31 김은혜, "기억의 윤리와 기독교 생명 가치: 세월호에 대한 신학적 성찰과 반성,"「장신논단」 47/4 (2015), 158 재인용.

3) 재난 현장의 돌봄과 섬김 사역

재난이 공동체를 해체하는 원인이 될지 아니면 더 강력하게 결속하게 만드는 데 기여할지는 공동체 구성원들이 재난의 희생자들을 대하는 태도에 달려 있다. 재난이 공동체를 결속하는 방향으로 영향을 미치려면 재난으로 고통당하는 희생자들에 대한 구성원들의 공감적 태도가 절대적으로 필요하다. 고대 유대 사회는 고아와 과부 그리고 이방 나그네를 돕기 위해 이삭줍기 규정(레 19:9-10, 신 24:19-22) 그리고 추수 규정(레 23:22)을 통해 제도화했다. 성전 제사장을 위한 십일조와 달리 매 3년 말에 거두는 또 다른 십일조는 예루살렘 성안에 거류하는 나그네와 고아 그리고 과부들을 위한 구제금으로 사용되었다(신 14:28-29, 26:12-15). 예수 당시에도 구제를 실행하는 중요한 제도들이 시행 중이었는데, 그중 하나는 일주일에 한 번 물건과 옷가지를 나누는 모금 상자 제도(quppa)요, 다른 하나는 매일 필요한 양식을 제공하는 음식 접시 제도(tamhuy)였다. 예루살렘 성전이 로마군에 의해 파괴되어 희생 제사가 불가능해지면서 구제는 종교적 희생 제사를 대신하는 경건 행위로 간주될 만큼 중요하게 다루어졌다.[32]

초기 예루살렘교회는 구제와 섬김 사역을 말씀 선포와 더불어 핵심 사역으로 다루었다. 각종 재난으로 궁핍해진 사람들이 늘어나자, 교회는 구제와 섬김 사역을 강화하고 효과적으로 수행하기 위한 전문 직분으로 집사직 제도(diakonie)를 신설했다(행 6장). 아돌프 하르낙(A. Harnack)의 "사도헌장"에 따르면 집사의 직무는 병든 자와 약한 자 그

---

32 스캇 맥나이트/최현만 역, 『산상수훈』 (경기: 에클레시아북스, 2016), 181.

리고 가난한 자와 장애인을 돌보는 사역이었다.

> 집사들은 선행을 행하는 자들이어야 한다. … 집사는 누가 곤고한 상황에 처했는지 확인하고 교회 기금을 나누는데 소외되는 이가 없도록 하며 유복한 자에게는 선행에 쓸 돈을 따로 떼어 놓도록 설득하는 일도 해야 한다.[33]

초기 예루살렘교회의 구제 제도가 유대교의 구제 제도와 비교하여 진일보한 점이 있다면, 그것은 바로 구제 행사의 횟수를 일주일 단위가 아니라 매일 진행했다는 점과 구제 물품의 종류를 일용할 양식만 아니라 다양한 생필품으로 확장했다는 점이다.[34]

초기 기독교의 구제 사역에서 주목할 점은 기근과 같이 긴급한 재난 상황이 발생했을 때 지역과 국경을 넘어 도움을 주었다는 사실이다. 주후 46~48년 사이에 팔레스타인에 심한 기근이 들었을 때, 소아시아의 안디옥교회는 팔레스타인 교인들을 위해 특별 구제헌금을 모아 바울을 통해 전달했다(행 11:28-30). 그 외에 아가야와 갈라디아, 마케도니아 지역 교회들의 구제헌금도 국경을 넘어 전달되었다(고후 8:1-5, 9:1-5, 롬 15:26).

초기 기독교의 급속한 양적 성장을 사회과학적으로 분석한 로드니 스타크(R. Stark)는 그 이유 가운데 하나로 기독교인들의 국가나 인종의 경계를 넘은 구제와 섬김 행위에서 찾는다. 주변 사회와 달리 기

---

[33] 로드니 스타크/손현선 역, 『기독교의 발흥』 (서울: 좋은씨앗, 2016), 136-137 재인용.
[34] 최재덕, "주후 1세기 그리스, 로마제국, 팔레스틴의 구제제도와 원시기독교의 구제활동에 관한 연구," 「장신논총」 4 (2011), 79.

독교인들은 나그네를 환대하고, 곤궁한 사람을 구제하며, 전염병 속에서도 희생적인 돌봄을 실천함으로써 로마나 그리스 사회로부터 신뢰와 존경을 얻을 수 있었다. 한 예로 4세기 로마 황제 율리아누스는 혐오 받던 갈릴리인(초기 기독교인)의 국경 없는 구제 행위를 부러워하며 한 편지글에서 이렇게 썼다.

> 불경한 갈릴리인들은 그들의 가난한 자만 돕는 게 아니라 우리의 가난한 자까지 돕는다. 누가 봐도 우리 사람들이 우리로부터 받는 도움이 부족한 것을 알 수 있다.[35]

조슈아 지프(J. W. Jipp)는 이런 구체 행위의 의미를 사회윤리적 관점에서는 시혜자와 수혜자 사이의 경제적 상부상조 및 연대 그리고 균등함을 위한 재분배 행위라고 의미를 부여하고(고후 8:14-15), 신앙적 관점에서는 하나님을 영화롭게 하는 예배 행위(고후 9:13)의 일부로 의미를 부여했다.[36]

이처럼 재난 현장이 중요한 선교의 기회를 제공할 수 있다는 사실은 한국교회의 선교 역사를 통해서도 충분하게 확인할 수 있다. 구한말 한국교회의 급속한 성장 요인 가운데 하나는 콜레라가 전국을 휩쓸었을 때 의료선교사들의 헌신적 구호와 치유 활동이었다. 선교사들은 병자를 치유하고 빈민들을 구제하고 사회적 약자들을 돌봄으로써 지역사회로부터 신뢰를 얻을 수 있었다. 2천 년대 들어 한국교회가 아

---

35 로드니 스타크, 『기독교의 발흥』, 131 재인용.
36 조슈아 W. 지프/송일 역, 『환대와 구원』(서울: 새물결플러스, 2019), 283-289.

이티 지진(2010), 동일본 대지진(2011), 네팔 지진(2015), 인도네시아 쓰나미(2004, 2018) 등의 해외 재난 현장에서 수행했던 구호 활동들이 복음 전파에 긍정적으로 기여했다는 사실은 여러 실증 자료들을 통해서 확인된다.37

다행스럽게도 그간 한국교회는 다양한 재난 상황들을 경험하면서 일회적인 이벤트성 행사나 응급구호 활동 단계를 넘어 보다 더 체계적이고 조직적인 재난 사역 시스템을 구축해 가고 있다. '한국교회희망봉사단'이나 '기독교연합봉사단' 같은 교회 연합체로 된 구호단체의 등장은 그런 노력의 결실 가운데 하나다. 한국교회의 해외 선교와 구제 활동도 20세기 후반부터 활발해지면서 세계적인 수준으로 성장했다. 한국은 세계에서 선교사를 가장 많이 파송하는 국가 가운데 하나이며, 파송 지역도 아시아를 포함한 전 세계로 확장했다. 선교 방식도 초기의 복음 전도 중심에서 의료와 봉사로 다변화했다.

현재 한국교회의 해외 선교는 국내 파송교회나 후원교회의 어려워지는 재정 상황, 선교지의 종교와 문화 및 정치적 특수성에 대한 선교사의 전문 지식과 경험의 부족이라는 문제를 안고 있다. 이런 현실을 극복하는 방안 가운데 하나로 해외 재난지역에서 활동하는 국제 NGO들이나 KOICA 같은 국제화된 기구들과의 협력 사역이 대안 가운데 하나로 부각되고 있다.38 그도 그럴 것이 우리나라는 2009년 전 세계 원조의 90% 이상을 담당하는 개발원조위원회(DAC)의 스물네

---

37 이종우, "자연재난의 신학적 관점과 선교실천," 「복음과선교」 35 (2016), 193-228.
38 정승현·최순영, "기독교 NGO/CSO와 협력을 통한 지속가능한 선교 방안 연구,"「장신논단」 55 (2023), 239-261.

번째 회원국이 됨으로써 OECD 역사상 처음으로 원조를 받던 나라에서 원조를 주는 나라가 되었기 때문이다. 2021년 우리나라 전체 GDP에서 공적개발원조(ODA)가 차지하는 비중이 0.17퍼센트로 선진국 평균에 미치지는 못했지만, 그 액수가 28.6억 달러나 된 데다, 원조금이 계속해서 늘어날 전망이어서 이런 협력적 선교의 가능성과 효과는 더 커질 전망이다.39

---

39 위의 글, 249.

4장
샬롬, 오래된 미래의 꿈과 비전

1. 들어가는 말

인류는 오랫동안 각종 위험과 재난으로부터 해방된 안전하고 풍요로운 세계를 꿈꾸었다. 20세기 후반부터 진행된 경제의 지구화는 시장경제의 전 세계적 확산을 통해 세계평화를 실현할 수 있다고 확신했다. 지구화 경제는 역사상 유례없는 경제성장과 물질적 풍요를 낳았지만, 지구화 과정에서 국가들의 상호 관계성과 의존성을 키우면서 온갖 위험과 재난도 빠르게 지구화시켰다.

현재 인류가 운용하고 있는 두 개의 '위기 시계'는 지구공동체가 처한 종말론적 상황을 잘 보여준다. 하나는 1945년 창설된 미국 핵과학자협회(BSA)의 '지구 종말(Doomsday) 시계'다. 핵전쟁이 불러올 종말의 날을 자정으로 볼 때, 지금 상황은 종말 90초 전이다. 다른 하나는 '기후 위기 시계'인데, 전 세계 이산화탄소 배출량을 근거로 지구 평균기온을 산업화 이전과 비교하여 섭씨 1.5도 상승하는 시점까지 남은 시간을 보여준다. 기후 위기 시계는 지구 행성이 이미 임계점에도달해 있다고 경고한다.

이 같은 지구 행성의 파국적 상황을 두고 '여섯 번째 지구 대멸종'의 시작으로 보는 학자들이 있다. 과거 다섯 번의 지구 대멸종이 행성 충돌이나 지진과 화산활동 같은 자연적 요소 때문이었다면, 여섯 번째 지구 대멸종은 그 원인이 인간종 자신에게 있다는 점에서 차이가 있을 뿐이다. 역사학자 디페쉬 차크라바티(D. Chakrabarty)가 지적했듯이, 현 인류는 지구 행성의 운명을 바꾸는 역사상 최초의 '지질학적 행위자'가 되었다.[1] 인류가 당면한 종말론적 위기는 인류 스스로가 선택한 자멸이라는 점에서 운명이 아닌 책임 문제로 다루어져야 한다.

그간 인류는 다양한 방식으로 위험과 재난으로부터 벗어난 안전한 세계의 꿈을 실현하기 위해 노력했다. 전 세계 시장을 하나로 통합하여 세계평화를 달성하겠다는 지구화 경제의 노력이 있기 전 국제정치 무대에서는 유엔이라는 국제기구들을 통해 평화로운 세계를 건설하려고 힘썼다. 그보다 훨씬 이전에 고대 그리스 사상가들은 자연법 사상에 기초를 둔 사해동포주의(cosmopolitanism)을 가르쳤고, 근대 계몽주의자들은 세계시민주의를 통한 세계 평화를 구상했다. 그러나 지구화 시대의 인류는 칼 세이건(C. Sagan)의 날카로운 지적처럼 우주에서 바라보면 '창백한 푸른 점'처럼 위태로운 행성 지구를 만들었다. 그는 이런 지구에서 인류가 생존하려면 전통적인 민족 우월주의나 맹목적인 국가주의 같은 이데올로기가 발붙이지 못하도록 만들 것을 촉구했다.[2]

---

[1] 박일준, "실패의 정치, 신학," 『인문과학』 130 (2024), 55-91.
[2] 칼 세이건/홍승수 역, 『코스모스』 (서울: 사이언스북스, 2006), 632.

그러나 세계는 그의 희망과는 반대의 방향으로 가고 있는 듯하다. 코로나19 글로벌 감염병에 대처하는 과정에서 목도했듯이, 각 국가는 각자도생의 삶을 추구하면서 지구화 이전 시대로 뒤돌아 가고 있다. 보편적 세계시민주의라는 철학 이념은 약해지고, 국제정치의 장치들인 유엔기구들의 위상은 추락하고, 경제성장을 통한 세계평화(pax economica)를 야심 차게 추진했던 지구화 경제 체제마저 탈세계화되고 있다. 갑작스러운 탈세계화 과정에서 전 세계 경제가 어려움에 빠진 가운데 러시아의 우크라이나 침공 및 이스라엘과 팔레스타인 사이의 전쟁은 '평화롭고 풍요로운 하나 된 세계'라는 인류의 꿈이 얼마나 실현하기 어려운 꿈인가를 거듭해서 확인시켜 주고 있다.

하지만 이런 비관적 현실은 역설적으로 과거 어느 때보다 더 절실하게 평화롭고 풍요로운 하나의 세계에 대한 비전을 필요로 하고 있다. 인류의 철학 사상(사해동포주의)과 국제정치적 노력(유엔기구들) 그리고 경제활동(지구화 경제)의 노력들이 한계에 부딪쳤다고 생각되는 이 절망적인 시대에 처음부터 세계의 평화와 번영을 비전으로 선포했던 세계종교들의 역할에 대한 기대가 커지고 있다. 이런 절망적인 분위기 속에서 기독교는 과연 희망의 종교가 될 수 있을까? 산업문명으로 신음하고 있는 자연 세계에도 소망이 될 수 있을까? 벌써 한 세기 전부터 스스로를 지구학자(a geologian)라고 불렀던 가톨릭 신학자 토마스 베리(T. Berry)는 산업문명을 발전시킨 기독교가 지구 행성의 운명에 어떻게 대처하는지에 따라 지구 행성의 미래가 결정될 것이라고 내다보면서 기독교의 자주적 책임을 강조했다.[3]

---

3 토마스 베리/황종렬 역,『그리스도교의 미래와 지구의 운명』(서울: 바오로딸, 2011), 85.

이러한 책임 의식에서 출발하는 이 글은 글로벌 재난시대를 극복하고, 안전하고 풍요롭고 새로운 세계를 건설하는 데 필요한 기독교의 신학적 과제가 무엇인지 살펴보는 데 목적을 둔다. 이를 위해 기독교가 지닌 도덕 자원을 성서 속 오랜 비전인 '샬롬'(shalom)을 중심으로 되새기고자 한다. 왜냐하면 새로운 세계에 대한 샬롬 비전이 품고 있는 환상과 상상력은 실현 가능성 여부와 상관없이 현실 사회를 비판적으로 성찰하고, 새로운 세계를 구상하고 실현할 수 있는 강력한 행동의 동기와 동력을 제공하기 때문이다. 그 후에 샬롬 비전을 구현하는 데 요청되는 교회의 목회와 도덕 영역에서의 실천 과제들을 탐색하는 순서로 논의를 진행하겠다.

2. 안전하고 풍요로운 하나 된 세계를 향한 인류의 노력들

1) 철학적 접근과 코스모폴리타니즘

안전하고 풍요로운 하나 된 세계에 대한 철학적 비전은 고대 그리스 사상가들에게서 찾을 수 있다. 디오게네스나 제논 같은 스토아학파 사상가들은 보편이성(로고스)에 기초한 사해동포주의(cosmopolitanism)를 가르쳤다. 디오게네스는 자신의 정체성을 특정 폴리스(polis)에 속하는 구성원이 아니라 세계 혹은 우주에 속하는 사람(kosmopolites)이라고 정의했다. 제논 역시 자신의 정체성을 지역과 국가의 경계를 넘은 존재로 규정하면서 '하나의 법 아래에 있는 우주적 폴리스'를 강조했다.

우리 인간은 모든 다른 사람들을 동료 시민으로, 같은 지역 주민들로서 생각해야 한다. 그리고 마치 한 무리의 가축들이 같이 풀을 뜯어 먹으며 공동의 방식에 의해 함께 양육되어야 하는 것처럼, 모든 인간이 함께 어울려 살아가는 삶에 질서를 유지하는 하나의 길이 있어야 한다.[4]

이런 생각은 로마의 정치인이요 사상가였던 세네카의 이중시민권에 대한 생각으로 이어졌다. 그는 세계에는 두 가지 형태의 연방 국가가 있는바, 하나는 이 지구의 어느 특정한 경계에 의해서가 아니라 태양에 의해 우리의 시민성이 묶이고 신들과 인간들을 모두 포용하는 방대하고 진정한 의미의 공동 국가다. 또 다른 하나의 연방 국가는 출생의 우연성에 의해 규정되는 현실 국가라고 말했다.[5]

근대에 들어서 칸트나 괴테 같은 계몽주의자들은 이성적 능력과 자연법적 원리에 기초한 보편적 공동체, 곧 세계시민주의를 주창했다. 특히 칸트의 '영구평화론'에는 국가 간 갈등과 폭력을 넘어선 평화로운 세계의 조건으로서 세계시민주의의 이념이 잘 나타나 있다. 그는 인류가 평화를 영구적으로 정착시키려면, 세계시민의식과 환대라는 보편적인 의무를 강조하고, 지구상에 거주하는 모든 인간의 인간존엄성과 보편적 권리를 보장할 수 있어야 한다고 주장했다.[6]

유감스럽게도 인간의 보편적 이성의 힘으로 평화롭고 정의로운 하나 된 세계를 건설할 수 있다고 믿었던 계몽주의자들의 꿈은 두 차

---

4 강남순, 『코스모폴리터니즘과 종교』 (서울: 새물결플러스, 2015), 82-83 재인용.
5 위의 책, 84 재인용.
6 위의 책, 97.

례 세계대전을 경험하면서 무너졌다. 인간에 대한 낙관적인 이해와 세계에 대한 낭만적 이해의 비현실성에 대한 신학적 통찰은 이른바 위기의 신학 혹은 신정통주의 신학과 윤리 사상에 반영되었다.

2) 국제정치적 접근과 유엔의 노력

두 차례 세계대전의 참상과 홀로코스트의 비극을 경험하면서 인류는 인간 존엄성과 세계평화를 증진시키기 위한 국제정치적 기구 설립의 필요성을 깨닫고 노력한 결과 국제연맹(1920)과 국제연합(1946)이 차례로 탄생했다. 특별히 국제연합(UN)이 채택한 세계인권선언(1948)은 인류의 보편가치인 인간 존엄성을 지키기 위한 구속력 있는 국제관습법으로 발전했다. "모든 인간은 태어날 때부터 자유로우며 존엄성과 권리에 있어서 평등하다."(제1조) 유엔은 이를 실현하기 위한 조건으로 각 국가와 전 세계 시민들이 형제애의 정신으로 행동하고, 어떤 종류의 차별행위도 금지했다. 이후 유엔은 수백여 개의 협약들과 조약들 그리고 규약들을 통해 인간 존엄성의 발전을 위해 힘썼다. 그리고 '유엔 밀레니엄 개발목표'(2000)와 지속가능발전목표(SDGs, 2015)를 인류 공동의 행동 목표로 추진했다. 유네스코 철학윤리국은 인류의 생존과 세계평화에 필요한 '보편윤리'의 연구와 실천 교육에 힘쓰고 있다.

한편 '이익평등 고려의 원칙'에 기초해서 인간의 윤리적 책임 범위를, 인간 종을 넘어 모든 생물 종에게로 확장해야 한다고 주장했던 피터 싱어(P. Singer)는 지금의 세계를 더 나은 세계로 바꾸기 위해서 현존하는 유엔 국제기구들의 책임과 역할을 더욱 강화시켜 '하나의 경제, 하나의 대기 그리고 하나의 법률'을 만들 것을 외쳤다. 이를 위해 우리가 지구 위의 어느 지점에서가 아니라 지구 바깥에서 지구를 보는 태도가 필요하다고 강조했다.[7]

하지만 유엔이라는 국제기구를 통한 재난 없는 세계에 대한 꿈 역시 비현실적으로 보인다. 법적 구속력을 지니지 못한 유엔의 도덕적 호소로는 당면한 지구 행성의 위기를 해결하는 데 한계가 있어 보이기 때문이다. 유엔기구가 지닌 의사결정구조의 비민주성도 이 같은 한계의 또 다른 요인이다. 예를 들면 세계평화와 안전에 관한 사안을 결정할 독점적 권한을 지닌 유엔안전보장이사회의 상임이사국인 미국, 영국, 러시아, 중국 그리고 프랑스는 정전 명령이나 유엔군 파견을 결정할 수 있지만, 각 국가가 거부권을 가지고 있어 어떤 적극적인 결정도 쉽지 않다. 심지어 상임이사국이 정치 경제적 목적으로 군사작전을 수행한다거나(미국), 전쟁을 일으켜도(소련) 제재할 방안이 없다. 이들 상임이사국이야말로 가장 심각한 전쟁 위협의 요소가 되어가고 있는 현실은 그야말로 아이러니다.[8] 유엔의 이런 문제적 현실에 대해 경제학자 조지프 스티글리츠(J. Stiglitz)는 그 원인이 지구화 경제의 문제들을 규율하거나 견제할 수 있는 민주적 정치제도를 함께 발전시키지 못한 데 있다고 분석했다.[9] 실제로 IMF나 WTO 같은 국제기구들을 보면, 선진국이나 이들 국가 내의 특수 이해집단의 이익만 반영하고, 의사결정이 비민주적으로 결정되고 있다는 비판이 설득력을 얻고 있

---

7 피터 싱어/김희정 역,『세계화의 윤리』(파주: 아카넷, 2003), 83-193, 256.
8 죠지 몬비오/황정아 역,『도둑맞은 세계화』(파주: 창비, 2006), 76-77.
9 조지프 스티글리츠/홍민경 역,『인간의 얼굴을 한 세계화』, 453.

다. 예를 들면 IMF는 각국의 국제무역 규모, 국민소득액, 국제준비금 보유량에 따라 회원국 정부의 출자와 그에 따른 비례적 투표권을 배분하는 구조여서 선진국의 영향력을 벗어나기 어렵다.[10] 말하자면 국제적 연대와 견제를 위해 만들어진 국제기구들 안에도 여전히 강대국 중심의 정치 논리와 제국주의적 세계 지배 방식이 은밀하게 작동하고 있기 때문이다.

3) 지구화 경제와 팍스 에코노미카(pax economica) 이념

지구화 경제의 목표는 시장을 비롯해 노동과 자본, 상품과 서비스, 정보의 자유로운 이동을 통해 국경 없는 경제활동을 통한 이윤추구다. 다국적기업과 국제금융자본가들 그리고 지구화 경제 옹호 정치가들은 세계 시장의 통합이야말로 전 세계의 빈곤 문제를 해결하고, 민주주의를 발전시킴으로써 평화로운 세계를 실현할 수 있는 효과적인 방안이라고 믿고 선전했다. 예로써 언론인 토머스 프리드먼(T. Friedman)이 널리 소개한 '황금 아치(맥도날드 로고) 갈등예방 이론'과 '델의 충돌 예방 이론'은 글로벌 공급망과 시장통합이 이루어지면 국가 간 갈등이 줄어들면서 전쟁의 가능성도 낮아질 것이라고 주장한다. 맥도날드 매장이 있는 나라나 델 컴퓨터를 사용하는 나라는 중산층의 소비력이 충분하고, 경제적 개방성과 글로벌 공급망 속에서 상호 의존도가 높은 나라들이기 때문에 이 국가들은 갈등을 원치 않아서 전쟁의 가능성도 작아질 것이라고 추론한다.[11] 경제 지구화의 추진 과정에서

---

10 박선미 · 김희순, 『빈곤의 연대기』 (서울: 갈라파고스, 2020), 169.

1980년대 말 동유럽의 현실사회주의의 붕괴와 여러 대륙에서 권위주의적 군부독재 국가들의 몰락을 보면서 자유주의 시장경제의 최후 승리의 증거처럼 보였다.12

일찍이 고대 로마의 법과 군대를 통한 세계평화 이념을 팍스 로마나(pax romana)로 표현한다면, 경제 지구화는 경제만 잘되면 세계평화도 가능하다는 팍스 에코노미카(pax economica)로 표현할 수 있다. 허경희는 경제 중심의 체제인 팍스 에코노미카 체제의 출발 시기를 중세기 경제적 잇속으로 치러진 십자군 원정과 돈으로 죄를 사해주는 교황청의 면죄부 발행 시기로 본다. 뒤이어 19세기 말에 경제적 착취를 위한 서구 열강의 식민지 개척 시대에 팍스 에코노미카의 기반이 확고해졌고, 대량소비 사회를 거쳐 20세기 후반의 경제 지구화 과정에서 절정기를 맞고 있다고 본다.13

하지만 경제적 통합을 통한 세계평화라는 경제 지구화의 비전이 환상임이 서서히 드러나고 있다. 프리드먼이 내세웠던 세계가 점점 '평평해질 것'이라는 추론에 맞서서 데이비드 스믹(D. M. Smick)은 세계 경제 특히 금융시장의 세계는 '구부러져 있다'고 비판한다.14 경제 지구화는 많은 나라에서 절대빈곤을 심화시켰고, 경제적 불평등을 세계화했으며, 노동과 복지사회, 민주주의 이념을 후퇴시켰고, 지구적 환경 재앙을 불러왔다.15 근년의 코로나19 글로벌 감염병과 러시아의

---

11 토머스 L. 프리드먼/신동욱 역, 『렉서스와 올리브나무』(서울: 창해, 2000), 422-467; 동일 저자/김상철 외 역, 『세계는 평평하다』(서울: 창해, 2005), 564-572.
12 프랜시스 후쿠야마/이상훈 역, 『역사의 종말』(서울: 한마음사, 1997).
13 허경희, 『새로운 밀레니엄은 없다』(서울: 오름시스템, 1999), 21-25.
14 데이비드 스믹/이영준 역, 『세계는 평평하지 않다』(서울: 한국물가정보, 2009), 19-20.

우크라이나 침공은 경제 지구화의 토대였던 국제적 분업체제와 공급망을 붕괴시키면서 세계는 '탈세계화 경제'로 뒤돌아 가고 있다.

3. 성서의 세계 비전으로서 '샬롬'

1) 새로운 세계 건설을 위한 기독교의 도덕 자원

위에서 우리는 안전하고 풍요로운 하나 된 세계를 위한 인류의 노력들, 곧 사해동포주의 철학, 유엔기구의 정치외교 활동 그리고 경제 지구화를 통한 세계평화 실현이라는 노력들이 실패로 돌아간 현실과 원인을 살폈다. 이런 절망적인 상황 속에서 인류는 안전하고 풍요로운 하나 된 세계를 향한 새로운 비전을 간절히 필요로 하고 있다. 이러한 기대가 허황되지 않다는 사실은 세계종교야말로 철학과 국제정치 그리고 경제의 지구화 노력이 있기 훨씬 전부터 안전하고 풍요로운 하나 된 세계의 비전을 선포하고 가르쳤다는 사실에 기초해 있다.

물론 역사 속에서 경험했던 세계종교의 행태들은 그런 기대에 의문을 제기한다. 진화생물학자 리처드 도킨스(R. Dawkins)는 종교가 세계평화를 위협하는 테러리즘과 전쟁의 중요한 원인 제공자라는 이유에서 종교를 '집단 망상'이라고 비난하면서, 종교 무용론 나아가 종교 해악론까지 펼쳤다.[16] 도킨스의 비판이 있기 훨씬 전부터 종교의 허

---

15 조용훈, 『지구화시대의 기독교』 (서울: 대한기독교서회, 1999), 33-47.
16 리처드 도킨스/이한음 역, 『만들어진 신』 (파주, 김영사, 2007), 7-8.

구와 폭력성을 지적하면서 종교 몰락을 예견한 학자들도 많았다. 하지만 계몽주의자들과 세속화(탈종교화) 사회 이론가들의 예견과 달리 종교는 여전히 건재하고, 심지어 대륙에 따라 종교 인구나 사회적 영향력이 더 커지는 사례도 있다. 서유럽에서 기독교 신자는 급감하는 반면 무슬림 신자는 꾸준히 늘고 있다. 아시아나 아프리카에서 기독교도와 힌두교, 불교 신도 숫자가 함께 늘면서 종교의 영향력도 커가면서 세계종교들의 사회적 역할에 대한 기대도 커지고 있다.

우리는 세계종교가 그 태생 때부터 세계 구원이라는 비전과 그것을 실현하는 데 필요한 자비와 같은 보편 윤리적 가치와 규범적 구속력을 지니고 있다는 점에서 지구 행성의 파국적 종말을 극복하는 데 매우 유용한 도덕적 자원으로 볼 수 있다. 미로슬라브 볼프(M. Volf)는 금세기의 지구화 비전이 정치 경제적 프로젝트가 되기 훨씬 이전부터 이미 종교적 구상이었다는 점에서 종교를 '지구화의 첫 주동자'로 보기도 한다.[17]

2) 샬롬 비전이 지닌 사회윤리적 함의

글로벌 재난시대는 언제 어디서 닥칠지 모르는 위험과 재난에 대한 두려움과 공포 그리고 암울한 미래에 대한 우울감으로 고통당하는 디스토피아적 세계다. 아직도 중단 없는 기술 진보와 경제성장을 외치며, 끝없는 물질적 풍요를 믿는 낙관주의자들이 여전히 다수이긴 하지만, 기후 재앙이나 세계적 경제의 불확실성 그리고 핵무기의 확

---

17 미로슬라브 볼프/양혜원 역, 『인간의 번영』 (서울: IVP, 2017), 67.

산을 우려하는 사람들도 늘고 있다. 이 혼란스러운 시대에 기독교는 하나님께서 세상을 창조하시며 약속했던 "생육하고 번성하라"는 축복을 기억해야 한다. 하나님은 당신이 창조한 지구 행성과 그 안에 살아가는 모든 피조물이 평화롭고 충만하게 생명을 누리며 살기를 바라신다. 샐리 맥페이그(S. McFague)의 표현을 빌리자면, 지구 안의 "모든 피조물이 충만하게 생동하는 것"이야말로 바로 하나님의 영광이다.[18] 비록 현실 기독교가 하나님의 기대와 명령에 어긋나게 인류의 보편적 가치인 생명 존엄성을 해치고, 각종 폭력의 당사자가 되고, 탐욕적인 물질주의의 포로가 되는 잘못을 저지르긴 했지만, 여전히 새로운 세계건설에 필요한 중요한 도덕 자원을 지니고 있다는 점도 틀림없는 사실이다. 기독교는 안전하고 풍요로운 하나 된 세계에 대한 비전과 그것을 실현하는 데 필요한 사랑과 자비의 보편윤리를 지니고 있기 때문이다.

특별히 구약으로부터 신약까지 일관되게 이어지는 새로운 세계에 대한 성서의 비전인 '샬롬'은 크게 두 가지 방식으로 기독교사회윤리에 도움을 준다. 하나는 도덕 행위자에게 새로운 세계 건설을 위한 행동의 동기를 부여함으로써 행위자가 확신과 기대에 차서 행동할 용기를 제공한다. 다른 하나는 세상 속에서 어떤 것이 기독교적인 행동인지에 대한 내용적 준거들을 제공한다. 물론 샬롬 비전을 사회윤리적으로 활용하는 데 있어서 어떤 방식이 더 신학적으로 옳고 사회과학적으로 적절한 방식인지에 대해서는 기독교 윤리학자들 사이에 여전

---

18 Sallie McFague, *Life Abundant: Rethinking Theology and Economy for a Planet in Peril* (Minneapolis: Fortress Press, 2001), 181.

히 논쟁이 계속되고 있긴 하지만 말이다.[19]

3) '하나님의 나라', '새 하늘과 새 땅' 그리고 '새 예루살렘' 표상으로 이어진 샬롬

구약성서는 창조세계가 대홍수로 멸망했을 때, 언약의 징표인 무지개를 통해 창조주의 변함없는 사랑과 안전한 새 세상을 약속하셨다. "생육하고 번성하며 땅에 충만하라. 다시는 물로 멸망시키지 않겠다." 하나님의 언약과 축복은 비단 노아의 가족만 아니라 살아 숨 쉬는 모든 생명체와 맺은 우주적 언약이었다(창 9장). 나중에 언약 백성이 바빌론의 포로로 끌려갔을 때, 예언자 이사야는 하나님의 구원과 회복을 약속하는 샬롬 비전을 선포하면서 그들이 고통스러운 현실을 견딜 수 있도록 격려하고 지지했다(사 11:1-9). 이사야가 선포한 샬롬 비전은 장차 오실 메시아를 통해 이루어질 온전한 평화를 가리켰다.

성서에서 샬롬이란 단순히 전쟁이 없는 소극적 상태가 아니라 안녕과 번영 그리고 행복이 가득하고 충만한 적극적 상태를 뜻한다. 샬롬은 내면적 평화만 아니라 인간 삶의 다양한 관계들, 곧 나와 하나님, 나와 이웃 그리고 나와 자연 세계 사이의 바른 관계를 통해 향유할 수 있는 최고의 기쁨과 행복 상태를 가리킨다. 말하자면 하나님을 기쁨으로 섬기고, 자기 자신과 더불어 기쁨을 누리고, 이웃을 억압하거나 착취하지 않으며, 자연 세계와 조화를 이루며 살아가는 삶을 가리키

---

19 마틴 호네커/남정우 역, 『사회윤리학 이론의 구상』(서울: 대한기독교출판사, 1988), 72-135.

는 용어다.[20] 마틴 호네커(M. Honecker)는 샬롬을 '인간 영혼 구원'으로 축소시킬 수 없는 '총체적 구원'에 대한 기대와 약속이라고 정의한다. 그러면서 교회는 샬롬의 비전을 자신이 수행해야 할 사회윤리적 과제의 핵심으로 파악하고, 샬롬을 이 땅에서 구현하기 위해 교회 안에서부터 먼저 실천에 힘써야 한다고 강조했다.[21]

개인 관점에서 볼 때, 샬롬이 내적이고 영적인 평안과 충만한 행복감을 의미한다면, 사회윤리적 관점에서 보면, 개인이 속한 공동체의 안녕과 평화로운 세계를 의미한다. 예언자 이사야는 샬롬 세계를 "민족들이 칼을 쳐서 보습을 만들고, 창을 쳐서 낫을 만들며, 나라들이 서로 치지 않고 군사훈련도 하지 않게 되는 평화의 세계"로 묘사한다(사 2:4). 그러나 그 평화는 군사력과 경제력 그리고 지배나 통치 방식으로 유지되는 질서의 안정을 뜻하는 로마의 평화(pax Romana)나 미국의 평화(pax Ameircana)와는 질적으로 다르다.

평화에 대한 또 다른 가르침인 "의의 열매는 평화요, 의의 결실은 영원한 평안과 안녕이다"(사 32:17)와 "정의와 평화가 입을 맞춘다"(시 85:11)에서 보듯이 평화와 정의는 아주 밀접하게 연관을 맺고 있다. 평화는 갈등과 전쟁이 없는 상태를 넘어 정의가 온전하게 실현된 상태다. 볼프강 후버(W. Huber)는 '정의로운 평화' 개념을 통해서, 정의가 실현되어 공동체 구성원들의 필요가 충분하게 채워질 때 비로소 평화가 성취된다고 설명한다. 다르게 표현하면, 공동체 구성원들의 복리

---

20 Nicholas Wolterstorff, *Until Justice and Peace Embrace* (Grand Rapids: William B. Eerdmans Publishing, 1987), 68.
21 마틴 호네커, 『사회윤리학 이론의 구상』, 61-64.

안에서만 평화와 상호연대 및 공동체적 충실성을 뜻하는 정의도 함께 경험될 수 있다.22 후버는 정의로운 평화 이론을 인권과 관련시켜 설명하기도 한다. 곧 정의로운 평화란 폭력의 감소, 부자유의 극복, 빈곤의 감소 그리고 문화적 다양성까지 평화라는 개념 안에 포함시킴으로써 인류의 자유권과 평등권 그리고 참여권을 포괄하는 인권을 성취한다.23

한편 샬롬이란 인간 세상만 아니라 인간과 자연 세계 사이의 평화까지 포괄한다. 예언자 이사야의 묘사대로, 샬롬 세계에서는 "이리가 어린 양과 함께 살고, 암소와 곰이 서로 벗이 된다. 어린아이가 표범과 새끼 염소를 함께 이끌며, 젖 먹는 아이가 독사의 구멍 곁에서 장난해도 해를 입지 않는다"(사 11:6-9). 말하자면 샬롬은 자연의 억압과 착취를 통해 얻는 인간만을 위한 평화가 아니라 창조주의 모든 피조물과 함께 누리는 평화다. 후버가 지적했듯이, 샬롬 비전은 비폭력 평화로운 방식으로만 성취될 수 있는 비전이기도 하다. "세계를 이데올로기적으로 복음화(Missionierung) 하거나 헤게모니로 굴복시키는" 방식으로는 절대 성취될 수 없는 평화가 샬롬이다.24 평화는 비전이지만 동시에 평화에 이르는 수단이며 삶의 방식이기도 하다.

예수의 하나님의 나라 사상은 이사야의 샬롬 비전을 계승한 것이다(마 4:14). 글렌 스타센(G. Staasen)은 이사야에 나타난 하나님의 통치

---

22 Wolfgang Huber · Hans R. Reuter, *Friedens Ethik* (Stuttgart: Velag W. Kohlhammer, 1990) 39.
23 김성수, "인권과 평화를 위한 교회의 책임: 볼프강 후버의 정의로운 평화의 윤리 연구," 「기독교사회윤리」 44 (2019), 214-217.
24 Wolfgang Huber · Hans R. Reuter, *Friedens Ethik*, 40.

의 표징으로 일곱 가지를 제시한다. 곧 해방(구원), 의로움, 평화, 기쁨, 영 혹은 빛으로 임재, 치유 그리고 포로 귀환이다.25 예수는 하나님께서 통치하는 새로운 세계를 억압과 고통 속에 살아가는 사람들을 위한 해방과 구원으로 선포한다. 그리고 하나님의 나라가 먼 미래의 일이 아니라 자신의 사역을 통해 이미 시작되었다는 표지로 백성들의 질병과 상처들을 고치고, 귀신 들린 자들을 해방시켰다(마 4:23-24).

예수가 이사야서에서 빌려온 또 다른 사상인 희년 사상(jubilee year)은 사회경제적 차원에서 구현될 샬롬 비전이라 할 수 있다. 희년은 사회경제적 억압과 착취로부터 빼앗긴 것들의 원상회복을 추구하는 고대 이스라엘의 사회적 비전이었다. 희년은 빚을 갚기 위해 어쩔 수 없이 땅을 팔아야 했고, 자경할 땅을 가지지 못했기 때문에 노예로 전락했던 당시의 수많은 소작농과 빈곤층을 다시 자유민으로 원상 회복시켜서 이스라엘 사회를 샬롬 공동체로 재건하려는 사회경제적 주요 장치였다. 예수가 공생애를 시작하면서 회당에서 찾아 읽은 두루마리 성경의 본문이 바로 희년이 나타난 이사야서인데, 이를 통해 예수는 자신의 메시아적 사명이 희년의 실천에 있음을 분명하고 단호하게 선언한다(눅 4:17-21). 존 요더(J. Yoder)는 예수의 사회윤리 사상의 핵심이 바로 이 희년 사상에 축약되어 있다고 보면서 그 구체적 내용을 땅의 안식년, 빚의 탕감, 노예 해방 그리고 당시의 주요 자본이었던 땅과 가축의 재분배로 정리하여 설명했다.26

---

25 데이비드 거쉬·글렌 스타센/박규태 역, 『하나님 나라 윤리』(서울: 비아토르, 2024), 39.
26 John Yoder, *The politics of Jesus* (Grand Rapids: William B. Eerdmans Publishing, 1972), 64-77.

위에서 살펴본 것처럼, 평화롭고 풍요로운 세상에 대한 성서의 비전은 창조의 축복에서 시작해서 이사야의 샬롬 비전과 예수의 하나님 나라 비전을 거쳐서 마침내는 요한계시록에 나오는 '새 하늘과 새 땅'(계 21:1-4) 및 '새 예루살렘' 비전(계 21:9-27)으로 이어진다. 새 하늘과 새 땅이 재창조(recreation)를 뜻하는지 아니면 회복과 갱신(renewal)을 뜻하는지에 대해서는 성서학자들 사이에서 논쟁이 있지만, 분명한 사실은 그 비전이 불의한 현실 세계를 심판하고 새롭게 다가오는 세상에 대한 종말론적 희망이라는 점이다.

새 예루살렘(사 65:17-25)은 하나님의 임재하심을 상징하는 거룩한 도성이며, '평화의 도시'라는 말뜻에 걸맞게 '눈물과 사망, 애통과 곡 그리고 아픔'이 없는 안전하고 평화로운 세계에 대한 상징이다. 새 예루살렘에서는 인간의 존엄성과 삶의 질 그리고 평화와 안전이 보장된다. 그곳은 억울한 울음소리나 탄식이 들리지 않는 평화롭고 정의로운 사회요(19절), 위생과 높은 의료 수준 덕분에 유아 사망이나 제 수명을 다하지 못하고 죽는 노인이 없는 건강한 사회요(20절), 안정된 주거환경과 정당한 노동의 대가가 보장되는 공정한 사회요(21-22절), 각종 재난으로부터 안전한 사회요(23절), 생태학적 조화와 안정이 보장되는 사회다(25절). 말하자면 새 예루살렘이란 세속도시들의 상징인 '바벨론'(계 17:1-18:24)에 맞서는 대안적인 세계에 대한 기호요, 무력과 폭력으로 풍요를 추구하는 폭력적인 세계에 대한 폭로와 비판이다. 새 예루살렘이란 하나님이 통치하시는 세계가 악이 지배하는 바벨론이란 현실 세계와 얼마나 대조되는 안전하고 평화로운 세상인지를 보여주는 표상이다.

4) 현대 기독교의 샬롬 비전으로서 '정의, 평화, 창조질서의 보전' (JPIC)

세계교회협의회(WCC)의 에큐메니칼 운동에는 이사야서의 샬롬, 예수의 하나님의 나라 그리고 요한계시록의 새 하늘과 새 땅 및 새 예루살렘이라는 새로운 세계에 대한 비전을 구현하려는 노력이 나타나 있다. '교회의 일치'를 뜻하는 에큐메니즘(ecumenism)은 그 어원에서 볼 수 있듯이, '집'(혹은 가계)을 뜻하는 그리스어 '오이코스'(oikos)에서 온 말로서 시작은 교회의 일치를 목표로 출발했지만, 지금은 평화와 생태(ecology) 그리고 경제정의(economy)까지 포괄하는 개념으로 사용되고 있다. 즉, 에큐메니칼 운동은 교회의 일치만 아니라 인간 사회 그리고 창조세계 전체를 포괄하는 '하나 된 하나님의 집'(혹은 살림살이나 식구)을 꿈꾸는 새로운 세계를 지향하는 운동이다.

교회의 책임이 사회정의나 평화만 아니라 창조질서의 보전까지 포괄해야 한다는 생각은 1948년 WCC의 창립총회(암스테르담) 때부터 지금까지 줄곧 추구해 온 세계교회의 사회윤리적 비전이었다. 초기 에큐메니칼 운동의 목표가 두 차례의 세계대전으로 분열된 교회의 일치였다면(1~4차 총회), 점차 종교 간 대화와 연대를 거쳐(5차 총회, 1975 나이로비), 인류와의 연대와 협력을 위한 사회정의와 평화 그리고 창조질서의 보전이라는 주제로 확장하기 시작했다.(6차 총회, 1983 밴쿠버와 7차 총회, 1991 캔버라) 마침내 '정의 평화 창조질서의 보전'(JPIC)의 비전은 신자유주의 세계화가 불러온 인간과 사회 그리고 자연생태계를 향한 파괴적인 결과들에 대한 반성과 대안적 지구화의 비전으로 가난한 민중과 자연생태계를 위하는 '아가페 과정'(Alternative Globalization

Addressing People and Earth, 9차 총회, 2006 포르토 알레그레)으로 발전했다. 마침내 10차 총회(2013, 부산)에 이르러 JPIC 비전은 에큐메니칼 운동의 핵심 비전으로 확고하게 자리를 잡았다.

울리히 두흐로(U. Duchrow)는 JPIC를 지향하는 에큐메니칼 운동이 '사람들에게는 정의, 피조물에는 해방, 민족들에게는 평화'를 추구한다는 점에서 이사야에서의 샬롬과 같은 의미를 가지고 있다고 해석한다.[27] 이런 해석은 일찍이 물리학자요 철학자인 칼 폰 바이체커(C. F. von Weizäcker)가 피조물의 해방과 사회정의 그리고 국가 간 평화를 상호 순환하는 과정으로 이해한 데 토대를 두고 있다.

정의 없이 평화 없고, 평화 없이 자유 없다. 자유 없이 정의 없고, 정의 없이 평화 없다. 자연과의 평화 없이 인간들 사이에 평화 없고, 인간들 사이의 평화 없이 자연과의 평화 없다.[28]

4. 샬롬 비전과 목회적 실천

1) 글로벌 시민의식 교육

글로벌 재난시대에 요청되는 인간상은 자신의 정체성을 특정한

---

27 울리히 두크로·게르하르트 리트케/손규태·김윤옥 역, 『샬롬』(서울: 한국신학연구소, 1989), 43-158.
28 위의 책, 151 재인용.

집단이나 국가나 민족에 속한 구성원이 아니라 인류라는 하나의 공동체에 속한 구성원으로 생각하고 책임적으로 행동하는 세계 시민이다. 글로벌 시민의식이란 규범적 차원에서는 인류의 보편적 가치와 공동선을 추구하며, 실천적 차원에서는 세계적 이슈에 공동 책임감을 느끼는 태도다. 세계적 구호단체인 옥스팜(Oxfam)은 글로벌 시민의식의 특징을 아래와 같이 정의한다.[29] 더 넓은 세상을 인지하고 세계 시민으로서 자신의 역할에 대한 의식과 다양성의 존중, 사회정의 실현을 위해 지역 수준에서 글로벌 수준에 이르기까지 다양한 수준의 공동체에 참여, 더 나은 세상을 만들기 위해 다른 사람들과의 협력 등이다.

글로벌 시민의식은 타고 나는 것이 아닌 데다가 쉽게 습득하기도 어려운 정체성이어서 학교만 아니라 가정과 교회에서도 관심을 가져야 할 과제다. 유엔 차원에서 글로벌 시민교육에 힘쓰는 유네스코는 2015년 글로벌 시민의식을 위한 학습 내용과 역량을 인지적 차원, 사회 정서적 차원 그리고 실천적 차원으로 나누어 설명했다.[30] 먼저, 인지적 차원에서는 지역 및 국가 그리고 세계적 이슈의 연결성과 공동 운명체임을 이해하고, 세계적 안목에서 비판적이고 창의적으로 인지하도록 돕는 학습이다. 둘째, 사회 정서적 차원에서는 자신의 정체성을 세계 시민이나 보편 인류로 인식하고, 차이와 다양성에 대해 존중하며, 고통당하는 사람과 연대하는 학습이다. 마지막, 실천적 차원에

---

29 박순용, "세계시민교육 내용의 다양성," 유네스코 아시아태평양 국제이해교육원 편, 『한국 세계시민교육이 나아갈 길을 묻다』 (서울: 유네스코 아시아태평양 국제이해교육원 2020), 36-37.
30 위의 글, 27-33.

서는 세계를 위해 윤리적 책임감을 가지고 참여할 수 있는 동기와 의지를 길러주는 학습이다. 요약하면, 글로벌 시민교육이란 인류가 상호 연결되어 있다는 인식과 전 세계 곳곳에서 고통당하는 사람들에 대한 공감 그리고 세계의 안녕과 번영을 위해 작은 일부터 실천하는 인간을 양성하는 데 목표를 둔 교육이다.

글로벌 시민의식은 일찍이 고대 그리스에서 보편이성(로고스)에 기초를 둔 코스모폴리타니즘(cosmopolitanism) 철학에 처음 등장했다. 그 중 한 사람인 디오게네스는 자신을 특정 도시국가(polis)에 속한 시민이 아니라 세계시민(kosmopolites)임을 외쳤다. 신약성서에서 예수는 구약시대 유대교의 편협한 부족주의와 달리 하나님 나라 백성의 범주에 유대인만 아니라 이방인 그것도 천대받는 계층의 이방인들까지 포함시켰다. 예수의 제자들도 하나님 나라의 비전을 '예루살렘과 온 유대와 사마리아와 땅 끝까지'(행 1:8)로 확장했다. 특별히 로마 시민권자요 유대인 디아스포라였던 바울은 '이방인을 위한 사도'로서 전 세계에 복음 전하기를 힘썼다. 그가 추구했던 공동체는 공간적으로는 세계적이지만, 내용적으로는 일체의 차별이 없는 평등한 세계시민 공동체였다(갈 3:28).

평등한 세계시민 공동체로서 세계의 교회들이 추구해야 할 교회교육에 관해서 요하네스 래네만(J. Lähnemann)은 다음 열 가지의 주제를 제시했다:[31] 첫째, 지구의 생태학적 지속성과 인간 존엄성을 위한 책임 교육, 둘째, 종교적 전통과 가치를 현실 사회에 접목시키려는 영

---

31 Johannes Lähnemann, "Weltethos und Erziehungspraxis: 10 Thesen," in: H. Küng · K. J. Kuschel (Hg.), *Wissenschaft und Weltethos* (München: Piper Verlag, 1998), 217-238.

성 교육, 셋째, 구조적 제약에 대한 의존도를 줄이기 위한 부모의 책임과 가정의 지원, 넷째, 종교적 세계관에 기반한 근본 가치로서 인권 교육, 다섯째, 서로에 대한 두려움과 불신을 제거하고, 상호 간의 신뢰 형성을 통해 갈등을 해결하는 평화 교육, 여섯째, 자연 생태계를 포괄하는 생명 존중 교육, 일곱째, 인종차별과 외국인 혐오를 극복하기 위한 관용과 상호 존중 교육, 여덟째, 가정과 교회, 지역과 국제적 차원에서의 연대 교육, 아홉째, 갈등 교육, 환경 교육, 종교 교육, 종교 간 교육 그리고 다문화 교육의 심화 전문 교육, 마지막으로 유네스코나 WCC처럼 국제적 차원에서 교류하고 협력하는 교육.

모든 교회는 지역적이지만 동시에 세계적이다. 하나님 나라 시민이면서 동시에 민족 구성원이기도 하다. 이런 이유로 둘 사이에서 정체성의 갈등과 분열이 언제든 생길 수 있다. 따라서 세계시민의식에 관심하는 교회는 어떻게 글로벌 시민의식과 민족적 애국 의식 사이의 관계를 역동적으로 균형 잡고, 둘 사이의 갈등을 평화적으로 해결할 수 있을지 고민할 수밖에 없다. 그 고민에 대한 해결책은 신약성서에서 고통당하는 사람이라면 누구든지 보편적 사랑과 자비를 보여준 예수와 바울의 보편주의 태도에서 찾을 수 있을 것이다.

2) 환대(손 대접)의 덕

글로벌 재난시대는 기후 난민, 전쟁 난민, 정치 난민 그리고 종교 난민 등 다양한 형태의 난민 발생을 피할 수 없다. 난민 문제에 관련된 한 자료를 보면, 그간 1억 명이 넘는 사람들이 홍수와 지진, 사막화를 피해 이주했고, 2020년 한 해 동안만 약 3천만 명 이상의 이주민이 발생했다.32 그 가운데 900만 명이 전쟁과 박해 그리고 기근을 이유로 해외에서 망명 허가를 받았다.33 해마다 약 2천 명의 이민 희망자들이 북아프리카에서 유럽으로 이주하기 위해 지중해를 건너려다가 목숨을 잃고 있다. 조아키노 캄피제(G. Campese)는 지난 수백 년 동안 여러 문명과 종교가 공존하는 공간이요 여러 대륙의 교차로였던 지중해가 사람의 목숨을 삼키는 '괴물 바다'가 되었다는 사실을 두고 문명화된 유럽 국가들의 수치라고 질타했다.34 이처럼 오늘날 이주는 목숨을 걸어야 하는 위험한 일일 뿐만 아니라 혐오와 차별, 배제와 억압 그리고 폭력을 예상해야 하는 끔찍한 일이 되었다.

우리나라에서도 2018년 예멘 출신의 난민 500여 명이 한꺼번에 제주도에 입국하면서 난민 지위를 신청한 사건이 있었다. 이들의 난민 인정 여부를 두고 기독교 안에서조차 신학적 진보와 보수 사이에서 심한 논쟁과 갈등이 생겼다. 우리나라는 2000년에 유엔 난민기구(UNHCR)의 상임이사국이었고, 2013년에는 난민법을 공포했지만, 여전히 난민 지위를 인정하는 데는 매우 인색한 국가로 알려져 있다. 우리나라의 난민 인정률은 4.1퍼센트로 다른 나라들에 비교할 때 매우 낮은 편이다.35

다양한 형태의 난민들이 발생할 수밖에 없는 글로벌 재난시대에 교회는 구성원들이 글로벌 시민으로 살아가는 데 필수적인 덕을 훈련하는 장소가 되어야 한다. 특히 낯선 이들에 대한 환대의 덕은 유목사

---

32 윤이실, "기후변화, 구조적 폭력 그리고 공생," 「기독교사회윤리」 56 (2023), 73.
33 조슈아 W. 지프, 『환대와 구원』, 215.
34 위의 책, 216-217에서 재인용.
35 이상철·김남석, "환대의 기독교윤리,"「신학사상」 189 (2020/여름), 284-285.

회였던 고대 이스라엘에서는 말할 것도 없고, 신약성서 시대에도 광범위하게 강조되었다(레 19:33-34, 롬 12:13; 히 13:2; 벧전 4:9; 딤전 3:2; 딛 1:8). 중세 수도원의 주요 사역 가운데 하나는 나그네를 환대하는 일이었고, 중세 교회들의 주요 사역 가운데 하나도 손 대접을 잘하는 것이었다. 16세기 종교개혁 시대에 유럽 곳곳에서 개신교도들이 종교적 난민이 되면서 환대는 기독교에 더 절실하고 중요한 덕으로 다루어졌다. 유감스럽게도 현대 사회에 접어들면서 환대가 호텔이나 식당 등 이른바 '접대산업'이 되면서 환대의 도덕적 중요성과 신앙적 가치까지 함께 퇴색되었다.[36]

환대의 덕에 대해 연구한 크리스틴 폴(C. Pohl)은 기독교의 중요한 신앙 유산 가운데 하나인 환대를 낯선 이에게 음식과 쉼터 그리고 보호를 제공하는 것은 물론 식탁 교제를 통해서 주인과 손님 사이에 평등한 가치와 인간 존엄성을 인정하는 덕스러운 행위라고 정의했다.[37] 그는 손 대접이 그리스도인과 교회의 강제적 의무 사역이라기보다는 차라리 '생활방식'에 가까웠고, '자신을 나누어 주는 삶의 태도'였다고 본다. 즉, 환대란 하나님께서 먼저 우리를 환대해 주신 데 참여하는 일이요 그 사랑에 대한 감사의 반응이다. 따라서 환대는 충분한 음식이나 공간보다는 관대한 마음에 관련된 덕으로 해석해야 한다고 주장했다.[38]

조슈아 지프(J. W. Jipp)는 환대라는 덕의 신학적 토대를 신론에서

---

36 크리스틴 D. 폴/정옥배 역, 『손대접』(서울: 복있는 사람, 2002), 18.
37 위의 책, 20-21.
38 위의 책, 204-205.

찾는다. 말하자면 성서의 하나님은 '환대의 신', 곧 자기 백성을 환대하시고, 자기 백성이 다른 이들에게 동일하게 환대 베풀기를 요구하는 신이다. 지프에게 낯선 이를 환대하는 일은 교회의 정체성과 소명을 구성하는 불가결한 요소로 간주된다.39 지프는 환대를 구원과도 연결 짓는데, 그 성서적 전거로서 구약성서의 아브라함(창 18:1-15), 롯(창 19:1-3), 기생 라합(히 11:31) 그리고 신약성서의 최후 심판에 나오는 양과 염소의 비유(마 25:31-46), 사도행전의 루디아(행 16:11-15), 빌립보 감옥의 간수(16:25-34), 야손(17:5-8) 그리고 디도 유스도(18:7-8) 같은 수많은 인물들을 사례로 든다. 그들은 모두 낯선 이를 환대함으로써 하나님에 대한 자신들의 신앙심을 증명했고, 그 덕에 구원에 이르렀다.40

현대 사회에서 환대의 윤리적 의미와 가치를 특별히 강조했던 철학자 자끄 데리다(J. Derrida)가 역설적으로 환대를 '알 수 없는 것'으로 정의한 이유는 환대에 대한 성찰적 이해를 기대했기 때문이다. 데리다에 대한 강남순의 해석에 따르면, 환대란 필요하지만 불가능한 일이다. 왜냐하면 환대란 어쩔 수 없이 주인과 손님 사이의 경계를 긋고 상대를 배제시키기 때문이다. 둘째, 무조건적 환대(윤리로서의 환대 혹은 환대의 불가능성)와 조건적 환대(정치로서의 환대 혹은 환대의 가능성) 사이에는 언제나 틈이 존재하기 때문이다. 셋째, 주인은 결코 손님에 대해 다 알 수 없기 때문이다. 마지막으로, 환대란 아직 아닌 것, 즉 앞으로 어떻게 발전할지 알 수 없는 것이기 때문이다.41 이런 문제 인식에서 환

---

39 조슈아 W. 지프, 『환대와 구원』, 21-22.
40 위의 책, 24-30.

대를 개인적 친절함이라는 차원을 넘어서 주인-손님-국가라는 정치적이고 법적인 차원으로 확장해서 다룰 것을 요청한다. 왜냐하면 낯선 외국인, 이민자, 망명자, 난민에 대한 문제란 이들을 동등한 이웃으로 인정하고, 보편적인 법적 권리를 허용할 것인지에 대한 정치와 법의 문제이기 때문이다.[42] 현대 사회의 환대라는 덕에 대한 데리다의 지적 외에도 그간의 환대에 대한 신학적이고 윤리적인 논의에서 환대가 낭만화되고, 비정치화되며, 탈정치화된 결과 '맹목적인 자선 행위'로 전락했다는 비판에 대해서도 귀를 기울여야 한다.[43]

3) 검소와 나눔의 지속 가능한 생활방식의 실천

위험사회론자들이 현대 인류가 당면한 위험과 재난의 원인을 후기 산업사회 체제에서 찾고, 많은 문명 비판가들이 신자유주의 시장경제와 소비주의에 책임을 묻지만, 문제의 뿌리에는 인간 자신이 있다. 지금보다 물질적으로 더 풍요롭고 더 편하게 살고 싶어 하는 인간의 끝없는 욕망이야말로 세계 경제 위기, 기후 재앙 그리고 코로나 19 글로벌 감염병 같은 글로벌 재난의 근본 원인이다. 교회가 보다 더 안전하고 평화로운 새 세계에 대한 비전을 구현하려면, 거시적 차원에서 경제 시스템의 변화를 위한 정치적 참여와 더불어 미시적 차원에서 각 개인의 지속 가능한 새로운 생활방식을 실천하는 데 모범을 보

---

41 강남순, 『코스모폴리터니즘과 종교』(서울: 새물결플러스, 2015), 164-167.
42 위의 책, 176-177.
43 박한별, "모방에서 상상으로 정의로운 환대(Just Hospitality)에 대한 기독교윤리적 고찰," 「기독교사회윤리」 57 (2023), 261-290.

여야 한다.

사실 동서고금의 모든 종교와 사상은 공통적으로 물질에 대한 탐욕을 경계하라고 가르친다. 성서 역시도 탐욕의 위험성을 끊임없이 경고한다. 만족을 모른 채 영원히 '좀 더 많이'(more and more)를 외치게 만드는 탐욕은 악덕 가운데 최악의 악덕으로 간주된다. 십계명의 열 번째 계명은 탐심을 금지하면서 인간이 하나님을 향해 저지르는 악과 사람들에게 저지르는 모든 악행이 탐심에 뿌리를 두고 있다고 본다. 바울은 탐욕을 '일만 악의 뿌리'(딤전 6:10)와 우상숭배(골 3:5)라고 규정했으며, 야고보는 탐욕이 '사망에 이르게 하는 죄'라고 경고했다(약 1:15). 6세기의 그레고리우스는 탐욕이라는 악덕은 '배신과 사기와 거짓, 위증과 불안과 폭력 그리고 냉담'이라는 악덕들을 낳는 모태라고 지적했다.44 탐욕이 중세기에 모든 악덕을 낳는 모태였듯이, 21세기에는 기후 위기, 빈곤과 기아, 전쟁과 테러 그리고 글로벌 감염병 같은 위험과 재난을 낳는 모태이다.

기독교 신앙과 도덕의 역사에서 탐욕은 교만과 더불어 특별히 경계해야 할 악덕으로 다루어졌다. 탐욕의 역사적 기원과 발전 과정을 연구했던 경제학자 스테파노 자마니(S. Zamagni)에 따르면, 중세 후기 상업 활동이 활발해지면서 도시가 발전하고, 뒤이어 계몽주의 시대에 이르면 탐욕이 자본의 축적과 공동체의 발전에 도움이 된다는 이유에서 미덕으로 가치가 뒤바뀌는 현상이 발생했다.45 마침내 아담 스미스(A. Smith)는 『국부론』(1776)에서 개인들의 이윤추구 행위가 보이지

---

44 신원하, 『죽음에 이르는 7가지 죄』 (서울: IVP, 2012), 140.
45 스테마노 자마니/윤종국 역, 『인류 최악의 미덕, 탐욕』 (서울: 북돋움, 2014), 134-143.

않는 손(시장)을 통해서 공동체 전체의 이익으로 바뀐다고 주장했다. 말하자면 시장은 공급자와 수요자 사이에서 '구두쇠의 손'이 아니라 '공정한 감시자' 역할을 함으로써 개인들의 악을 공공의 선으로 바꾸는 마법사의 역할을 한다고 보았다.[46] 그 결과 자본주의 시장경제 체제에서는 욕망을 통제해야 한다거나, 소비를 악덕이라고 교육하지 않게 되었다. 그리고 신학적으로도 욕망을 갖는 것에 대해 더 이상 죄책감을 가질 필요가 없는 분위기가 형성되었다. 일체의 도덕적 혹은 신학적 고삐에서 풀려난 욕망은 자본주의 출발점이며, 자본주의를 지탱하는 힘으로 작동하고 있다.

그런데 만약 전 세계 사람들이 미국 사람들의 경제적 풍요와 편의를 욕망한다면 지구의 운명은 어찌 될까? 지구물리학자 호프 자런(H. Jahren)은 지난 세기 동안 인류가 물질적으로 얼마나 풍요로워졌는지에 대한 각종 통계를 보여주었다. 1969년 이후 전 세계적으로 인구는 두 배, 곡물 생산량과 육류 생산량은 세 배, 폐기물은 두 배, 에너지 사용량은 세 배, 비행기 승객은 열 배, 플라스틱 생산량은 열 배로 각각 늘었다.[47] 미국인의 인구는 전 세계 인구의 4퍼센트에 불과하지만 전 세계 총에너지 생산량의 15퍼센트와 전기 생산량의 20퍼센트를 소비하고 있다.[48] 하지만 이러한 미국인의 소비생활 방식은 생태학적으로 지속 가능하지 않을뿐더러 국가 간에 그리고 계층 간에 갈등과 분쟁의 원인이 될 수 있다. 그리고 개인적으로 소비사회의 풍요로운 소비

---

46 위의 책, 150-151.
47 호프 자런/김은령 역, 『나는 풍요로웠고 지구는 달라졌다』 (파주: 김영사, 2020), 253-255.
48 위의 책, 120.

재 속에서 내면은 점점 더 궁핍감에 내몰리게 되었다.

셸리 맥페이그(S. McFague)가 호소했듯이, 기후 재앙이나 전쟁 같은 글로벌 재난을 극복하려면 자본주의 소비사회가 추구하는 물질적 풍요 대신에 '다른 방식의 풍요', 곧 '좋은 삶'(the good life)이라는 가치 추구의 생활방식으로 시급히 전환해야 한다. 그가 말한 좋은 삶이란 다름 아닌 예수가 약속한 '풍성한 삶(생명)'(abundant life)을 가리킨다(요 10:10). 풍성한 삶이란 소비재의 풍성함이 아니라 '모든' 피조물이 하나님 안에서 '충만하게 생동하는' 새로운 삶에 대한 가능성과 약속에 대한 표현이다.[49] 무엇이 진정으로 풍성한 삶인가라는 질문에 대답하려면, 우리는 작금의 소비적 삶의 방식이 지구 행성과 그 안에 살아가는 구성원 모두에게도 좋은 삶인지 긍정적으로 대답할 수 있어야 한다. 단지 서구 중산층만을 위해서 좋은 삶인지 아니면 저개발국 사람들에게도 좋은 삶인지, 인류에게만 좋은 삶인지 아니면 지구 행성의 또 다른 구성원들인 자연 생태계에도 좋은 삶인지라는 물음에 긍정적인 답을 내놓을 수 있을 때라야 진정으로 좋은 삶이라 할 것이다.[50]

우리가 모든 피조물에게 좋은 삶을 원하시는 창조주의 뜻을 따르려면, 지금의 자본주의 소비문화와 그것의 숨은 배후에 있는 탐욕을 극복해야 한다. 역사 속에 등장한 수많은 신학자와 윤리학자들은 공통적으로 탐욕을 극복하는 길로 검소함의 미덕을 제시한다. 이 미덕은 물질과 세계를 부정했던 중세 금욕주의자들의 검소함과는 다른 새

---

49 Sallie McFague, *Life Abundant: Rethinking Theology and Economy for a Planet in Peril* (Minneapolis: Fortress Press, 2001), 179-180.
50 위의 책, 87-93.

로운 방식의 검소함이어야 할 것이다. 어쩌면 그것은 하나님의 창조 세계를 긍정하면서도 자본주의 소비사회와는 다른 방식의 풍요를 누리는 삶일 것이다. 제임스 내쉬(J. Nash)는 이러한 대안적 삶의 방식을 가리켜 물질적 풍요만을 의미하는 아메리칸 드림의 대안이요, 연대성 안에서 존재의 충만함을 약속하는 '새로운 형태의 미래 비전'이라고 표현했다. 그는 이 비전이 재화를 절약하고 조심스럽게 사용하려고 노력한다는 의미에서 '보수적인(conservative) 미덕'이요, 시대에 역행하고 비애국적으로 보일 수 있다는 의미에서 '전복적인(subversive) 미덕'이라고도 표현했다.[51] 사람들은 이런 새로운 생활방식을 가리켜 '단순 소박한 삶'(simple life)이나 '필수품과 사치품을 구분하는 삶' 혹은 '자발적 가난' 등 다양한 이름으로 표현하고 있다.

    탐욕을 극복하는 또 다른 길은 나누고 베푸는 삶이다. 위에서 말한 검소함의 덕과 나눔의 덕은 상호 밀접하게 관련되어 있는데, 이는 검소함이 그 자체를 목표로 하는 덕이 아니기 때문이다. 우리가 검소하고 소박하게 살아야 할 이유는 그걸 통해서 다른 사람과 나눌 수 있기 때문이다. 도로시 세이어즈(D. Sayers)가 탐욕을 '차가운 마음의 죄'라고 표현했듯이, 탐욕은 이웃에 대해 무정하고 무관심하게 만드는 특징이 있다.[52] 그도 그럴 것이 탐욕에 사로잡히면 늘 부족하고 모자란다고 생각하기에 끝없이 모으는 데에만 관심하게 됨으로써 결국 이웃과 나누면서 사는 삶을 상상하지 못하게 된다. "오늘날 세계에 만연한 가난의 진짜 원인이 인간의 탐욕이지 자연의 부족함이 아니"라고 말

---

51 위의 책, 116 재인용.
52 신원하, 『죽음에 이르는 7가지 죄』, 144 재인용.

했던 헨리 조지(H. George)의 통찰이나, 지금 세상의 결핍과 고통은 "지구의 무능력한 생산력 때문이 아니라 나눌 줄 모르는 인간의 무능함 때문이라"는 호프 자런의 지적은 매우 타당하게 들린다.53 나눔의 행위는 우리가 탐욕을 물리침으로써 진정으로 풍성하게 살면서 구원을 현실적으로 경험하게 돕는 좋은 삶을 살아가는 대표적인 방식이다. 성서의 샬롬 비전을 추구하는 그리스도인과 교회는 이런 대안적인 삶의 방식을 통해서 현대 소비주의 사회에 맞서 살아가는 용기가 필요하다.

---

53 호프 자런, 『나는 풍요로웠고 지구는 달라졌다』, 30-31.

맺음말

희망과 책임의 매개로서 기독교사회윤리

1. 기독교사회윤리 방법론과 종말론

　기독교윤리는 일반 윤리와 함께 사회문화적 전통 및 인간 경험을 공유한다는 이유에서 철학이나 사회과학 같은 일반 학문들과 대화를 통해 발전해 왔다. 기독교윤리의 대화 상대가 고대에는 철학, 근대에는 교의학 그리고 현대에는 사회과학으로 바뀌어 왔다. 하지만 기독교윤리는 고유한 성서 규범과 교회 전통을 사회문화적 전통과 인간 경험보다 더 중요하게 취급한다는 점에서 일반 윤리와 차별화된다. 이러한 학문적 특징으로 인해서 기독교윤리의 정체성과 방법론의 차별성에 대한 질문이 끊임없이 제기되었다. 하지만 오늘날 신학대학에서 기독교윤리가 기독교사회윤리, 신학 윤리, 도덕 신학 그리고 기독교와 문화와 같은 다양한 이름으로 혼용되는 것만 보더라도 기독교윤리의 학문 정체성을 규정하는 일이 얼마나 어려운 과제인가를 잘 보여준다.

고대 및 중세에는 덕론을 두고, 근대에는 보편적 도덕 원칙을 두고 기독교윤리와 철학 사이에 교감이 있었다. 하지만 20세기 초 신정통주의 신학자들이 등장해서 교의학에 기초한 신학윤리 방법론을 통해 기독교윤리의 정체성을 찾으려 노력했다. 하지만 신학윤리는 20세기 들어 급변하는 사회 현실 문제들에 대응하는데 한계가 드러나면서 기독교사회윤리의 필요성이 대두되었다.

사회윤리의 관심사가 도덕규범의 '사회적 적실성 혹은 효용성'이었기 때문에 자연스레 예수의 아가페 윤리와 같은 종교 윤리에 거리를 두기 시작했다. 기독교사회윤리학을 발전시킨 라인홀드 니버(R. Niebuhr)는 산상설교의 윤리가 절대적이고 완전주의적인 이상이기 때문에 현실 사회에 적용하기 어렵다고 보면서 그 대안으로 '기독교 현실주의'(Christian realism)를 내세웠다.[1] 니버의 기독교 현실주의는 이후 미국만 아니라 우리나라를 포함한 대부분의 기독교 신학계에서 주류 윤리방법론으로 자리 잡았다.

해방 이후 한국 사회는 압축적인 근대화와 산업화 과정에서 수많은 사회윤리적 이슈들에 맞닥뜨렸다. 급속한 산업화와 군사독재 정부의 통치는 기독교윤리학자들로 하여금 사회윤리, 그 가운데서도 특별히 정치윤리에 관심하게 만들었다. 민주주의, 인권 그리고 민족 통일 같은 정치윤리 이슈들이 기독교윤리의 중요한 연구 주제로 다루어졌다.

사회의 변화와 함께 지금은 정치문제 외에도 경제, 기업, 환경, 평화, 여성, 기술과 같은 다양한 이슈들이 새롭게 부각되면서 응용 윤리

---

[1] Reinhold Niebuhr, *An Interpretation of Christian Ethics* (New York: Harper & Brothers Publishers, 1935), 39, 114, 189.

가 발전해 가고 있다. 이런 상황에서 기독교사회윤리가 정체성을 지키려면, 인문과학이나 경험 사회과학들과 대화하더라도 신학적 토대를 잃지 말아야 한다. 말하자면 윤리 규범의 사회적 실천 가능성만 아니라 기독교적 고유성이나 특수성을 지켜야 한다. 그렇지 않을 경우, 자칫 기독교사회윤리는 '사회철학의 일종'으로 전락하고 말 것이다.[2]

이 책이 위험과 재난이라는 절박한 사회 이슈를 다루면서도 기독교사회윤리로서의 정체성을 잘 보여줄 신학적 토대를 어디서 찾을 수 있을까? 우리는 그 답을 종말론, 곧 세상 끝 날에 대한 교훈과 가르침에서 찾을 수 있다고 생각한다. 물론 그간 신학적 윤리에서 중요하게 다루어졌던 신론이나 기독론도 있지만, 이 글의 주제를 고려할 때 종말론이야말로 가장 설득력이 있어 보인다. 그도 그럴 것이 종말론은 기독교 신학의 본질에 해당할 뿐만 아니라 위험과 재난이란 사회 이슈가 으레껏 종말 상황과 연관되기 때문이다. 현재 우리가 맞닥뜨린 경제위기, 전쟁과 테러, 글로벌 전염병, 기후 재앙 그리고 인공지능 같은 혁신기술은 세계의 종말적 위기감을 고조시키고 있다.

이런 재난시대를 위한 기독교사회윤리의 과제는 재난과 고통의 신학적 의미를 밝히고, 재난이 반복되지 않을 수 있도록 윤리적 책임을 강화하는 데 있다. 그러려면 재난에 대한 운명론적 이해보다는 인간과 사회의 도덕적 책임 문제로 다루려는 자세로의 변화가 필요하다.

이 책의 서론에서 간략하게 서술했지만, 하나님의 나라로 표상되는 성서의 종말 사상은 '파국적 종말'과 '새로운 시작'이라는 양면성을

---

[2] 마틴 호네커/남정우 역, 『사회윤리학 이론의 구상』 (서울: 대한기독교출판사, 1988), 13-14.

지닌다. 하나님 나라의 선포에는 역사의 심판과 파국이라는 공포와 함께 새로운 세계에 대한 비전과 희망이 교차되어 나타난다. 종말이 마치 인간의 도덕적 선택에 달려 있기나 하듯이 인간에게 회개와 결단을 촉구한다. 하나님의 나라가 '이미' 시작되었지만 '아직' 완성되지 않았다는 시간의 긴장 역시 인간에게 종말론적 삶의 태도를 요청한다. 임박한 주님의 재림 앞에서 '깨어있는 삶'을 통해 파국이 아닌 희망을 선택하라고 요청한다. 기독교 종말론은 재난 속에서 삶을 성찰하게 할 뿐만 아니라 재난 없는 안전하고 평화로운 새로운 세계 건설에 필요한 비전과 그것을 실천하는 데 필요한 행위의 동기 및 동력을 제공해 준다.

이런 기본 인식에서 출발해서 우리는 똑같이 종말적 미래를 윤리의 기본 모티브로 삼았던 위르겐 몰트만(J. Moltmann)과 한스 요나스(H. Jonas)를 비교하면서, 이 두 사람의 신학과 윤리적 통찰이 기독교사회윤리 방법론의 형성에 어떻게 기여할 수 있는지 검토하겠다.

2. 기독교 종말론의 왜곡 과정

1) 기독교 종말론의 중요성

세계의 마지막 일들 혹은 마지막 날들에 대한 가르침인 종말론은 기독교 신앙과 윤리의 본질이다. 기독교 종말론은 개인 차원만 아니라 세계 역사와 우주적 차원에서도 중요하다. 먼저, 개인적 차원에서 종말론은 죽음과 최후의 심판 그리고 부활에 대한 소망과 관련되어 있다. 역사적 차원에서, 종말론은 현실 세계에 대한 심판과 새로운 세계의 비전과 변혁에 대한 희망의 표상이다. 그리고 우주론적 관점에서, 종말론은 하나님의 창조가 완성되는 새 하늘과 새 땅의 '회복 혹은 완성'을 가리킨다. 종말론의 다차원적인 중요성을 고려할 때, 기독교 신학은 종말론을 교의학의 마지막 부분에서 '부록'처럼 취급해야 할 가르침이 아니라 오히려 교의학의 시작이나 기본 음조와 같은 것으로 다루어야 마땅하다. 그럼에도 불구하고 자유주의 신학에서 기독교 종말론은 몽상가들의 이상주의쯤으로 간주되었다. 이에 맞서 칼 바르트(K. Barth)는 『로마서』(제2판, 1922)에서 기독교 종말론의 중요성을 아주 짧지만 강력한 어조로 표현했다.

> 전적으로, 완전히, 그리고 부단히 종말론이 아닌 그리스도교는 전적으로 완전히, 그리고 부단히 그리스도와 아무런 상관이 없다.[3]

이런 바르트 신학의 영향을 받았고, 나중에는 에밀 블로흐(E. Bloch)의 영향도 받았던 몰트만(J. Moltmann)은 『희망의 신학』(1964)에서 기독교 종말론의 신학적 중요성과 가치를 아래와 같이 잘 진술해 주었다.

> 종말적인 것은 그리스도교에 속해 있는 그 어떤 것이 아니라 전적으로 그리스도교적 신앙의 매체요, 그 신앙 안에서 모든 것을 조율하는 음이며, 세상 만물이 녹아드는, 기대된 새로운 날의 여명의 색깔이다. 왜냐하면 그리스도교적

---

3 위르겐 몰트만/이신건 역, 『희망의 신학』 (서울: 대한기독교서회, 2009), 49 재인용.

신앙은 십자가에 달린 그리스도의 부활로부터 살아가며, 그리스도의 보편적인 미래의 약속을 지향하기 때문이다. 종말론은 메시아 때문에 생겨나는 고난과 열정이다. 그러므로 종말론은 애초부터 그리스도교적 교리의 한 부분일 수가 없다. 오히려 모든 그리스도교적 설교, 모든 그리스도교적 실존과 모든 교회의 특징은 종말론적인 방향을 지니고 있다.4

기독교 종말론의 뿌리는 신구약 중간기에 등장한 유대 묵시사상(Apokalyptik)이다. 유대 묵시사상은 당시 강대국의 계속된 억압에도 불구하고 메시아가 도래하지 않는 암울한 현실 속에서 태동하고 발전했다. 묵시사상은 머지않은 미래에 주께서 오셔서 기존 세상을 심판하고, 새로운 세계를 세우리라는 희망을 전했다. 구약성서에 등장하는 종말에 대한 표현인 '여호와의 날'(사 2:12) 혹은 '그 날'(욜 1:15, 3:1)은 역사에 대한 '심판의 날'(습 1:15-18)인 동시에 새로운 세계를 약속하는 '구원과 위로의 날'(사 2:2; 61:2)이다. 종말의 날에 주되신 하나님이 인간 역사에 개입하시어 불의한 현실 세계를 심판하고, 억눌려 고통당하는 백성들을 해방하실 것이다. 이런 미래에 대한 기대와 희망 속에서 유대민족은 강대국의 억압과 시련의 오랜 역사를 견딜 수 있었다.

이와 다르게 예수가 선포한 하나님의 나라는 하나님의 통치가 먼 미래가 아니라 이미 시작되었음을 강조한다(눅 4:16-19). 그런 점에서 예수의 하나님의 나라 사상은 구약의 묵시사상보다는 예언자적 전통에 더 가깝다고 볼 수 있다.5

---

4 위르겐 몰트만, 위의 책, 22.

아무튼 초기 예루살렘 공동체로부터 시작된 고대 기독교의 급속한 성장과 발전은 예수가 선포한 하나님의 나라라는 종말론적 신앙을 통해서만 설명할 수 있다. 초기 기독교가 300여 년 간이나 지속된 긴 박해와 탄압을 견딜 수 있었던 비결은 기독교 종말론 신앙이었다. 온갖 사회적 불이익을 당하면서도 평화와 비폭력의 길을 걸을 수 있었던 인내력은 종말 신앙에 뿌리를 두었다. 예수의 제자공동체는 산상설교에서 제시된 '세상의 빛 된 도시'(마 5:14)가 되기를 꿈꾸었다. 예수는 세상의 빛이라는 표상을 예언자 이사야(2:1-4)와 미가(4:1-3)에 나타난 종말론적 표상(사 60:1-3)에서 빌려왔다. 두 예언서에 따르면, 종말의 때에 시온산 위에 있는 예루살렘이 온 세상 위에 우뚝 서서 빛을 발하며, 모든 민족과 사회를 위한 희망으로 떠오를 것이다. 그리고 민족과 민족 사이의 갈등과 분쟁이 없는 샬롬 세계가 실현될 것이다.

로마의 예루살렘 변방의 작은 무리에 불과했던 초기 교회는 그런 기대와 희망 속에서 오랜 탄압을 이겨내고 불과 300여 년 만에 로마의 국교가 될 수 있었다. 사회학자 로드니 스타크(R. Stark)는 『기독교의 발흥』에서 초기 기독교의 빠른 성장을 새로운 종교 교리에 대한 매력보다는 당시 주변 세계와는 전혀 다른 새로운 세계에 대한 비전과 연결시켜 해석했다. 말하자면 초기 교회는 당시 주변 세계의 공동체들과는 전혀 다른 사회관계, 곧 계급과 신분, 민족과 인종을 뛰어넘는 새로운 세계를 만들어가고 있었다. 좀 더 구체적으로 보자면, 새로운 사회관계의 특징은 해방적인 남녀관계 및 가족관계 그리고 평등한 계층관계였다.[6]

---

5 김균진, 『종말론』 (서울: 민음사, 1998), 55-56.

2) 기독교 종말론의 소멸과 왜곡

예수의 사상과 초기 기독교 역사에서 그렇게나 중요했던 종말론 사상은 세월이 흐르면서 점차 쇠퇴하거나 비기독교적 형태로 변질되었다. 콘스탄티누스 황제에 의한 국가종교 체제로서 기독교의 등장, 19세기 자유주의 신학에 나타난 하나님 나라의 도덕화, 20세기 초반 마르크스의 혁명사상에 나타난 이데올로기적이고 무신론적인 형태의 종말론 그리고 20세기 중반 하비 콕스(H. Cox)의 세속도시와 구스타보 구티에레즈(G. Gutierrez)의 기술 해방론에 나타난 세속화된 형태의 기독교 종말론이 대표적인 예다.

첫째, 콘스탄티누스 황제에 의해 기독교가 국가종교 체제(Christendom)가 되면서 기독교의 종말론적 기대와 희망은 점차 사라지고 말았다. 약 천 년 동안 지속된 기독교 왕국 이념은 서로마에서는 '제국으로서 교회'의 형태로, 동로마(콘스탄티노플)에서는 '교회로서의 제국'의 형태로 지속되었다.7 중세 국가종교 체제에서는 국가와 교회의 통합을 추구하느라 기독교 종말론이 지녔던 교회와 세속국가 사이의 긴장과 갈등이 사라졌다. 제도화된 가톨릭교회는 천상의 천년왕국이 지상에 구현된 것으로 간주되었다. 교회는 더 이상 고난 받는 '십자가의 교회'가 아니라 '승리와 영광의 교회'가 되었고, 자연스레 세상을 지배하는 교회로 변질되었다. 그리고 기독교 종말론이 역사적이고 우주적인 차원을 상실함으로써 종말론은 간신히 개인적 차원에서만 명맥을 이어가

---

6 로드니 스타크/손현선 역, 『기독교의 발흥』(서울: 좋은씨앗, 2020), 115-195.
7 위르겐 몰트만/김균진 역, 『오시는 하나님』(서울: 대한기독교서회, 1997), 315.

게 되었다. 말하자면 하나님의 나라는 개인의 내면적이고, 순수 영적이고, 비정치적이고, 사회 현실과 무관한 저세상적인 것으로 왜곡되었다.

둘째, 19세기 자유주의 신학과 문화개신교주의는 종말론적 하나님의 통치를 인간의 이성과 계몽에 기초한 인간과 세계의 도덕화 과정과 동일시하는 방식으로 기독교 종말론을 변질시켰다. 자유주의 신학자 알브레히트 리츨(A. Ritschl)은 하나님의 나라가 이 땅에서 인간의 도덕 행동 속에서 구현되어 간다고 보았다. 말하자면 예수가 자신의 삶과 인격 안에서 하나님의 나라를 구현한 것처럼, 예수 공동체인 교회도 윤리적인 삶을 통해 이 땅에서 하나님의 나라를 완성해 간다. 자유주의 신학자들에게 있어서 하나님의 나라는 하나님 자신이 직접 가져오는 묵시적 대변혁이나 초월적 실재라기보다는, 인류가 이성과 도덕을 통해 스스로 만들어 가는 인간의 문화적이고 윤리적인 성취의 결과로 해석되었다.

셋째, 20세기 초 마르크스 혁명사상에 나타난 기독교 종말론의 탈종교화다. 기독교 종말론에 뿌리를 둔 마르크스 사회주의는 무신론적이고 이데올로기적으로 변질되었다. '능력에 따라 일하고, 필요에 따라 분배받는 사회'라는 마르크스 사회주의 구호는 일찍이 초기 예루살렘교회에서 등장했던 종말론적 삶의 방식이었다. 우리는 마르크스주의자요 나중 몰트만의 희망의 신학에 커다란 영향을 미쳤던 블로흐(E. Bloch)의 희망의 원리를 '무신론적으로 표현된 기독교 종말론'이라 표현할 수 있다. "희망이 있는 곳에 종교가 있다"는 블로흐의 구호 속에는 기독교에 뿌리를 둔 종말론적 희망이 반영되어 있다. 그는 권력과 이데올로기에 포섭되지 아니한 종교는 기존 현실 사회를 변혁할 수 있는 강력한 동기를 품고 있다고 믿었다. 다만 이런 종말론 사상을 버렸던 당시의 유럽 기독교를 비판하면서, 종말론의 가치와 의미를 비종교적 방식으로 표현하려고 노력했을 뿐이다.

마지막, 산업혁명과 도시 문명에 나타난 인간 주도의 세속화된 종말론이다. 세속화 과정을 긍정적으로 해석했던 하비 콕스(H. Cox)는 『세속도시』(1965)에서 전통적인 기독교의 성속 이원론 세계관을 비판했다. 그는 과학기술과 도시 문명이 만들어가는 세속화(secularization) 문화를 하나님께서 인간과 세상을 해방하는 과정으로 해석했다. 그는 세속주의(secularism)를 하나의 이데올로기로 보면서, 그와 다르게 세속화란 폐쇄적인 형이상학적 세계관으로부터 종교와 문화의 해방 과정이라고 해석했다. 콕스는 이러한 해방적 성격인 세속화 과정의 성서적 근거를 창조론과 출애굽 그리고 우상숭배 금지 계명과 연관시켜 설명한다. 말하자면 성서의 창조이야기는 과학의 발전을 가능하게 함으로써 주술과 마법의 노예였던 자연을 해방시켰다. 출애굽 사건은 신성화되고 절대화된 현실 권력의 악마성을 폭로함으로써 인간을 해방시킨다. 그리고 모세의 시내산 언약, 곧 우상숭배 금지 계명은 기존 세계의 절대화된 가치와 문화를 해방시킨다.8 특히 콕스는 기술도시(technopolis)의 문화적 특징이라 할 익명성(anonymity)과 이동성/기동성(mobility) 그리고 실용주의 및 불경함(profanity)의 속성들이 기독교 복음과 내적 친화성이 크다고 본다. 그래서 기술도시를 가리켜 '하나님 나라의 아방가르드(전위)'라고 평가하면서, 교회의 사명을 세속도시를 떠나서가 아니라 그 안에서 찾아야 한다고 강조했다.9

---

8 하비 콕스/구덕관 외 역, 『세속도시』(서울: 대한기독교서회, 1993), 29-46.

한편 과학기술의 창조력과 기동력이 낳는 새로운 세계에 주목한 구티에레즈(G. Gutierrez)는 과학기술이 지닌 유토피아적 함의에 주목했다. 그에게 유토피아란 현실 세계를 고발하고, 전복시키며, 예보하는 혁명적 성격을 지니고 있다. 유토피아는 미래에 대한 투영이요 역사의 동력으로서 단순히 잃어버린 낙원에 대한 향수가 아니라 미래지향적 성격을 지니고 있다.[10] 그는 과학기술이 보여주는 창조성이란 유토피아의 발현으로서 불의한 현실을 타파하고 새로운 이상적 세계를 구현하는 데 긍정적 역할을 한다고 평가했다. 물론 구티에레즈가 인간의 과학기술 유토피아를 하나님의 새 창조와 동일하다고 본 것은 아니었지만, 현실 변혁을 위한 윤리적 상상력과 해방적 행동의 중요한 동기로 평가했다는 점은 틀림이 없다.

우리는 최근 발전해 가고 있는 4차 산업혁명 기술들 속에서 보다 강화된 형태의 과학기술 유토피아를 보게 된다. 유발 하라리(Y. Harari)는 『호모 데우스』(2015)에서 4차 산업혁명 기술을 소유한 호모 사피엔스가 호모 데우스라는 새로운 인간 종으로 진화되고 있음을 설명했다. 컴퓨터과학, 인공지능 그리고 생명공학을 중심으로 발전해 가는 4차 산업혁명 기술은 인간의 본질과 사회구조만 아니라 종교까지도 근본적으로 변화시킬 것이다. 과학기술은 과거의 '유신론적 종교'를 '인본주의 종교'를 거쳐 마침내 '기술종교' 단계로 진화시키리라고 예측한다. 실험실에서 탄생한 이 기술종교는 알고리즘과 유전자 기술을 통해 세계종교들이 꿈꾸었던 기아와 전쟁 그리고 죽음으로부

---

9 위의 책, 144-171.
10 구스타보 구티에레즈/성염 역, 『해방신학』 (칠곡: 분도출판사, 1977), 299-301.

터의 해방된 세계를 약속하고 있다.[11]

역사 속에서 다양한 형태로 진행된 기독교 종말론의 소멸과 약화 혹은 변질은 기독교 신학은 물론 윤리의 발전에도 매우 부정적인 결과를 초래했다. 칼 바르트가 말한 대로, "천년 왕국론이 없다면 그리고 만일 그것이 별 의미가 없는 것이라면, 윤리가 없을 것이며, 도덕적 인격성의 이상도 없을 것"이라는 우려가 적중해 가고 있다.[12] 도덕적 이상과 초월성을 잃어버린 기독교윤리는 빠른 속도로 현실주의 윤리로 추락해가고 있다.

3. 위르겐 몰트만의 『희망의 신학』과 사회윤리적 의의

19세기 유럽 계몽주의의 진보 낙관주의는 두 차례의 세계대전을 치루면서 급격히 무너졌다. 전후 유럽 사회는 그 이전의 낙관주의적 분위기 대신에 불안과 절망 분위기로 가득했다. 전쟁의 참혹함과 폐허, 홀로코스트의 죄책감 외에도 여러 국가들에서 정치적 불안이 지속되었다. 1960년대 들어 유럽은 대학생들의 소요 사태로, 미국은 베트남 전쟁 반대와 히피문화의 등장으로 그리고 다른 대륙에서는 식민지 독립과 해방운동 및 혁명과 쿠데타로 대단히 혼란스러웠다.

이런 어둡고 혼란스러운 분위기에 등장한 철학자 에른스트 블로흐(E. Bloch)의 『희망의 원리』(1954~1959)는 커다란 관심을 끌었다. 블

---

11 유발 하라리/김명주 역, 『호모 데우스』 (파주: 김영사, 2017), 481.
12 위르겐 몰트만, 『오시는 하나님』, 339 재인용.

로호의 핵심 사상은 인간 내면의 희망과 그에 기초한 미래 개방성이었다. 그는 인간 실존을 '아직 아님'으로 그리고 더 나은 삶을 '희망하는 존재'로 규정했다. 그리고 역사를 최종 상태를 향해 나아가는 인류의 자기실현 과정으로 정의했다.[13] 그의 '유토피아의 정신'(1914~1917)과 독일의 급진 종교개혁자요 농민전쟁의 지도자였던 '토마스 뮌처에 대한 연구'(1920~1921) 그리고 자신의 불행했던 개인사적 경험들은 미래에 대한 희망의 중요성을 인식하는 데 영향을 주었다. 그는 독일에서 유대인 철도 노동자의 아들로 태어나 가난했고, 유대인이라는 이유로 나치의 박해를 피해 오랫동안 유럽 여러 나라를 전전했고, 미국에서 막노동을 하며 생활했다. 2차 대전 후 동독에서 예순이 넘는 나이에 교수로 임용되었지만 마르크스주의자들과의 갈등으로 10년 만에 강제퇴직을 당했다. 하지만 『희망의 원리』 집필을 위해 1954년부터 20년간 매진했고, 마침내 1974년에 출판했다.

이러한 개인적 시련들과 학술 연구들에 기초하여 블로흐는 서구 자유주의 문화와 세계관에서 완전히 잊혀 있던 기독교의 종말론 사상과 그것이 지닌 예언자적 사회 비판과 새로운 세계를 향한 혁명적 비전을 재발견했다. 물론 마르크스주의 사상가인 그에게 이런 혁명적 변화를 가져올 주체가 하나님이 아니라 프롤레타리아트였음은 충분히 짐작할 수 있는 사실이다. 그런 의미에서 그의 사상을 '무신론적 종말론'이라고 표현할 수 있을 것이다.

한편 독일인으로서 2차 세계대전에 참전했다가 영국군의 전쟁 포로가 되어 수용소 생활 중 굴욕감과 회의 속에 있던 젊은 위르겐 몰트

---

13 박종균, "블로흐의 유토피아 사상과 무신론적 윤리," 「장신논단」 56/3 (2024), 227-238.

만(J. Moltmann)이 희망이라는 신학적 주제를 재발견하게 된 계기는 시편 39편 시인의 탄식과 예수의 수난 이야기였다. 수용소의 경험 속에서 그는 예수를 자신과 함께 어두운 골짜기를 걸어가며, 자신의 고난을 대신 지고 가는 길동무로 깨닫는 데서 절망을 극복할 수 있는 힘을 얻었다.14

부퍼탈 신학대학에서 공부하던 중(1958~1964) 블로흐의 유토피아 사상을 접한 몰트만은 기독교 종말론의 중요성을 새삼 깨닫게 되었다. 말하자면 그의 『희망의 신학』은 전쟁 중 포로수용소에서의 개인적인 체험과 블로흐의 유토피아 사상이 결합하면서 만들어진 열매였다. 물론 블로흐 외에도 블룸하르트, 본회퍼, 폰 라트 그리고 불트만주의자들이 주창한 하나님 나라 사상과 묵시문학에 대한 연구들도 그의 희망의 신학에 영감을 준 것도 사실이다.15

다만 우리가 잊지 말아야 할 사실은, 몰트만의 희망은 블로흐처럼 무신론적이거나 막연한 기대 혹은 유토피아가 아니었다는 점이다. 그에게 희망은 구약성서에 나타난 하나님의 약속과 신약성서에 나타난 예수의 부활의 역사를 통해 계시된 '기독교적' 희망이었다. 그에게 십자가에서 돌아가신 예수 그리스도의 부활은 절망하는 세계를 위한 하나님의 약속으로서의 희망이었다.

> 기독교적 종말론은 미래 그 자체에 관해 말하지 않고, 예수 그리스도와 그의 미래에 관해 말한다.16

---

14 위르겐 몰트만/이신건 외 역,『몰트만의 자서전』(서울: 대한기독교서회, 2011), 52-53.
15 위르겐 몰트만,『몰트만 자서전』, 141.

그는 무신론적 종말론과 다르게 기독교 종말론에서 말하는 미래를 인간 역사의 연대기적 미래(futurum)가 아니라 하나님의 미래(adventus)로 정의한다. 그러면서 adventus를 헬라어 파루시아(parusia), 곧 구원자이신 예수 그리스도의 재림에 대한 희망과 같은 뜻으로 사용했다.[17]

잘 알고 있듯이, 몰트만의 희망의 신학은 유럽의 정치신학, 미국의 흑인신학, 남미의 해방신학 그리고 우리나라의 민중신학 등 전 세계 신학의 발전에 광범위한 영향을 미쳤다. 기독교윤리 방법론적인 면에서 볼 때, 그의 희망의 신학은 사회적 효용성을 중시하는 기독교 현실주의가 지배적인 학계 분위기에서 기독교윤리의 신학적 정체성의 중요성을 되찾을 수 있도록 기여했다는 점이다. 왜냐하면 기독교 종말론은 단순히 세상의 끝에 대한 이야기가 아니라 이미 시작된 새로운 세계에 대한 역사적 비전으로서 현실에 대한 비판과 새로운 세계를 향한 윤리적 상상력을 제공하기 때문이다. 기독교 종말론이란 단지 도래할 미래를 바라보는 것이 아니라 그 미래의 눈으로 현재를 바라보고 현재를 변화시키는 '종말론적 삶'에 강조점이 있다. '이미'와 '아직'의 긴장 가운데 종말론적 신앙을 가지고 살아가는 교회는 다시 오실 주님에 대한 기대(고전 16:22; 계 22:20) 속에서 회개하고(막 1:15), 영적으로 깨어있는 삶을 살도록 요청받는다(마 25:13). 그리고 교회는 이미 시작된 하나님의 통치와 아직 완성되지 아니한 '새 하늘과 새 땅'(계 21:1)에 대한 상상력과 비전을 현실 속에서 끊임없이 실험하고 선취하고 세상에 보여주길 요청받는다.

---

16 위의 책, 150.
17 위르겐 몰트만, 『오시는 하나님』, 63.

몰트만의 윤리적 통찰을 우리의 연구 주제에 적용하면, 이미 현실화된 위험과 잠재적인 재난 앞에서 인류의 종말 인식은 반드시 필요한 '사전 경고시스템'과 같은 역할을 한다.[18] 물론 종말에 대한 불안과 두려움이 행위자를 공포심과 두려움으로 이끌어 위험과 재난 앞에서 아예 체념하고 포기하게 만들지, 아니면 재난을 예방하고 극복하기 위한 적극적 행동으로 유도할지는 예단하기 어렵다. 아마도 이 질문에 대한 답은 행위자가 위험과 재난의 심각성을 어느 정도로 인식하는지 그리고 미래에 대한 희망을 소유하고 있는지에 따라 좌우될 것이다. 다만 여기서 말해 둘 사실은 종말에 대한 인식, 특히 미래에 대한 긍정과 희망의 태도는 잠재적인 위험을 예방하고, 재난을 극복하는 데 매우 강력한 행동의 동기와 동력이 될 수 있다는 점이다.

4. 한스 요나스의 『책임의 원리』와 사회윤리적 의의

기독교사회윤리가 도덕규범의 사회 현실 적실성이나 실현 가능성에 관심해야 할 이유는 명확하다. 20세기 초 사회학자 막스 베버(M. Weber)는 『직업으로서의 정치』(1919)에서 직업 정치가에게 필요한 윤리적 에토스는 개인적 신념이나 선한 의도가 아니라 자신의 정치 행위가 불러올 결과에 대해 책임지려는 태도라고 강조했다. 그는 유럽 사회의 윤리적 토대인 기독교의 사랑의 윤리가 '전부 아니면 전무'라는 절대적 심정윤리로서 이해관계가 충돌하는 복잡한 정치 현실에는

---

18 위르겐 몰트만/곽혜원 역, 『희망의 윤리』(서울: 대한기독교서회, 2012), 31.

적용하기 힘들다고 보았다. "선한 의도로 올바른 일을 행할 뿐 나머진 하나님께 맡긴다"는 태도가 정치에서는 허용되어선 안 된다고 생각했다. 그래서 심정윤리에 맞서 책임윤리를 내세우면서 둘 사이의 차이를 이렇게 설명했다. 심정윤리가 "악에 대항하지 말라"고 명령한다면, 책임윤리는 "악에 힘으로 대항하지 않는다면 당신은 악의 증대에 책임져야 한다."[19]

한편 세계교회 에큐메니칼 운동의 주체인 WCC(세계교회협의회)도 사회 책임의 중요성을 인정했다. WCC는 암스테르담 창립총회(1948)를 개최하면서 당시 전후 세계의 혼란과 자본주의 및 사회주의 사이의 이념 갈등으로 인한 불안과 혼란을 해소할 윤리적 해결책으로 '책임사회'(responsible society) 이념을 제시했다. 책임사회란, 자유가 정의와 공공질서를 위한 윤리적 책임을 지고, 정치와 경제의 권력자들이 하나님과 사람들 앞에서 책임적으로 힘을 행사하는 사회를 가리킨다. 이런 사회를 형성하는 데 기여해야 할 책임을 지닌 교회는 불의한 현실에 눈을 감는 소극적 태도나 폭력조차 불사하고 변화를 추구하는 극단적 유혹을 멀리해야 한다.

한스 요나스는 『책임의 원칙』에서 가공할 핵무기와 최첨단 과학기술 시대에 필요한 윤리를 책임에 기초한 미래윤리로 제시했다. 그의 정언명법은 "너의 행위의 결과가 지구에서 진정한 인간의 삶의 지속과 조화될 수 있도록 행위하라"로 표현되었다. 그에게 윤리란 우리의 행위가 인류의 무한한 존속을 위협하지 않도록 책임적으로 행동하는 삶이다. 여기서 책임이란 현실에서의 결단과 책임을 막연한 미래

---

19 Max Weber, *Politik als Beruf* (Stuttgart: Philip Reclam jun., 1992), 69.

로 미룬다거나, 인간이 감당할 책임의 짐을 신에게 떠넘기려는 태도와는 거리가 멀다. 말하자면 그가 생각하는 미래는 유토피아적이거나 메시아주의적인 정치 형태가 아니라 인간이 도덕적으로 책임져야 할 영역에 속해 있는 미래다.[20]

주목할 점은 그의 '책임적' 미래윤리가 미래에 대한 막연한 낙관적 기대인 희망이나 혁명적인 유토피아가 아니라 미래에 대한 비관적 공포심에서 출발한다는 사실이다. 말하자면 그의 미래윤리는 '공포의 발견술'에 근거를 두는 예방적 책임윤리이다.[21] 그는 미래를 공포스러운 종말로 대하는 태도야말로 종교적 종말론에 나타나는 '근거 없는 낙관주의'나 혹은 문화적 진보 낙관주의(테크노피아)에 흔히 나타나는 '겁 없는'(무모한) 태도와 달리 겸손과 경외라는 덕을 지닌 윤리적 태도라고 보았다. 그는 공포의 발견술에 기초해 있는 자신의 윤리를 가리켜 '공포와 비관주의 윤리'라고 비난하는 사람들에 맞서서, 자신이 사용하는 공포라는 말은 이성을 마비시키는 '병리적' 공포나 이성을 약화시키는 일상의 '소심한' 공포가 아니라 오히려 공포의 원인을 제거하기 위해 용기 있게 행동하도록 격려하는 '이성적 공포'라고 해명한다.[22]

이처럼 요나스는 희망이라는 긍정적 감정만 아니라 공포라는 부정적 감정도 똑같이 윤리 행동의 강력한 동기가 될 수 있음에 주목했다. 희망과 선이라는 표상만 아니라 공포와 악이라는 표상도 동일하

---

20 한스 요나스/이진우 역, 『책임의 원칙: 기술시대의 생태학적 윤리』(서울: 서광사, 1994), 40-50.
21 위의 책, 65-67.
22 위의 책, 68, 372-373.

게 도덕적 행위에 영향을 미치기 때문이다. 다만 현세대가 자신들과 상관없이 보이는 먼 미래의 존재들에게 닥칠 불행까지 예방하려는 행동에 참여하도록 동기를 부여하려면 공포스러운 미래에 대한 합리적 예지력만 아니라 미래 세대가 갖게 될 고통에 대한 상상력과 감수성이 요청된다고 부언했다.[23]

여기서 우리는 윤리 논의에서 이성적 합리성만 강조했던 근대 계몽주의 윤리나 경험사회과학의 데이터와 규범의 실현 가능성만 강조했던 사회윤리에서 그 중요성을 간과했던 희망이나 공포 같은 감정 요소의 중요성을 새삼 깨닫게 된다. 특히 지금처럼 위험이 일상화되고 재난이 현실화된 사회에서 재난으로 고통당하는 인간과 자연 세계에 대한 공감이라는 정서가 얼마나 중요한 도덕적 자원인지 생각해 볼 때 더욱 수긍이 간다. 이러한 배경에서 최근 도덕 논의에서는 위험과 재난사회처럼 고통이 만연한 사회에서 행위자의 행동에 영향을 미치는 정서적 요소에 대한 관심이 커지고 있다. 심지어 법과 정치처럼 차가운 합리성만 지배하는 영역에서까지도 공감이나 사랑 같은 정서의 중요성이 재평가되고 있다. 한 예로써 법철학자인 누스바움(M. C. Nussbaum)은 공포라는 정서를 인간의 근본적인 감정 가운데 하나로 간주한다. 그는 법과 정치에서 공포의 감정이야말로 인간을 위험으로부터 떨어져 있게 만드는 유용한 자극이며, 우리로 하여금 두려워해야 할 것과 피해야 할 것을 깨닫게 만드는 소중한 윤리 요소라고 주장한다.[24]

---

23 위의 책, 373.
24 마사 누스바움/박용준 역,『정치적 감정: 정의를 위해 왜 사랑이 중요한가』(파주: 글항

물론 종말에 대한 희망만 아니라 공포심도 동일하게 미래를 위해 윤리적으로 행동하도록 만든다는 점을 부정하기 어렵지만, 그 부정적 정서만으로 충분하다고 볼 수도 없다. 두려움이라는 부정적 정서는 기대와 희망이라는 긍정적 정서에 비해서는 소극적으로 보이는 것도 사실이다. 그런 배경에서, 몰트만은 요나스의 책임의 원리에 대해서 '긍정적 변화의 윤리'가 아니라 공포심만 강조하는 '부정적인 윤리'에 머문다고 비판했다. 요나스가 말한 공포가 새로운 것을 획득하는데 관심하기보다는 존재하는 것의 보존에 더 관심하게 만들며, 구원에 대한 예언보다 재앙에 대한 예언에 더 귀를 기울이게 만든다는 점을 근거로 제시했다. 그러면서 몰트만은 기독교 종말론에서는 희망이 두려움에 앞서며, 구원의 예언이 빠진 재앙의 예언은 있을 수 없다고 주장한다.[25]

요나스의 미래윤리가 공포심에서 출발함으로써 행위자의 소극적인 반응만을 불러올 수 있다는 비판 외에도 다양한 비판들이 있다. 기술의 미래에 대한 과도한 공포심이 또 다른 형태의 묵시주의를 불러올 우려가 있다는 점, 혁신기술들에 대해 부정적이고 비관적이어서 기술 발전에 악영향을 줄 수 있다는 비판도 있다. 요나스의 미래윤리가 종말론적 희망이나 비전을 포기하고 합리적 예측 가능성만 강조함으로써 자칫 사회변혁을 위한 동기나 의지를 꺾고, 사회개량이나 기껏해야 현상 유지를 정당화할 위험도 있다. 왜냐하면 책임만 의식하는 전문 관료들이 미래를 기획할 때 실현 가능한 대안들만 추구함으

아리, 2020), 499-500.
25 위르겐 몰트만, 『희망의 윤리』, 32-33.

로써 권력의 도구로 전락할 수 있기 때문이다.

5. 희망과 책임의 매개로서 기독교사회윤리

위에서 살펴본 대로, 몰트만이 강조한 하나님의 나라 혹은 새 하늘과 새 땅으로 표상된 기독교 종말론은 근대 계몽주의 윤리 및 현대 사회윤리에서 간과했던 기독교윤리의 신학적 정체성을 되찾는 데 크게 기여했다. 현실 세상과 역사에 대한 심판과 아울러 구원의 희망을 선포하는 기독교 종말론은 현존 질서의 이데올로기화를 비판하고, 새로운 세계를 창조하는 데 필요한 윤리적 상상력과 행동의 동력을 제공한다. 물론 종말의 표상이 몰트만처럼 긍정적이고 낙관적인 '희망'일 수도 있고, 요나스처럼 부정적이고 비관적인 '공포심'일 수도 있으나, 둘 다 현실 세계에 대해 비판적이고 역사에 대해 변혁적이라는 점은 공통적이다. 그러나 종말론이 미래에 대한 희망에 기초한 적극적 태도를 불러오든 아니면 공포심에 기초한 소극적 태도를 불러오든 현재 인류가 직면하고 있는 위험과 재난을 극복하고, 보다 안전하고 풍요로운 세계를 구상하는 과정에서 구체적으로 어떤 사회 정치적 전략이나 프로그램을 제시할지는 불분명하다.

미국 민권운동가 마틴 루터 킹의 "나에게 꿈이 있습니다"는 잘 알려진 연설로 종말론적 표상이 어떻게 사회행동에 영향을 미칠 수 있는지 잘 보여주는 사례다. 그의 연설은 흑인 민권운동에 참여의 동기와 동력을 제공했지만, 그 꿈과 비전을 실현하는 전략과 방법은 별개의 문제였다. "흑인 아이와 백인 아이들이 서로 손을 잡고 함께 걸어가는 사회"를 실현하는데 어떤 사회 정책과 제도가 더 효과적이며 실천 가능한 방안인지에 대해서는 또 다른 연설이 필요했다. 말하자면 종말론은 현실을 비판하는 강력한 준거이지만, 새로운 세계의 구상에 필요한 사회이론, 곧 구체적인 정책이나 사회구조 및 제도를 제시하지는 않는다. 새로운 세계를 위한 구체적 사회전략은 신앙적 열정이 아니라 합리적이면서도 비판적인 이성에 기초하여 숙고해야 할 과제이며, 사회 구성원의 합의가 필요한 정치적 과제이다.[26]

한편 기독교 종말론이 신학적으로나 윤리학적으로 하나의 일치된 견해를 지니고 있지 않다는 점도 지적해야 한다. 이 연구에서 언급한 무신론적 종말론(블로흐나 사회주의)이나 기술사회의 진보 낙관주의(테크노피아)는 물론이고 기독교 종말론조차도 하나의 일치된 해석이 존재하지 않는다. 신학적으로 철저 종말론(A. Schweitzer), 영원의 종말론(K. Barth, P. Althaus), 현재적 종말론(R. Bultmann), 구원사적 종말론(O. Cullmann), 보편사적 종말론(W. Pannenberg), 메시야적 종말론(J. Moltmann), 진화적 종말론(Teilhard de Chardin) 등 다양한 해석 이론이 존재한다.[27]

그리고 윤리학적으로도 종말론을 적용하는 데 있어서 다양한 견해가 존재한다. 예로써 개인적이고 실존적인 종말론(R. Bultmann)이 있는가 하면, 사회 집단적 종말론(정치신학이나 해방신학)도 있다. 그리고 종말의 완성에 미치는 도덕 행위자의 역할에 대해서도 서로 다른 견해가 존재한다. 신정통주의 신학이 하나님의 주도권을 강조하는 반

---

26 마틴 호네커, 『사회윤리학 이론의 구상』, 44, 49.
27 김균진, 『종말론』, 115-144.

면에 사회복음주의나 해방신학은 인간의 주도성을 강조한다.

게다가 종말에 대한 해석에 따라 정반대의 윤리 행동이 생겨난다는 점도 지적해야 한다. 예를 들면 묵시주의 종말론 해석은 예수 당시의 열광주의자들이 보인 폭력 혁명의 배경이 된 반면에 에세네파가 보인 세상으로부터 퇴거하는 배경이 되기도 했다. 종교개혁기의 열광주의(급진주의) 재세례파의 천년왕국 사상은 독일 농민전쟁(1529)과 뮌스터 반란(1534~1535)의 사상적 토대가 되었다. 반면에 같은 시기, 같은 공간에서 활동한 또 다른 재세례파인 메노나이트나 후터파의 절대적 비폭력 평화주의도 동일하게 하나님의 나라에 대한 종말론적 기대에 사상적 뿌리를 두었다.

한편 현대 미국의 보수적 정치권에 영향을 미친 기독교 근본주의 묵시주의자인 할 린제이(H. Lindsey)는 종말에 대한 확정된 시간표를 제시하고, 아마겟돈, 곧 3차 세계대전이라는 재난으로부터의 구원 과정으로 휴거를 강조하면서 사회적 혼란을 불러오기도 했다. 특별히 한국교회 역사 속에 끊임없이 등장했던 시한부 종말론 및 공중 휴거설은 예수 재림의 시기와 장소를 한국으로 지정하고, 현실에서의 생업과 학업을 포기하도록 유도하는 반사회적 행태로 인해 사회문제화되었다. 재림 예수의 한국 도래설은 1920년대 김성도를 시작으로 유명화, 나운몽, 박태선, 문선명, 신천지 이만희, 다미선교회의 이장림, 이재록, 안상홍증인회 등 수많은 이단들을 통해 생존해 왔다.[28] 이들은 공통적으로 종말론을 말하는 요한계시록을 문자적으로 해석하고 휴거를 내세우면서 사람들을 미혹하고 사회를 혼란스럽게 만들었다.

---

28 허호익, 『이단은 왜 이단인가』 (서울: 동연, 2016), 144-148.

요약하면, 몰트만의 희망의 신학이나 요나스의 책임의 원칙은 종말과 미래를 강조한다는 점에서 공통적이다. 몰트만이 긍정적인 희망이라는 감정을 강조한다면, 후자는 부정적인 공포라는 감정을 강조한다는 점에서 차이가 있을 뿐이다. 몰트만의 희망이 미래를 위한 윤리 행동에 동기와 동력을 제공한다면, 요나스의 공포에 기초한 책임은 최첨단 과학기술의 발전에 대한 분석과 비판 그리고 위험의 사전 예방적 행동을 제시한다. 그러고 보면, 두 사람의 입장은 상호 선택적이 아니라 보완적으로 해석될 필요가 있어 보인다.

6. 나가는 말

20세기 들어 발달한 기독교사회윤리는 철학이나 신학보다는 경험 사회과학과의 대화를 중시한다. 기독교윤리가 원론적인 도덕 규범의 제시를 넘어서 구체적인 대안 논의에 참여하려면 규범의 사회적 적실성 혹은 유효성을 다루는 사회과학의 경험지식이 중요하다고 생각하기 때문이다. 책임적인 사회 구상을 위해 '어떻게'라는 구체적 전략과 방법이 중요하고, 그 대답은 사회과학의 전문 지식과 정보에 의지할 수밖에 없다. 다만 '어떻게'라는 질문에 답하려는 노력이 기독교사회윤리의 전부가 될 순 없다. 그럴 때 기독교사회윤리는 사회철학의 일종으로 전락하고 말 것이다. 기독교사회윤리는 '왜'라는 질문도 똑같이 중요하게 취급해야 한다. 도덕 행위의 관점에서 보면, 도덕 행위자의 판단과 실행 못지않게 행위자의 정체성 그리고 동기와 목표도 중요하기 때문이기도 하다.

저자가 기독교사회윤리의 과제를 '희망과 책임의 매개'라고 주장한 이유는 희망이 기독교사회윤리의 동기와 동력이라면, 책임은 기독교사회윤리의 구체적 사회전략과 프로그램에 관련되기 때문이다. 신학적 모티브인 희망과 윤리적 모티브인 책임은 선택적이 아니라 상호보완적이다. 특별히 희망이라는 모티브는 이 책의 주제였던 위험과 재난 그리고 그것들이 만들어 낸 종말적 사회 분위기에 적절한 모티브다. 기독교 종말론에서 희망은 심판과 갱신을 요구하며, 동시에 새로운 세계를 위한 비전을 제시하기 때문이다. 그러나 행위자의 좋은 동기나 선한 의도가 자동적으로 좋은 결과를 보장하지 않듯이, 새로운 세계 구상은 그것을 구현하는 데 필요한 윤리적 책임과 사회과학적 전략을 필요로 한다.

마지막으로 강조하고 싶은 내용은, 저자가 이 책에서 기독교사회윤리의 신학적 토대로 삼았던 종말 혹은 희망이란 모티브는 모든 종류의 사회 이슈 논의에 적용될 수 없고 또 그래서도 안 된다. 사회 이슈의 특성에 따라 신학적 모티브나 토대는 얼마든지 달라질 수 있고, 마땅히 달라져야 한다. 이 책은 재난이 불러오는 종말적 상황에 연계된 파국과 희망이라는 종말론을 신학적 모티브로 삼았지만, 사회 이슈가 달라지면 그에 따라 다른 신학적 모티브가 필요할 것이다. 만약 다루어야 할 이슈가 경제윤리라면 하나님의 살림살이(오이코스)나 하나님의 정의가 도움이 될 수 있고, 환경 이슈의 경우라면 창조신학이 그 역할을 할 수도 있을 것이다.

그러고 보면, 기독교사회윤리 학자들에게는 사회과학적 지식만 아니라 신학적 통찰력을 통합할 수 있는 윤리적 상상력이 요청된다. 어쩌면 그 같은 역량은 학자들의 개별적 노력만으로는 성취하기 어려울 수 있다. 왜냐하면 각각의 사회 이슈가 자꾸 분화되고 점점 전문화되고 있어 어느 능력 있는 학자도 모든 사회 이슈에 전문가가 될 수 없기 때문이다. 이런 현실을 고려할 때, 기독교사회윤리는 각기 다른 이슈에 대한 전문가적 식견을 가진 윤리학자들이 상호 협력하는 집단지성의 방식으로서만 도달할 수 있는 역량일지 모른다. 이 책이 그 같은 역량을 기르는 데 작은 기여라도 할 수 있다면 더없는 기쁨이고 영광이겠다.

글 의 출 처

조용훈. (미간행) "희망과 책임의 매개로서 기독교사회윤리." 주제 강연 원고, 한국기독교윤리학회 2024년 정기학술대회 (2024년 11월 2일).

조용훈. "글로벌재난시대 속 기독교의 샬롬 비전과 교회의 과제."「기독교사회윤리」59 (2024): 429-461.

조용훈. "글로벌재난시대를 위한 지구윤리의 도덕적 특징에 대한 기독교적 연구."「기독교사회윤리」56 (2023): 407-435.

조용훈. "글로벌재난 윤리의 종교적 접근 가능성과 중요성에 대한 연구."「기독교사회윤리」54 (2022): 363-392.

조용훈. "하나님의 형상 개념에서 본 4차 산업혁명의 도전과 기독교 신학의 과제."「신학사상」194 (2021): 101-126.

조용훈. "4차 산업혁명기 윤리적 책임과 특성에 관한 기독교적 연구."「기독교사회윤리」50 (2021): 45-80.

조용훈. "기독교의 4차 산업혁명 대응을 위한 세 차례 산업혁명의 반성적 고찰."「선교와 신학」51 (2020/6): 191-224.

조용훈. "위험사회 속 기독교 신학과 목회의 과제."「한국기독교사회윤리」43 (2019): 63-92.

조용훈. "위험사회의 사회적 특징과 기독교적 성찰."「신학사상」181 (2018): 141-166.

조용훈. "기독교 책임윤리의 관점에서 본 위험사회윤리."「신학과 실천」61 (2018): 670-694.